Koreimann

Lexikon der angewandten Datenverarbeitung

Dieter S. Koreimann

Lexikon der angewandten Datenverarbeitung

Mit 71 Abbildungen und 35 Tabellen

W DE G

Walter de Gruyter · Berlin · New York 1977

Dr. rer. pol. *Dieter S. Koreimann*
Leitender Berater für Datenverarbeitung und
Projektsteuerung bei der Fa. IBM Deutschland GmbH,
Lehrbeauftragter für Betriebsinformatik an der
Universität Erlangen-Nürnberg

CIP-Kurztitelaufnahme der Deutschen Bibliothek

Koreimann , Dieter S.
Lexikon der angewandten Datenverarbeitung. – 1. Aufl. – Berlin,
New York : de Gruyter, 1977.
ISBN 3-11-006991-1

Satz: Fotosatz Tutte, Salzweg-Passau
Druck: Color-Druck, Berlin.
Buchbinderische Verarbeitung: Dieter Mikolai, Berlin.

Vorwort

Die Aufgaben der angewandten elektronischen Datenverarbeitung (EDV) bestehen grundsätzlich in der Entwicklung und wirtschaftlichen Nutzung von EDV-Projekten bzw. Informationssystemen, die in verschiedenen Anwendungsbereichen zum Einsatz gelangen.
Für eine sowohl den technischen als auch den organisatorischen und wirtschaftlichen Bedingungen entsprechende Realisierung und Nutzung derartiger Projekte sind bestimmte Verfahren und Methoden entwickelt worden, die z. T. aus Nachbargebieten (z. B. der Organisationspraxis) stammen oder aber speziell unter Berücksichtigung der Besonderheiten der EDV-Projektplanung und -steuerung neu geschaffen wurden. Eine umfassende Darstellung dieser Methoden und Verfahren und eine Bewertung ihrer Anwendungsmöglichkeiten liegen nicht vor – um so umfangreicher ist dagegen die Spezialliteratur. Deshalb erscheint es angebracht, eine stichwortartige Zusammenfassung der verschiedenen Erkenntnisbereiche und -objekte vorzulegen, die einen Überblick über das methodische Instrumentarium gibt und zugleich die Grundlagen der EDV-Technologie im Zusammenhang mit der Projektrealisierung ausreichend berücksichtigt.
Aufbauend auf den Grundkenntnissen der Datenverarbeitungs-Technologie geht es darum, Verfahren und Methoden aufzuzeigen, die für die sinnvolle Nutzung des technologischen Potentials eingesetzt werden können. Eine solche Arbeit kann aus der Natur der Sache heraus nicht vollständig sein: Zum einen ändern sich die Methoden und Anwendungsgebiete und damit die Problemstellungen, zum andern sind die Grenzen zu Nachbardisziplinen fließend. Stellt man jedoch in den Mittelpunkt der Betrachtungen die Frage, wie es gelingen kann, das technologische Potential zu nutzen, d. h. Datenverarbeitungsprojekte zu realisieren und erfolgreich zu betreiben, dann sind eine Reihe anwendungsindifferenter Ansätze ableitbar, die mit graduellen Unterschieden in verschiedenen Anwendungsbereichen und -ebenen eingesetzt werden können. Gemeint sind damit: Methoden der Systemanalyse und der Sy-

stemtechnik, Organisationsformen für DV-Projekte, Gliederungssystematik für Aufgabenfolgen, Methoden zur Analyse des Benutzerverhaltens und die Methoden der Analyse des Informationsbedarfs der als Nutzer geplanten EDV-Anwender. Diese Bereiche werden mit den vorliegenden Stichwörtern primär abgedeckt; durch die Verbindung der einzelnen Stichwörter untereinander (dargestellt durch →) ist es möglich, daß sich der Leser zu interessierenden Fragestellungen eine ganze Reihe repräsentativer Stichwörter mit entsprechenden Ausarbeitungen zusammenstellt, um so genügend Basisinformationen für weitere Studien und entsprechende Arbeitsunterlagen zu gewinnen.
Das Buch wendet sich an alle Personen, die mit Datenverarbeitungsprojekten direkt oder indirekt befaßt sind: Für Studierende kann es als ein Nachschlagewerk für wichtige Begriffe der Informatik und damit als Ergänzung zur Spezialliteratur dienen; dem mit der Realisierung von Informationssystemen beauftragten Mitglied eines Teams ist es sicherlich eine Hilfe bei der Suche nach Methoden und Verfahren der praktischen Realisierung; dem Anwender möge ein Überblick über die wichtigsten Begriffe und ihre Bedeutung im Zusammenhang mit der Konzipierung und Nutzung von Informationssystemen geliefert werden, und der interessierte Laie bzw. der aus den Nachbarwissenschaften kommende Interessierte findet eine generelle Orientierungshilfe über das Fachgebiet der Informatik bzw. der Datenverarbeitungs-Praxis. Ebenso möge es dem Management dazu dienen, die nicht unerheblichen Kommunikationsschwierigkeiten mit den Experten aus dem Wege zu räumen und sich einen generellen Überblick über wichtige Themenkreise und deren Bedeutung im Zusammenhang mit EDV-Projekten zu verschaffen.
Der Verfasser hegt die Hoffnung, daß mit diesem Buch eine gewisse Orientierung auf einem Fachgebiet ermöglicht wird, das durch eine stürmische Entwicklung ebenso gekennzeichnet ist wie durch eine babylonische Sprachverwirrung.
In der nachfolgenden Abbildung sind in schematischer Form diejenigen Bereiche aufgezeigt, aus denen die Stichwörter gesammelt wurden.

Böblingen, im November 1976 Dieter S. Koreimann

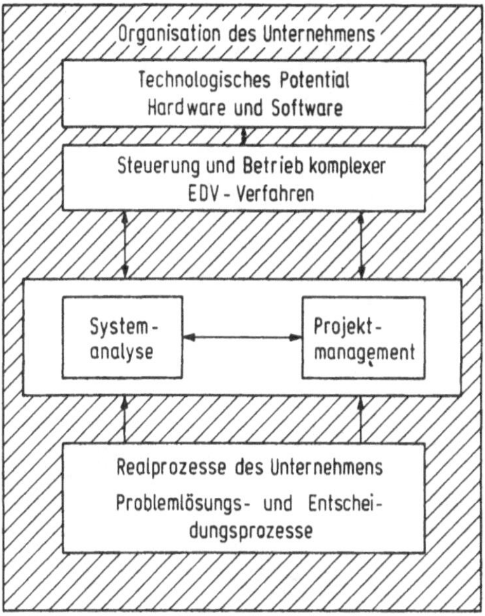

Überblick über die behandelten Themen-Kreise

Abbildungsfunktion

Die Darstellung von Realprozessen durch beschreibende Informationen (→). Ein Prozeß – z. B. Lagerbewegungen, die als Zu- und Abgänge definiert sind und die zu bestimmten Zeitpunkten den Lagerbestand bestimmen – wird durch eine A. informationell beschrieben: Der Disponent operiert nicht mit dem realen Geschehen (im Gegensatz zum Lagerverwalter, der die physische Bewegung der Güter vollzieht), sondern mit einem „Bild“ über dieses Geschehen, nämlich mit den ihm vorliegenden Informationen über die Lagerbewegung und den Lagerbestand. Da die informationelle Abbildung durch ein Programm (→) mit Hilfe einer EDV-Anlage (→) vollzogen wird, die Umsetzung des realen Vorganges in Informationen jedoch zeitkonsumierend wirkt, kommt es zu Differenzen zwischen dem informationellen Abbild und der Realität: Bis die Informationen aufbereitet, verarbeitet und übermittelt sind, hat sich der Realprozeß weiterentwickelt, so daß zwischen informationellem Abbild und Realität eine Informationslücke (→), die als Distanz (→) bezeichnet wird, entsteht. Nur bei Echtzeitverarbeitung (→) kann diese Distanz ausgeschaltet werden: Der Disponent hat dann zu jedem beliebigen Zeitpunkt Identität zwischen Realprozeß und den ihn beschreibenden Informationen. Das Phänomen der zeitkonsumierenden Abbildung wird im Satz der unvollkommenen Identität ausgedrückt: *Das Informationssystem (→) stellt eine Abbildung eines realen Systems dar. Da die Umsetzung realer Prozesse in Informationen eine Funktion der Zeit ist, dem Realprozeß aber eine Tendenz zur Wandlung inhärent ist, entsteht eine Distanz zwischen dem Realprozeß und dem ihn beschreibenden Informationsprozeß. Diese Distanz wird als Informationslücke bezeichnet.*

Ablauforganisation

Die Gesamtheit der organisatorischen Regelungen für die Durchführung von Arbeitsgängen (Verrichtungen), die als Informationsverarbeitungsaktivitäten oder als Operationen mit realen Objekten definiert sind. Die A. wird vorwiegend unter dynamischen Aspekten betrachtet,

d. h. Gegenstand der A. sind die zielorientierten Verrichtungsfolgen von Aufgaben bzw. Teilaufgaben im Zeitverlauf. Zur Darstellung der Verrichtungsfolgen bedient man sich bestimmter Symbole (→Arbeitsablauf-Diagramm). Die Erfassung und Bewertung der A. ist Gegenstand der Organisationsanalyse (→).

Abweichungsanalyse

Die Untersuchung von Abweichungen zwischen Ist- und Plan(Ziel)größen. Dabei wird versucht, die Ursachen für die Abweichung zu erkennen und Prognosen über den weiteren Verlauf der Istgrößen zu gewinnen; von besonderer Bedeutung ist die Darstellung der Interdependenz verschiedener Ursachenfaktoren in ihrer Auswirkung auf die Größe der Abweichung. Die Basis für eine A. bilden die Kontrollinformationen (→). Eine vielfach benutzte Methode für die A. ist die Faktorenanalyse.

Access (→Zugriff)

Access Time (→Zugriffszeit)

Accounting Routine

Ein spezielles Programm (→), das die Belegzeiten der EDV-Anlage (→) durch die Anwendungsprogramme mißt. Die so ermittelten Zeiten dienen als Grundlage für die Kostenträgerrechnung bzw. für die Kalkulation des Preises, den die Anwender für die Nutzung der EDV-Anlage gemäß der tatsächlich in Anspruch genommenen Leistung zu bezahlen haben.

Adaption

Normalerweise die letzte Phase (→) der Gestaltungsaktivitäten beim Aufbau eines Informationssystems (→), oft auch als *Systemeinführung* oder *Installation* (→) bezeichnet. Die Übernahme des Verfahrens durch

die Benutzer (→) und der Programme durch das Rechenzentrum (→): Das Informationssystem steht den Benutzern zur Verfügung, steuert die Realprozesse und liefert den Benutzern den geforderten Output. Sehr oft kommt es nach der Übernahme zu Störungen im normalen Betriebsablauf: Fehlverhalten des Systems, mangelhafter Output, falsche Datenerfassung (→) sind die häufigsten Störungen. Die Ursachen sind in Anpassungsschwierigkeiten zu sehen, denen sich aufgrund der organisatorischen Veränderung die Benutzer gegenübersehen sowie in Integrationsmängeln (→ Integration) mit den verschiedenen, bereits installierten Informationssystemen. Die Adaptionsphase gilt als beendet, wenn derartige Störungen auf das „Normalmaß", d. h. auf die üblicherweise auftretenden Fehlerraten abgesunken sind. Als Daumenregel gilt: Die Adaptionsphase sollte ein Fünftel der Gesamtentwicklungszeit des Informationssystems nicht übersteigen.
(→ Lernkurve)

Address Generation

Adreßbildung; die Bildung einer physischen Adresse (→) aus dem Ordnungskriterium eines Satzes (→).
(→ Adressierung)

Ad Hoc-Anfrage

Eine aus einem akuten Informationsbedürfnis resultierende Fragestellung an einen Dokumentenbestand. Die Fragestellung wechselt ständig entsprechend den Aufgaben. Bei Dokumentationssystemen (→) spricht man auch von sog. RS-Anfragen (Retrospective Search).
(→ Information Retrieval System)

Adresse

Nach DIN 44300, Nr. 49, „ein bestimmtes Wort zur Kennzeichnung eines Speicherplatzes, eines zusammenhängenden Speicherbereiches oder einer Funktionseinheit".
(→ Adressierung)

Adressierung

Grundsätzlich die eindeutige Zuordnung physikalischer Speicherplätze zu Daten (→), Befehlen oder Programmen (→). Für das Schreiben oder Lesen eines Satzes (→) auf einem externen Speichermedium muß der Speicherplatz des betreffenden Satzes bekannt sein. Für die Ermittlung der Adresse gibt es folgende Verfahren:

a) Direkte A.: In diesem Fall ist der Ordnungsbegriff eines Satzes so aufgebaut, daß er unmittelbar der physikalischen Adresse des entsprechenden Datenträgers (z. B. der Spuradresse eines Plattenspeichers→) entspricht. Ordnungsbegriff und physikalische Adresse sind identisch.

b) Indirekte A.: Bei dieser Methode wird durch ein spezielles Umrechnungsprogramm aus dem Ordnungsbegriff eine physikalische Adresse ermittelt.

c) Indizierte A.: Hierbei werden sog. Indextabellen erstellt. Eine Spurindextabelle enthält beispielsweise die Nummer der Spur und den höchsten Ordnungsbegriff der auf dieser Spur gespeicherten Sätze. Wird ein bestimmter Ordnungsbegriff gesucht, dann wird vom Betriebssystem (→) zunächst geprüft, auf welcher Spur sich der betreffende Satz befindet (durch Prüfen auf kleiner/gleich). Ist die Spuradresse gefunden, erfolgt eine sequentielle Abarbeitung der Spur, bis der gesuchte Ordnungsbegriff gefunden ist. Indextabellen sind hierarchisch geordnet: Plattenindex zur Lokalisierung der zuständigen Platteneinheit und in dieser der Zylinderindex für die Feststellung des betreffenden Zylinders, in dem sich der Satz befindet, und als letzte Stufe der Spurindex für die Identifizierung der entsprechenden Spuradresse. Die dargestellten Adressierungsverfahren sind nur bei Verwendung von Speichern mit direktem Zugriff (→) möglich.

Aggregation

Sammelbegriff für die Methoden der Verdichtung (→) und Verknüpfung (→) von Basisinformationen (→) zu Kennziffern (→) und Führungsgrößen (→).

Aktionsgefüge

Die Darstellung des betrieblichen Systemzusammenhanges durch die Tätigkeiten der Aktoren. Diese Tätigkeiten werden zu sog. fields of actions zusammengefaßt, die jeweils abgrenzbare und für sich betrachtet geschlossene Aufgabengebiete umfassen. Die informationelle Beschreibung dieser Tätigkeitsfelder liefert die Basis für die Gestaltung von Informationssystemen (→).

Aktionsplanung

Die Planung von Aufgaben, deren Erfüllung für das Erreichen eines Zieles erforderlich ist. Als Hilfsmittel der A. können Checklisten (→), Netzpläne (→) und Phasenschemata (→) dienen. Das Ziel der A. besteht in der Abstimmung, Steuerung und Kontrolle der einzelnen Teilaufgaben, um deren zieladäquate Realisierung zu sichern.

Aktualisierung

Das Eröffnen einer Datei (→), d. h. der Beginn einer Abfrage von Daten (→) aus einem Datenspeicher. A. bedeutet, daß damit für den Benutzer (→) die Datei für seine Abfragen zur Verfügung steht.

Aktualität

Eine Forderung, die insbesondere an Planungs-, Entscheidungs- und Kontrollinformationen (→) gestellt wird. A. bedeutet, daß dem Informationsempfänger jeweils die neuesten Daten (→) zur Verfügung gestellt werden. Das Ziel der A. besteht in der Reduzierung der Distanz (→) zwischen abgebildetem (beschriebenem) realen Objekt und der Information. Wird diese Forderung nicht beachtet, dann führt dies dazu, daß der Entscheidende mit einem veralteten Informationsstand (→) operiert. Als Methode für die Sicherung der A. wird häufig die On-Line-Verarbeitung (→) eingesetzt, um vorhandene Datenbestände einem direkten Update (→) zu unterziehen.

Akzeptanztheorem

Die Forderung, daß ein Informationssystem (→) erst dann für die Installation (→) freigegeben werden darf, wenn sichergestellt ist, daß die Benutzer (→) dieses System auch tatsächlich benutzen. Das A. spielt besonders bei Management-Informationssystemen (→) eine bedeutende Rolle, da beobachtet werden konnte, daß Führungskräfte die ihnen zur Verfügung stehenden Systeme nicht oder nur teilweise benutzten. Zur Erfüllung des A. sind daher besondere Strategien der Einführung und Schulung entwickelt worden; am bekanntesten ist das Decision Calculus Model (→) von Little.

Akzeptor

Eine Klasse von Automaten (→), die gewisse Prüfungen der Eingabezeichen vornehmen, z. B. Prüfung auf syntaktische Richtigkeit algebraischer Funktionen:

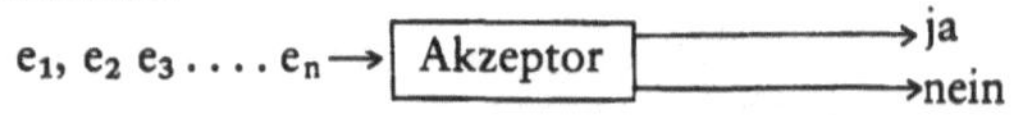

Einfacher Automat als Akzeptor

ALGOL

*Algo*rithmic *L*anguage; eine problemorientierte Programmiersprache (→) für technisch-wissenschaftliche Anwendungsprogrammierungen (→). Diese Sprache ist nicht an einen bestimmten Maschinentyp gebunden und weist gewisse Ähnlichkeiten mit der Programmiersprache FORTRAN (→) auf.

Analogrechner

Eine EDV-Anlage (→) bzw. Rechnertypus, bei dem die Rechengrößen (meist Meßwerte) nicht als diskrete Zeichen (z. B. Zahlen), sondern als kontinuierliche Größen (physikalische Werte wie Ströme, Widerstände, Spannungen) dargestellt werden.

Analyse

Die Zerlegung eines Systems (→) in seine einzelnen Elemente und Strukturen. Die A. ist eine Arbeitsmethodik, die auf die Untersuchung der Elementeigenschaften und der Kommunikationsbeziehungen angewandt wird. Als Systemanalyse (→) stellt sie eine Voraussetzung für die Systemgestaltung (→) dar.

Antwortzeit

Die Zeit zwischen der Eingabe einer Fragestellung über die Datenstation (→) und der ersten Nachricht des EDV-Systems auf einer Ausgabestation (Schnelldrucker, Bildschirm).

Anweisungsinformation

Die A. bildet die Brücke zwischen der Planungs- und Durchführungsfunktion und dient letzterer der unmittelbaren Steuerung des Geschehnisses. Das Treffen einer Entscheidung schließt den Entscheidungsprozeß (→) als solchen noch nicht ab: der Inhalt einer Entscheidung und deren mögliche Konsequenzen müssen dem Durchführenden in Form einer Anweisung mitgeteilt werden, die oftmals den Charakter eines Befehls haben kann. Die A. sollte folgende Fragen beantworten:
- Wer ist zuständig?
- Wie ist der Handlungsspielraum definiert? (z. B. Stellenbeschreibung)
- Welche Ziele sind zu verfolgen?
- Nach welchen Regeln, welchen Ausnahmen?
- In welchen Zeitabschnitten?
- Mit welcher Kontrollfunktion?
- Mit welchen sachlichen und personellen Mitteln?

Formell sind die einzelnen Fragen in praxi sehr verschiedenartig und getrennt behandelt, z. B. die Fragen der Zeichnungsberechtigung, der Organisationsanweisungen, Stellenbeschreibungen, Delegierung usw.

Anwender

Der Benutzer einer DV-Anlage. Als *passiver* Benutzer (→) ist er *Empfänger* der Ergebnisse eines DV-Verfahrens, als *aktiver* Benutzer steht er mit Hilfe einer Datenstation (→) im direkten Kontakt mit einem Datenverarbeitungssystem (→).
(→A.-Organisation, Benutzersprache, Datenerfassung, Dialogverarbeitung, Update)

Anwendung

Eine Datenverarbeitungs-Aufgabe; aus der Sicht des Benutzers (→) ein isoliert darstellbarer Teilprozeß (Teilaufgabe) des betrieblichen Arbeitsablaufs, aus der Sicht der Datenverarbeitung ein selbständiges Modul (→) eines Verfahrens bzw. eines Programmes (→) (DV-Anwendung). DV-Anwendung und Benutzer-Anwendung sind nicht notwendig deckungsgleich: Eine Teilaufgabe kann durch die datentechnische Realisierung zu mehreren Programm-Modulen führen. Mit der Zusammenfassung ähnlicher Teilprozesse wird beabsichtigt, die Vielfalt betrieblicher Aufgaben so zu integrieren, daß möglichst wenig Verfahren und Programmabläufe für möglichst viele Benutzer geschaffen werden (→Integration). Darüber hinaus sollen für diese Teilaufgaben einheitliche Datenorganisationen (→) aufgebaut werden (→Datenbank, Datenkatalog). Die Auswahl von Kriterien für die Integration von Anwendungen ist Gegenstand der Anwendungsanalyse (→).

Anwendungsanalyse

Die Summe der systematisch aufeinander abgestimmten Aktivitäten, die darauf ausgerichtet sind, eine Datenbankorganisation (→) so zu gestalten, daß mehrere Anwendungen (→) Zugriffsmöglichkeiten (→Zugriff) zur gemeinsamen Datenbank (→) besitzen. Ausgangspunkt für eine A. bildet die Beschreibung der Anwendungen (Ergebnis der →Ist- und Organisationsanalyse). Um von einer Menge ungeordneter Anwendungen zu einer gültigen Datenbank-Struktur zu gelangen,

sind im Rahmen der A. folgende Schritte durchführen:
1. Aufbau eines Datenkatalogs (→).
2. Redundanzanalyse (→).
3. Strukturierung von Anwendungsfamilien (→).
4. Definition der logischen Struktur (→) der Datenbank.
5. Definition der physischen Struktur (→) der Datenbank.
6. Simulation und Test (→) der Datenbank.

Anwendungsfamilie

Eine Menge von Anwendungen (→), die durch organisatorisch logische und durch datentechnische Ähnlichkeiten bzw. Gleichartigkeiten zusammengefaßt werden können, um als ein einheitliches Programm (→) bzw. Verfahren der EDV realisiert zu werden.
Die Zusammenfassung mehrerer Einzelanwendungen zu einer A. orientiert sich an folgenden Kriterien.
1. Organisatorisch begründete Kriterien:
   - zeitliche Abstimmung der Anwendungen (gleiche Zeitpunkte für die Erstellung des Outputs),
   - ähnlicher oder gleicher Output,
   - ähnlicher oder gleicher Verarbeitungsalgorithmus;
2. Datentechnisch begründete Kriterien:
   - gleiches Ordnungskriterium,
   - Verwendung gleicher Daten oder Datengruppen,
   - Datenerfassungs-orientierte Anwendungen (Update und Datengenerierung);
3. Systemtechnisch begründete Kriterien:
   - gleiche oder ähnliche Anforderungen für die Sicherheitsvorkehrungen (Checkpoint, Restart, Logging),
   - optimale Betriebsablaufsteuerung.

Die Definition von Anwendungsfamilien ist ein iterativer Prozeß: Zunächst werden alle jene Anwendungen zu einer Anwendungsfamilie zusammengefaßt, die gleiche Datenelemente in gleicher oder ähnlicher Reihenfolge verarbeiten. Anschließend werden die so gewonnenen Anwendungsfamilien entsprechend den anderen Kriterien analysiert und umgeformt. Die Grundlage für diesen Iterationsprozeß bilden zum einen der Datenkatalog (→), zum anderen die Anwendungsbeschreibung. Anwendungsfamilien stellen ein Zwischenergebnis der Anwendungsanalyse (→) dar und dienen insbesondere dem Aufbau von Datenbanken (→).

Aktivität / Funktionen	Planung	Steuerung	Realisierg.	Kontrolle
Unternehmensleitung				
Produktion				
Vertrieb				
Beschaffung				
Personal				
Finanzen				
Organisation				
Technik				
Forschung und Entwicklung				

Schema einer Anwendungsmatrix

Anwendungsmatrix

Die Zuordnung potentieller EDV-Aufgaben zu den verschiedenen Bereichen (Funktionen) einer Organisation. Die A. ist das Ergebnis der Organisationsanalyse (→) und dient prinzipiell dazu, die Gesamtheit der zu lösenden Aufgaben darzustellen und deren gegenseitigen Interdependenzen, die als Austausch von Informationen/Daten gekennzeichnet sind, aufzuzeigen. Sie bildet eine Grundlage für die Datenbankdiagramme (→) und für die Analyse der anwendungsspezifischen Schnittstellen (→).

Anwendungsprogrammierung

Die Programmierung (→) von anwendungsbezogenen Aufgaben im Gegensatz zur Programmierung von wissenschaftlichen (nicht unmittelbar praktisch verwertbaren) Fragestellungen und Betriebssystemen (→).

Anwendungssoftware

Standardisierte Programme (→) und Programmsysteme, die soweit generalisiert sind, daß sie von mehreren Unternehmen gleichermaßen benutzt werden können. A. ist besonders bekannt in den Bereichen der Fertigungssteuerung, Lohn- und Gehaltsabrechnung, Buchhaltung und Finanzplanung sowie für spezielle Problemlösungen der Statik, Statistik und Mathematik. Sie werden hauptsächlich von Software-Firmen erstellt und vertrieben, doch bieten auch die führenden EDV-Hersteller A. an.
(→Software)

APL

A Programming Language; eine benutzerorientierte, für die Dialogverarbeitung (→) geeignete Programmiersprache (→). Diese Sprache ist in zahlreichen Anwendungsgebieten einsetzbar, da sie einen großen Instruktionsvorrat besitzt. Die Instruktionen sind nach der Iverson-Notation aufgebaut und unterscheiden sich gegenüber dem konventionellen Aufbau einer Instruktion (→) entscheidend. Grundsätzlich sind zu unterscheiden:

a) Operanden: Dies sind Anweisungen verschiedenen Inhalts; es können Konstanten oder Variablen sein, numerisch oder alphanumerisch und eine Struktur besitzen, d. h. Operand mit mehreren Eigenschaften sein. Jede dieser Strukturen ist direkt adressierbar.

b) Operatoren: Die Operatoren dienen der logischen Verknüpfung der Operanden. Man unterscheidet monadische O., die auf einen und dyadische O., die auf zwei Operanden anwendbar sind. Solche Operatoren sind beispielsweise:
A + A: Addieren
A − A: Subtrahieren
A ⋆ A: Potenzieren
A ⌈ A: Maximieren
A | A: Rest bilden
A ∧ A: Boole'scher Operator UND
A ∨ A: Boole'scher Operator ODER
usw.
Als gemischte Operatoren mögen angeführt sein:
S ? S: Stichprobe nehmen
V←VS, VS: Verketten
VS ⍉ A: Transponieren
V ↑ A: Entnehmen
usw.

c) Funktionen: Bei APL wird ein Problem schrittweise gelöst, wobei die Zwischenergebnisse gespeichert und jederzeit abgerufen werden können. Eine Funktion ist eine Zusammenfassung mehrerer Anweisungen; dies empfiehlt sich, wenn verschiedene Anweisungen im Verlauf einer Aufgabenstellung wiederholt auftreten.

Die Aufgabenerledigung erfolgt bei APL als Dialogverarbeitung.

Arbeitsablaufdiagramm

Tabellarische Darstellung der Folge von Arbeitsabläufen. Dabei bedient man sich bestimmter Symbole:

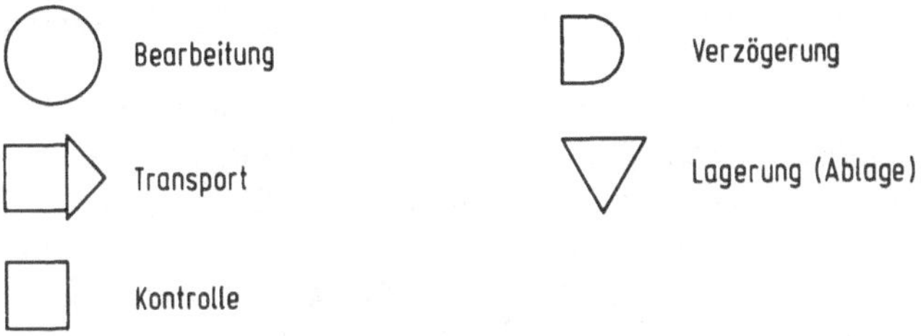

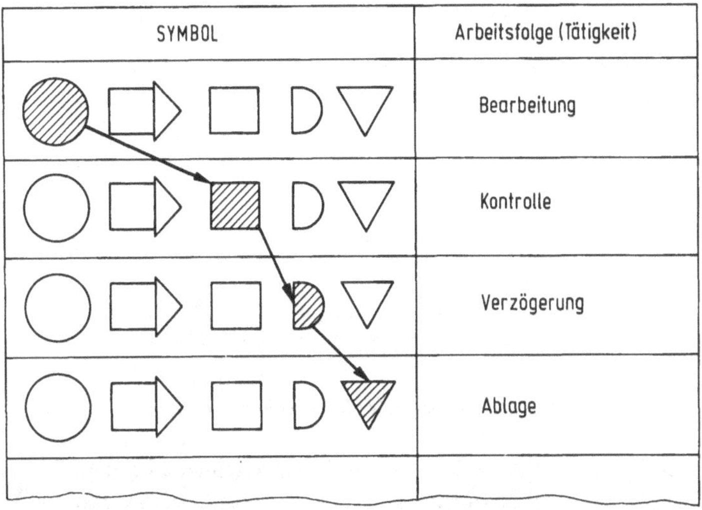

Schema für ein Arbeitsablauf-Diagramm

Arbeitsablauf-Diagramme finden besonders bei der Istanalyse (→) Anwendung.

Architektur (des Informationssystems)

Die systematische Gliederung eines Gesamtinformationssystems (→Informationssystem) in Teilinformationssysteme nach bestimmten Kriterien (Dimensionen). Diese Kriterien orientieren sich an der organisatorischen Gliederung des Unternehmens (funktionaler und hierarchischer Aufbau) und an den Aufgaben bzw. Aufgabenkategorien der Anwender (→).

Beispiel: Als Funktionen eines Unternehmens mögen gelten: Unternehmensleitung, Produktion, Vertrieb, Beschaffung, Personal, Finanzen, Organisation, Technik und Forschung und Entwicklung.

Als hierarchische Ebenen werden unterschieden: Strategisches Management (Geschäftsleitung), taktisches Management (Bereichsleitung) und operatives Management (Abteilungsleitung).

Als Aufgabenkategorien sind zu definieren: Planung, Steuerung, Durchführung und Kontrolle.

Durch die Kombination der 9 Funktionen mit den 4 Aufgabenkategorien und den 3 hierarchischen Ebenen sind dann $9 \times 4 \times 3 = 108$ Teilinformationssysteme unterscheidbar.

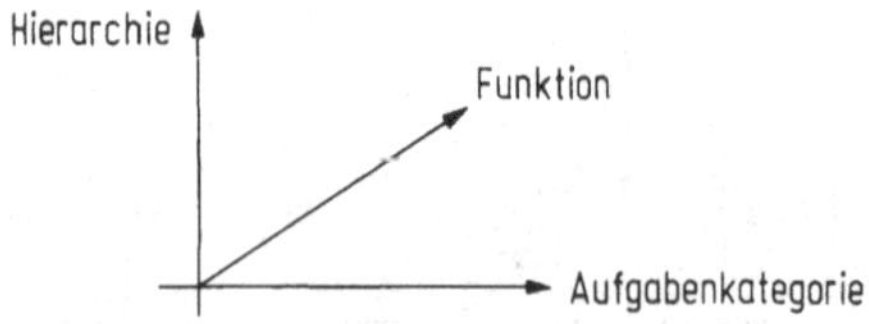

Die Dimensionen eines Informationssystems

Das Ziel der A. besteht in der einheitlichen Systematik bei der Bildung von Teilinformationssystemen, um dadurch die Voraussetzungen für die Integration (→) und für eine einheitliche Entwicklungsstrategie für das Gesamtinformationssystem zu schaffen.

Assembler

Umwandlungsprogramme (→Umwandlung) für die Übersetzung eines in einer maschinen-orientierten Programmiersprache (→) geschriebenen symbolischen Programms (→) in die echte Maschinensprache.

Assembler-Sprache

Maschinen-orientierte Programmiersprache (→). Neben den eigentlichen Instruktionen (→), die nach der Umwandlung (→) Bestandteile des echten Programms werden, kennt diese Sprache noch besondere Anweisungen für das Umwandlungsprogramm, die nicht in das echte Programm übernommen werden. Makroinstruktionen (→) können im Bibliotheksteil gespeichert und von dort abgerufen werden.
(→Programmierung)

Aufbauorganisation

Die organisatorische Gliederung des Unternehmens nach Funktionen, Stellen und hierarchischen Ebenen (Instanzen), oft auch als Instanzenaufbau bezeichnet. Die A. dient der arbeitsteiligen Realisierung der betrieblichen und unternehmerischen Aufgaben, der Verwirklichung einer reibungslosen Kommunikation (→) zwischen Stellen und Instanzen, der Ordnung der Weisungs- und Befehlsrechte durch die hierarchische Gliederung (die zugleich ein Mittel der Machtegulierung und der Kompetenzabgrenzung ist) sowie der Abgrenzung von Sachkompetenz und Verantwortung. Die Analyse der A. ist u. a. Gegenstand der Organisationsanalyse (→), als Hilfsmittel für die Darstellung dienen Organigramme (→).

Automat

Allgemein eine Vorrichtung, die aufgrund eines gegebenen Zustandes und bestimmter Eingangszeichen bestimmte Ausgangszeichen generiert. Zur Beschreibung eines A. sind drei Größen erforderlich:

1. Erregungs- oder Eingangsvariablen zur Kennzeichnung der Eingangsgrößen.
2. Reaktions- oder Ausgangsvariablen, welche die Reaktion des A. auf die Eingangsgrößen darstellen, und
3. Zustandsvariablen, die zur Darstellung der Abhängigkeiten zwischen zu verschiedenen Zeitpunkten eingegebenen Eingangsvariablen dienen. Sie sind zugleich ein Maß für die Speicherungsfähigkeit des A.

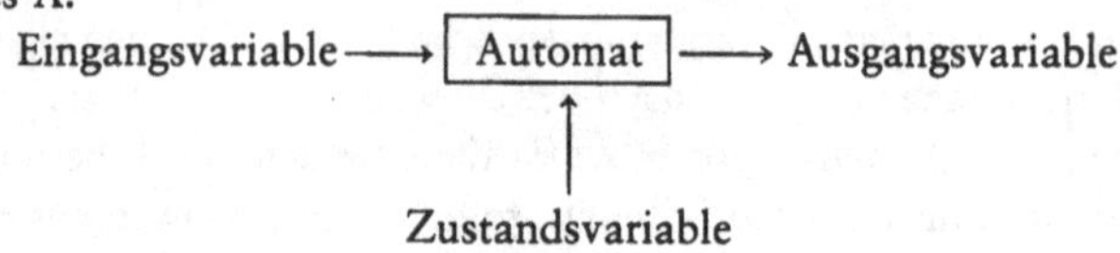

Dieses allgemeine Schema eines A. wird erweitert durch:

a) Die Einführung diskreter oder kontinuierlich veränderbarer Zeitvariablen,
b) den Wertevorrat, der für die einzelnen Variablen zur Verfügung steht (Zeichenvorrat), und durch
c) Abbildungen oder Funktionen, die zwischen den Variablen bestehen.

Die grundlegende Annahme über die Arbeitsweise eines A. lautet: Der gegenwärtige Zustand s_t eines A. und die Eingabegrößen x_t sind bestimmend für den folgenden Zustand s_{t+1}; stehen im diskreten Fall ein Eingabezeichenvorrat $X = \{x_1, \ldots . x_k\}$, eine Zustandsmenge $S = \{S_1, \ldots . s_m\}$ und ein Ausgangszeichenvorrat $Z = \{z_1, \ldots . z_n\}$ zur Verfügung, dann definiert die Ausgabefunktion f_z: $X \times S \rightarrow Z$ das Ausgabezeichen z und die Zustandsfunktion f_s: $X \times S \rightarrow S$ den nächsten Zustand s′ des A. Jedem Wertepaar (x, s), bestehend aus dem Eingabezeichen x und dem gegenwärtigen Zustand s wird das Wertepaar (z, s′) zugeordnet. Es bestimmt das Ausgabezeichen z und den nächsten Zustand s′ [83, S. 20].
(→ Automatentheorie)

Automatentheorie

Wissenschaftliche Disziplin, die das Verhalten und die Struktur von Automaten (→) untersucht mit dem Ziel, allgemeine Automatenmodelle zu konstruieren, die in verschiedenen wissenschaftlichen und technischen Gebieten angewandt werden können.

Automatic Data Processing

ADV = Automatische Datenverarbeitung (→).

AUTOSATE

Automated Data Systems Analysis, ein teilweise automatisiertes Verfahren für die Analyse von Informationsströmen in Organisationen. Die Informationsflüsse (→) werden als Netzwerke dargestellt, die einzelnen Stellen als Knoten. Die für die Verarbeitung und Auswertung erforderlichen Informationen werden durch Interviews (→) gewonnen. Die Verarbeitung dieser Informationen führt zu statistischen Übersichten, die Auskunft geben über: Kommunikationsbeziehungen, Informationsmengen, Datenvolumen je Stelle und Kanal, Redundanzen (→) gespeicherter Informationen und Struktur des die Stationen (Stellen) verbindenden Netzes von Informationskanälen. A. ist ein Hilfsmittel für die Istanalyse (→) und für die Organisationsanalyse (→). Es wurde angewandt und entwickelt im Rahmen der Entwicklung eines Informationssystems (→) für die US AIR FORCE.

Availibility (→ Verfügbarkeit)

Balkendiagramm

Eine Form der graphischen Darstellung von statistischen Massen. Klassifiziert man z. B. alle Informationen einer Stelle oder eines Aktors nach den Informationsarten (→) Entscheidungs-, Steuerungs-, Realisierungs- und Kontrollinformationen, dann kann deren Verhältnis untereinander wie folgt dargestellt werden:

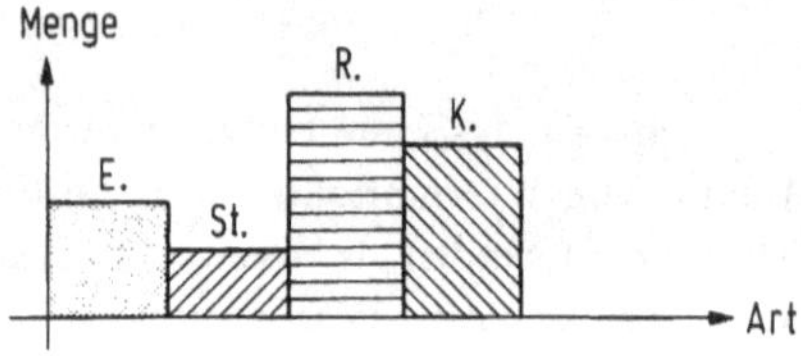

Balkendiagramm zur Darstellung verschiedener Informationsarten

Balkendiagramme sind ein Hilfsmittel für die einfache und übersichtliche Darstellung verschiedener Tatbestände. Sie werden häufig zur Kennzeichnung der Informationsverteilung einer Stelle benutzt.

BASIC

Eine problemorientierte Programmiersprache (→), die besonders für die Lösung technisch-wissenschaftlicher Probleme geeignet ist. B. ist eine Dialogsprache, die ihre Schwerpunkte in der Matrizenrechnung hat, für die eine Reihe von speziellen Makroinstruktionen (→) zur Verfügung steht.

Basisinformationen

Informationen, die mit Hilfe eines Algorithmus in aussagefähigere Informationen, im allgemeinen in betriebswirtschaftliche Kennzahlen, übergeführt werden. So wird beispielsweise aus den Basisinformationen „Lagerentnahmen“ und „Lagerzugang“ die Information „Lager-

bestand" errechnet. Statt von B. spricht man auch von *Grunddaten*; damit sind Einzeldaten gemeint, die aufgrund betrieblicher Aktionen entstehen: Lagerbewegungen, Rechnungen, Gehaltszahlungen, Buchungen usw. und die in Lagerbestände pro Zeitperiode, Summe der Auszahlungen, Gehaltsvolumen, Journalsummen usw. umgewandelt werden. Derartige Informationen können für weitere Kennzahlenbildungen wiederum den Charakter von B. haben; man spricht dann von *mehrstufiger* Verarbeitung von B.
Die am häufigsten benutzten Methoden der Verarbeitung von B. sind die Verknüpfung (→) und die Verdichtung (→).

Baud

Eine Maßeinheit für die Datenübertragungsgeschwindigkeit; sie wird hauptsächlich in der Nachrichtentechnik verwendet. 1 Baud entspricht dem reziproken Wert der Dauer eines Übertragungsschrittes und wird in Sekunden angegeben.

BCD

Binary coded decimal code; der für die Umwandlung von Dezimalziffern in eine binäre Zeichenfolge verwendete Code (→).
(→Information)

Bedarfsgruppen

Eine Menge von Benutzern, die aufgrund ihrer Informationscharakteristik gewisse Identitäten aufweisen und sich daher zu Gruppen gleichen oder ähnlichen Informationsbedarfs (→) zusammenfassen lassen.
Nach Wacker [224] unterscheidet man:
- Problembezogene Bedarfsgruppen: ähnliche oder stark zusammenhängende Aufgaben- oder Koordinationsbereiche.
- Zeitbezogene Bedarfsgruppen:
  - Zielzeitbezogen: Gruppen mit gleichen Bedarfsterminen.
  - Bezugszeitbezogen: Gruppen mit gleichen Periodizitäten.

– Adressatenbezogene Bedarfsgruppen: interne und externe Individuen, Gruppen, Ränge, Abteilungen und Institutionen.
– Quellenbezogene Bedarfsgruppen: Gruppen, die gleiche Bezugsquellen der Information in Anspruch nehmen.

(→ Bedarfsgruppenanalyse)

Bedarfsgruppenanalyse

Die Aufgabe der B. besteht in der Untersuchung von Benutzergruppen bezüglich ihres Informationsbedarfs (→). Dabei wird versucht, die Gemeinsamkeiten und Identitäten des Informationsbedarfs der einzelnen Benutzer (→) zu erkennenennennent nen, uu uu uu um mm m m du um daddon ausgehend einen bzw. wenige Informationsbedarfe zu definieren, die möglichst viele Benutzer befriedigen. Einen Ansatz für empirische Untersuchungen liefert Kschenka [140], der dabei zwei Sachverhalte unterscheidet:

a) *Merkmalsdimensionen* des Informationsbedarfs: Hierunter fallen alle Aspekte des individuellen Informationsbedarfs, die wiederum vom Benutzer und seiner Umwelt beeinflußt werden (z. B. der Bereich, über den informiert werden soll, der Zweck, für den Informationen erforderlich sind usw.).
b) *Merkmalsausprägungen:* Diese umfassen die sachlichen Anforderungen, die der Benutzer an die Merkmalsdimensionen stellt.

In Anlehnung an Kschenka soll anhand eines Beispiels die Vorgehensweise und die Technik der Analyse im Rahmen der Typologisierung von Benutzern dargestellt werden: Vier ausgewählten Merkmalsdimensionen werden die Merkmalsausprägungen von insgesamt 21 Benutzern gegenübergestellt. Dabei handelt es sich um tatsächliche Benutzer. Das zu lösende Problem läßt sich auf die Frage reduzieren: Wieviele der 21 Benutzer sind durch eine Identität des Informationsbedarfs als Gruppe zusammenfaßbar?

Tab. 1 zeigt die Übersicht der Merkmalsdimensionen und der ihnen zugeordneten Merkmalsausprägungen:

Tab. 1. Merkmalsdimensionen und -ausprägungen

Merkmalsdimensionen	Merkmalsausprägungen
A	1,2,3,4,5,
B	6,7,8
C	9,10,11
D	12,13,14

A: Bereich, über den informiert werden soll: ein bestimmter Markt des Unternehmens.
B: Grad der Vollständigkeit, mit der informiert werden soll.
C: Art der gewünschten Inhaltserschließung.
D: Der Zweck, für den die Informationen benötigt werden.
1: Alle Kunden mit einem Vorjahresabsatz von mehr als 1000 Mengeneinheiten
2: Alle Kunden mit einem Auftragsbestand von mehr als 5000 Mengeneinheiten
3: Alle Kunden, die Konkurrenzprodukte verwenden
4: Alle potentiellen Kunden
5: Alle Kunden mit Zahlungsverzug innerhalb einer bestimmten Periode
6: Einzelinformation
7: Summenwerte
8: Durchschnittswerte
9: Listenausdruck
10: Informelle Unterrichtung
11: Graphische Darstellung
12: Planung
13: Konferenzunterlage
14: Kontrolle

Im Anschluß an das Aufstellen einer derartigen klassifizierenden Auswertungsliste ist eine empirische Analyse erforderlich – in der Regel Interviews (→) mit den angesprochenen Benutzern.
Tab. 2 zeigt das Beispiel einer Auswertung.
Das Ergebnis des Auswertungsschemas ist wie folgt zu interpretieren: Die 21 tatsächlichen Benutzer lassen sich aufgrund der zwischen ihnen bestehenden Identitäten bezüglich ihres Informationsbedarfs in vier verschiedene Klassen aufteilen: statt der ursprünglich vorhandenen 21 Informationsbedarfe sind lediglich vier unterschiedliche Informationsbedarfe erkennbar, die ausreichenden, um alle 21 Personen bezüglich

ihrer Merkmalsausprägung und Merkmalsdimensionen zu bezeichnen. (→Bedarfsgruppen)

Tab. 2. Auswertungsschema

A					B			C			D			Anzahl der Benutzer*	Klasse
1	2	3	4	5	6	7	8	9	10	11	12	13	14		
x	x					x	x	x		x		x	x	4	I
	x		x		x			x			x			5	II
				X	x	x			x				x	8	III
		x	x		x			x				x		4	IV

*Empirisch zu ermitteln.

Bedarfsniveau

Statisch: Ein bestimmter Sättigungsgrad eines Individuums: Die vorhandenen Informationen (das Informationsangebot →) werden für die Lösung einer Aufgabe als ausreichend erachtet, Informations-

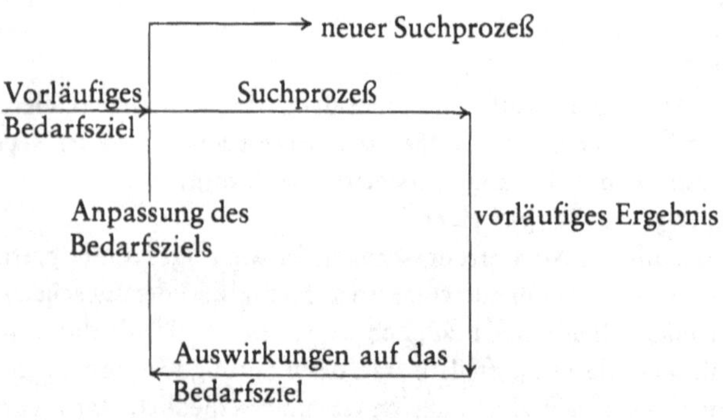

Erhöhung des Bedarfsniveaus

nachfrage (→) und -suche (→) werden eingestellt, das B. des Aktors ist erreicht.

Komparativ-statisch: Die Suche von Informationen in einer realen Quelle (z. B. Bibliothek, Informationskatalog→) induziert neuen Informationsbedarf (→), wodurch das Bedarfsniveau erhöht wird.

Befehl (→Instruktion)

Beleg

Grundsätzlich jede Art von Datenträger, der schriftliche und/oder graphische Nachrichten (Zeichen) aufzunehmen vermag mit Ausnahme der in der Datenverarbeitung benutzten Datenträger wie Magnetbänder (→) und Plattenspeicher (→). Hauptsächlich Lochkarten, Lochstreifen, Schriftstücke, Formulare, Dokumente (→). Von Bedeutung sind diejenigen Belege, die maschinell gelesen werden können; sie dienen als Direktdateneingabe und werden von Beleglesern (→) verarbeitet.

Als Urbeleg oder Ursprungsbeleg bezeichnet man Belege, bei denen die zu verarbeitenden Daten (→) *erstmals* auftreten, z. B. die Bestellung eines Kunden oder eine Lieferantenrechnung.

Belegleser

Ein Gerät für die direkte Eingabe von Daten (→) eines Belegs (→) an die EDV-Anlage (→). Man unterscheidet Markierungsleser (Magnetschriftleser), die Graphit-(Bleistift-)Markierungen von vordefinierten Feldern abtasten, und Klarschriftleser, die Schriftzeichen optisch lesen. Mit dem Lesen einher geht die Codierung der Zeichen und die Übertragung an den Rechner. B. sind häufig mit Einrichtungen zum Sortieren der Belege ausgestattet und besitzen die Möglichkeit, fehlerhafte oder nicht lesbare Belege auszusteuern, um sie vor einer fehlerhaften Verarbeitung zu sichern.
(→Schriftarten)

Belegverarbeitung

Methoden der direkten Übermittlung von Daten (→) von einem Beleg (→) an eine EDV-Anlage (→). Als Grundlage dienen genormte Schriftarten (→) und als Eingabegeräte Belegleser (→).

Benchmark-Test

Eine Methode zur Messung des Leistungsverhaltens vergleichbarer EDV-Anlagen (→). Man steuert in die Rechner eine bestimmte Anzahl von Programmen P_i mit Rechenzeiten $t_i \leq t$ $(i = 1,2, \ldots, n)$ und mißt die Belegzeit, während der der Rechner durch diesen Stapel von Aufgaben belegt ist. Es bleibt dem Rechner überlassen, in welcher Reihenfolge die einzelnen Programme abgearbeitet werden. Damit kommt in den Zeiten zugleich auch die Leistungsfähigkeit des Betriebssystems (→) zum Ausdruck.

Benutzer

Im Rahmen der Benutzerforschung (→) ist der B. als eine Person definiert, die gegenüber einem System (→) bzw. einer Institution Informationsbedarf (→) geltend macht. Der Bedarfsträger wird allerdings nicht als ein isolierter Tatbestand aufgefaßt, sondern immer im Zusammenhang mit seiner Umwelt betrachtet.
Nach Wersig [228] werden vier Kategorien zur Definition des B. unterschieden:

a) Der „Nutzer“, verstanden als derjenige, der eine Information für irgendeinen Zweck benutzt und dadurch auch einen reellen Nutzen zieht. Diese Zwecke können objektiver Natur sein, z. B. Beschaffung und Verwendung von Informationen im Rahmen einer bestimmten, objektiv beschreibbaren Aufgabe. Sie können darüber hinaus auch als Argumente, als Erhöhung des Machtpotentials oder als strategisches Mittel der Machtausübung definiert sein.
b) Der „tatsächliche Benutzer“, der zwar Informationsdienste betreibt, ohne dadurch aber auch zugleich einen reellen Nutzen zu ziehen. Der

tatsächliche Benutzer übt die Funktion eines Informationsbeschaffers für einen Dritten aus.

c) Der „vermutete Benutzer", d. h. eine Person/Gruppe, von der angenommen wird, daß sie Nutzer oder tatsächlicher Benutzer sein könnte.

d) Der „potentielle Benutzer", d. h. derjenige, der nachgewiesenermaßen einen Informationsbedarf hat, der durch eine Institution befriedigt werden kann.

Eine Erweiterung dieses Definitionsschemas ist – wie Wersig hervorhebt – dadurch möglich, daß der Benutzer/Nutzer in seinen Rollen, die er im Kommunikationsprozeß ausübt, analysiert wird. Insbesondere ist der Benutzer resp. Nutzer zugleich auch Informationsproduzent, Speicher und Generator; darüber hinaus fungiert er wieder als aktive Informationsquelle, d. h. als reduzierter Informationsdienst, der ein „Informationsangebot" abgibt.

(→Anwender)

Benutzerforschung

Die B. befaßt sich mit den Problemen des Verhaltens von Benutzern gegenüber „institutionalisierten" Informationsanbietern, z. B. Bibliotheken, Dokumentationssystemen (→). Sie konzentriert sich auf folgende Fragenkomplexe:

a) Für die Ermittlung des Informationsbedarfs (→) von Benutzern (→) werden die Analyse, Beobachtung und Messung des Informationsverhaltens von konkreten Personen bevorzugt.

b) Daneben wird versucht, jene Faktoren zu erforschen, die überhaupt Informationsbedürfnisse auslösen.

c) Mit Hilfe quantitativer Methoden der empirischen Sozialforschung werden Gruppen- und Klassenbildungen von Benutzern vorgenommen, um repräsentative Aussagen abzuleiten.

Zwei Studienrichtungen sind zu unterscheiden:

1. Basic Studies: Analyse von Personen und Personengruppen, um deren typische Informationsbedürfnisse zu erforschen.
2. Applied Studies: Analyse konkreter Informationssysteme (→) und

deren Institutionen (Bibliotheken, Dokumentationssysteme, Information Retrieval Systeme), um Aussagen über deren Verbesserung und Gestaltung im Sinne einer benutzergerechten Strukturierung zu gewinnen.

Die B. ist verhaltenswissenschaftlich orientiert, da davon ausgegangen wird, daß „Nachfrage nach Informationen“ und „Benutzung von Informationen“ zwar individuelle Erscheinungsformen eines spezifischen Verhaltens sind, dieses Verhalten jedoch durch soziale Lernprozesse und umweltbezogene, gruppenspezifische Verhaltensmuster und Verhaltensnormen geprägt wird.

Die Ansätze und Erkenntnisse der B. sind insbesondere für die Gestaltung von Informationssystemen (→) bezüglich der Benutzerfreundlichkeit (→) von Bedeutung.

Benutzerfreundlichkeit

Die Forderung, ein Informationssystem (→) primär auf die Belange der Benutzer (→) abzustimmen und entsprechend zu konzipieren. B. impliziert:

- Transparenz der Teilprozesse *und* des Gesamtsystems für den Benutzer.
- Leichte Handhabung von Sonderfällen, die zu Eingaben in das System führen.
- Übersichtliche und verständliche Gestaltung der Datenausgaben (z. B. Listenbilder, Formulare) zur Sicherung der Lesbarkeit.
- Flexibilität des Systems, d. h. die Fähigkeit, auf Änderungen in der Aufgabenstellung schnell zu reagieren.
- Hohe Verfügbarkeit (→).
- Leichte und auf die physiologischen Bedingungen des Menschen abgestellte Handhabung der Eingabe- und Bedienungsgeräte (z. B. Lärmschutz, Tastaturanordnung).
- Einfacher Zugang zum System und zu seinen Dateien durch entsprechend verständliche und leicht lernbare Benutzersprachen (→ Programmiersprache) und damit die Möglichkeit der aktiven Aufgabenerledigung (z. B. durch Dialogverarbeitung →).

Die Realisierung dieser Forderungen hat zur Voraussetzung, daß der Benutzer aktiv an der Gestaltung eines Informationssystems mitarbeitet. Die Mitarbeit bezieht sich dabei auf:
- Dataillierte Angaben des Informationsbedarfs (→).
- Kritische Überprüfung und Überarbeitung der Organisationsvorschläge (→).
- Bereitstellung repräsentativer Testdaten (→).
- Spezifikation operationalisierter Leistungs- und Abnahmekriterien.

Die organisatorische Regelung und Abstimmung dieser Tätigkeiten erfolgt durch eine entsprechende Benutzerorganisation, die durch den Benutzerkoordinator (→) herbeigeführt werden kann.

Benutzerkoordinator

Eine Person, die für koordinierende Tätigkeiten der aus der Sicht der Fachabteilungen anfallenden Aufgaben bezüglich der Erstellung und Steuerung von EDV-Projekten verantwortlich ist. Er ist Mitglied des Informations-System-Komitees (→) und Gesprächspartner der EDV-Leitung. Er nimmt folgende Aufgaben wahr:
- Bewertung der Projektanträge (→) der Fachabteilungen
- Sicherung ihrer Durchführbarkeit
- Mitarbeit am Projektplan (→)
- Aufbereitung der Ertrags- und Aufwandsfaktoren, insbesondere Nachweis über die Wirtschaftlichkeit eines Projektes (→)
- Sicherung der Mitarbeit der Fachabteilungen während der Projektrealisierung
- Kontrolle bezüglich der Einhaltung der Pläne
- Konsolidierung unterschiedlicher Wünsche der Fachabteilungen
- Mitarbeit bei Problemlösungen und bei der Ausarbeitung von Alternativen
- Überprüfung und Abstimmung der Organisationsvorschläge (→).

(→Benutzerfreundlichkeit)

Benutzerprofil

Die Darstellung der von einem Anwender (→) für die Lösung seiner Aufgaben benötigten Informationen in Form eines Digraphen (→).

Bericht

Allgemein die schriftliche und/oder graphische Darstellung eines Sachverhaltes, die einem Aktor als Entscheidungs- oder Informationsunterlage dient. Bei der maschinellen Verarbeitung bzw. Erstellung von Berichten spielt die Frage der *Formatierung* eine wichtige Rolle, d. h. es müssen standardisierte Normen für den formalen Aufbau eines B. erstellt werden, z. B. Spalteneinteilungen, Feldlängen, Zeilenaufbau, Schriftart usw. Die Ziele bestehen in der Ermöglichung der maschinellen Verarbeitung, in der Reduzierung unnötiger und/oder unwichtiger Informationen und in der Vereinheitlichung des Berichtsinhalts nach formalen Kriterien.
(→ Berichtswesen, -analyse)

Berichtssystem

Berichtssysteme dienen der Rationalisierung des Informationsflusses (→). Sie liefern standardisierte Informationen, die in der Regel ereignisbezogen sind. Voraussetzung ist eine Standardisierung der Ausgaben bereits bestehender Informationssysteme (→) bzw. der Aufbau eines allgemeinen Programms (→) als Verbindung zwischen operativen Subsystemen und Management. Qualitative Unterschiede bestehen lediglich in der Art der Summierung, Verdichtung und Anordnung der Einzelinformationen entsprechend den durch bestehende Berichtsnormen definierten Anforderungen.
(→ Berichtswesen)

Berichtssystematik

Die organisatorische Regelung projektbegleitender Berichte. Entsprechend dem Phasenschema (→) werden bestimmte Berichtstypen und

PHASE	INITIALI-SIERUNG	KONZEPTION	ENTWURF
INPUT	Probleme der div. Fachbereiche	Zielkonzeption, Kennziffern und Schätzwerte	Kapazitäten und Istzustand. Potential
ERGEBNIS DER PHASE	Problembenennung Schätzung der Folgen	Darstellung der Probleme als EDV-Aufgaben, analytische Bewertung	Lösungsansatz, Alternativen. Rahmenplan
ENTSCHEIDUNGSKRITERIEN	Prioritäten der Problemlösungen	Grobplan, Zeiten, Mitarbeiter, Kosten	Zeit, Kosten, Nutzen, Personalaufwand. Organisation
ENTSCHEIDUNGSGREMIUM	Komitee aus Fachabteilung und EDV-Bereich	Geschäftsleitung und Fachabteilung (beratend)	wie Phase 1
BERICHT	Formlos	Projektantrag und evtl. Invesitionsantrag	Projekt-File (→)
PERIODIZITÄT	Nach Bedarf	Nach Phasenabschluß	Nach Phasenabschluß. Mind. monatlich
ENTSCHEIDUNG	Delegation der Aufgaben	Zielordnung und Prioritäten	Plangenehmigung Mitarbeiterfreistellg. Organisation Budget
	STUDIEN-AUFTRAG	PLANUNGS-AUFTRAG	REALISIERUNGS-AUFTRAG

Beispiel für eine Berichtsorganisation auf der Grundlage eines Phasenschemas

DETAIL- ENTWICKLUNG	AUSFÜHRUNG/ TEST	NUTZUNG
Organisationsanalyse (→) Modelle und Verfahren	Programmieranweisung Richtlinien, Vorgaben	Programme, Hand- bücher, Dokumentat.
Programmieranweisung Produktionsauftrag Einführungs- und Installationspläne	Fehlerfreie Programme Handbücher und Betriebsanleitungen	Funktionsfähiges System, Abschluß der Schulungs- aktivitäten
Richtlinien, Normen, Effizienzkriterien, Dok.-vorschriften	Richtlinien des RZ und der Benutzer	Nutzen für den Benutzer
Technischer Ausschuß aus dem Bereich EDV + Benutzerabteilungen	Benutzer und Rechen- zentrumsexperten (Qualitätskontrolle)	Ltr. Finanzen I. S. Komitee (→) Benutzer-Management
Projekt-File	Projekt-File	Programmbeschreibg. Dokumentation (→)
Monatlicher Status	Monatlicher Status	Statusbericht während der Einführung
Annahme der Lösungen	Annahme der Lösungen	Einführung und Nutzung
AUSFÜHRUNGS- FREIGABE	ÜBERNAHME	PROJEKT- BEENDIGUNG

Beispiel für eine Berichtsorganisation auf der Grundlage eines Phasenschemas

-formen definiert. Jeder Phase (→) werden die kennzeichnenden Merkmale der Berichte zugeordnet und in Form einer Verfahrensvorschrift zum Bestandteil der Projektarbeit erhoben. Von besonderer Bedeutung sind die zu definierenden *Entscheidungskriterien*, die *Ergebnisse* der jeweiligen Phase und das betreffende *Entscheidungsgremium*. Dies kann in genereller Form projektunabhängig erfolgen, so daß jeweils zu Beginn eines neuen Projektes (→) nur die einzelnen Kriterien überprüft und entsprechend ergänzt werden müssen.

Berichtswesen

Die Gesamtheit der organisatorischen Regelungen, die für das Erstellen, die Speicherung, Sicherung, Versendung und für die Verwaltung von Berichten (→) incl. Formularen im Unternehmen bestehen. Das Ziel derartiger Regelungen besteht nach Blohm [31] im Aufbau eines optimalen B. Dies beinhaltet u. a.:

a) Die Ausrichtung des B. am Berichtszweck. Voraussetzung hierfür ist der festgestellte Informationsbedarf (→) der Berichtsempfänger.
b) Nicht eine kalendarische, regelmäßige Berichterstellung, sondern eine den Kontroll- und Planungszyklen des Unternehmens angepaßte Berichtsbereitstellung.
c) Die Trennung und unterschiedliche Handhabung von laufender Berichterstattung und der Berichterstattung auf Abruf.
d) Die Vereinheitlichung, Normung und Standardisierung der Berichtsträger (Formulare, Print Outs, Datenerfassungsbelege usw.)

(→Berichtswesenanalyse)

Berichtswesenanalyse

Ein Bestandteil der Istanalyse (→), wobei faktische Informationen (→Informationsarten) des Unternehmens und seiner Realprozesse insoweit erfaßt werden, als sie in Form von Berichten (→) und Formularen dokumentiert sind. Dabei ist zu unterscheiden:

a) Ermittlung der faktischen Informationen und
b) Bewertung und kritische Beurteilung.

Die Ermittlung erfolgt durch statistische Auswertungen der Berichte nach verschiedenen Gesichtspunkten; z. B. nach: Umfang, Anzahl der Berichte je Berichtszeitraum, Arbeitsbelastung je Stelle durch das Erstellen bzw. Verarbeiten von Berichten, Klassenbildungen nach Berichtsinhalten, -zwecken usw.
Die Bewertung und Beurteilung bezieht sich auf die Qualität der Berichte und auf ihre Wirksamkeit bezüglich der Entscheidungs- und Problemlösungsprozesse. Hierzu zählt auch die Analyse der Schwachstellen, Mängel und Fehler des Berichts sowie das Aufzeigen möglicher Verbesserungen.

Beschreibungselemente

Daten (→) zur Charakterisierung von Dokumenten (→). Man unterscheidet:

a) *Externe B.:* Daten, die ein Dokument formal und inhaltlich charakterisieren.
b) *Interne B.:* Wortfragmente oder Stichwörter, die aus einem vollständigen Text extrahiert werden (Dokumentationssystem).
c) *Formale B.:* Anwendungsspezifische Daten, die der formalen Identifikation eines dokumentierten Sachverhaltes dienen; in der Literaturdokumentation z. B. die bibliographischen Angaben.
d) *Inhaltliche B.:* Daten, die den in einem Dokument enthaltenen Sachverhalt charakterisieren, z. B. Überschriften, Texte.

(→Dokumentationssystem)

Betriebsablauf

Die Gesamtheit der organisatorischen Regelungen für die Arbeitsplanung, Arbeitsvorbereitung, Arbeitserledigung und Kontrolle aller Tätigkeiten eines Rechenzentrums (→). Von besonderer Bedeutung für den B. sind die Planung und Kontrolle der funktions- und termingerechten Durchführung der Programmläufe, die Sicherung der Datenbestände und die sachlich richtige Bereitstellung des Outputs für die Benutzer.
(→Betriebsablaufsicherung)

Betriebsablaufsicherung

Die Gesamtheit der Verfahren, die in einem Rechenzentrum (→) zur Sicherung der Durchführbarkeit der Programmläufe eingesetzt werden. Zur B. gehören beispielsweise: Datensicherungsmaßnahmen (→), Archivierungsvorschriften für Dateien, Einsatz redundanter Konfiguration (→) zur Sicherung der Verfügbarkeit (→), Richtlinien für Katastrophenfälle und für Wiederanlaufverfahren (→) im Falle eines partiellen oder totalen Systemausfalls. Die B. ist Gegenstand der Rechenzentrums-Organisation und zielt auf einen reibungslosen Betriebsablauf (→) ab.

Betriebssystem

Die Summe derjenigen Programme (→), die als residenter Bestandteil einer EDV-Anlage (→) für den Betrieb der Anlage und für die Ausführung der Anwendungsprogramme erforderlich sind. Man unterteilt das Betriebssystem (BS) üblicherweise in:

1. *Steuerprogramme,* das sind Programme für die
1.1 Ausführungsvorbereitung (→ Job Management)
1.2 Ausführung der Instruktionen (→ Task Management)
1.3 Datensteuerung (→ Daten Management) und für die
1.4 Sicherung des Betriebsablaufs (→).
2. *Arbeitsprogramme:*
2.1 Übersetzerprogramme für die jeweils benutzte Programmiersprache (→) wie z. B. COBOL, FORTRAN, BASIC (→).
2.2 Standardisierte Dienstprogramme, wie z. B. für das Sortieren, Mischen und Laden von Dateien und für die Unterstützung des Testens von Programmen.

(→ Software)

Betriebsweise

Die Nutzungsform einer EDV-Anlage (→). Prinzipiell unterscheidet man: Lokale Stapelverarbeitung, Prozeßdatenverarbeitung und Datenfernverarbeitung (nach [68, S. 32 ff.]):

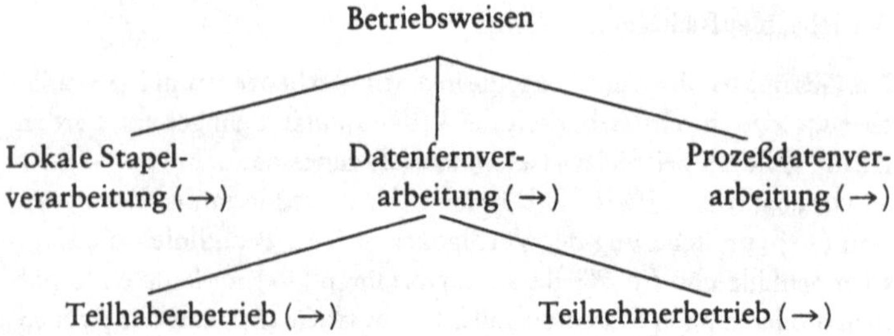

Bewegungsdaten

Auch: Veränderungsdaten; Daten (→), die eine Stammdatei (→Stammdaten) verändern und sie dadurch auf den jeweils neuesten Stand bringen.
Beispiel:
Die Stammdatei des Personalbereiches ist die Mitarbeiter(Personal)datei, in der alle Daten der Mitarbeiter gespeichert sind. Als B. gelten die Veränderungen, die an diesem Datenbestand laufend vorzunehmen sind: Tarifklassenänderung, Änderungen des Gehalts, des Familienstandes, der Abteilungszugehörigkeit usw. Darüber hinaus sind ganze Sätze auszugliedern (z. B. bei Kündigungen) und neue Sätze aufzunehmen (Einstellung von Mitarbeitern). Im ersten Fall handelt es sich um die Änderung von einzelnen Datenelementen bestehender Sätze, im zweiten Fall um die Veränderung der gesamten Datei durch Hinzufügen und Ausgliedern von ganzen Sätzen, die u. U. die Sortierfolge der Datei verändern. Die Verarbeitung der B. kann in Abhängigkeit von den Speicherungsformen (→) wahlfrei oder fortlaufend (→Verarbeitungsformen) erfolgen.
(→Update)

Bewegungshäufigkeit

Das Verhältnis zwischen den tatsächlich in einer Datei (→) gespeicherten Sätzen (→) und den aktualisierten, d. h. innerhalb einer bestimmten Zeitspanne benutzten Sätzen.

$$B\% = \frac{S_a/t}{S_e} \cdot 100$$

S_a = Anzahl der innerhalb t aktualisierten Sätze.
S_e = Anzahl der insgesamt gespeicherten Sätze.
Bei großem B (>ca. 40%) sollte man möglichst eine Speicherungsform (→) mit direktem Zugriff wählen, um die Suchzeiten zu reduzieren. B. wird auch oft als Benutzungshäufigkeit bezeichnet.

Bewertung

Die ökonomische Beurteilung eines Informationssystems (→) bzw. seiner einzelnen Komponenten. Je nach den ausgewählten Bewertungskriterien sind unterschiedliche Methoden und Verfahren anwendbar, z. B. Kostenvergleich (→), Gewinn- und Rentabilitätsrechnung, Investitionsrechnung oder Nutzwertanalyse (→). Den einzelnen Komponenten eines Informationssystems lassen sich folgende Bewertungskriterien zuordnen:

1. *Hardware* (→): Die B. kann nach Kosten (z. B. Abschreibungen), Anschaffungspreisen oder Ausgaben (z. B. Miete bei Leasing) erfolgen. Als Verfahren kommen in Betracht: Preis/Leistungsvergleich, Kostenvergleich, Amortisationsrechnung.
2. *Software* (→): Bewertung nach typischen Leistungskennzahlen, z. B. Durchsatz (→), Speicherstellenbedarf, Laufzeit; außerdem nach Preis und periodischen Ausgaben (bei Miete). Als Verfahren sind anwendbar: Preis/Leistungsvergleich, Nutzwertanalyse, Multifaktorenanalyse (→), Paarvergleich (→). Als Hilfsmethoden dienen die Verfahren des Tuning (→) zur Ermittlung der Leistungskennzahlen.
3. *Anwendungen* (→): Bewertung nach den Nutzenkategorien der Anwendung, Kostenersparnis, Substitutionseffekt, Gewinn, Rationalisierungseffekt, Organisationsvorteilen und Dispositionserleichterungen. Als Verfahren kommen in Frage: Nutzwertanalyse, Kostenvergleich, Amortisationsrechnung und Break-even-point-Analyse, Kosten/Leistungsvergleich, Gewinnvergleich und Multifaktorenmethode.

Eine B. kann *total* oder *partiell* erfolgen: bei einer totalen B. wird versucht, *alle* Komponenten des zu bewertenden Informationssystems auf ein einheitliches Bewertungskriterium zu beziehen; dies kann dadurch gelingen, daß die etablierte Konfiguration (→) mit ihren Kosten als Fixkostenblock betrachtet und die zu realisierenden Projekte als Grenzkostenträger bewertet werden. Dies läuft allerdings auf eine Kostenrechnung hinaus und hat damit den Nachteil, daß der Gewinn bzw. Nutzen nicht in die Bewertung mit eingezogen wird. Die Entscheidung wird durch die kostenminimale Alternative und nicht durch die nutzenmaximale Alternative bestimmt. Stellt man dagegen eine Gewinnvergleichsrechnung auf, dann entsteht die Schwierigkeit der Zuordnung von Kosten/Aufwand/Ausgaben zu einer Alternative.
Bei der partiellen B. werden die einzelnen Komponenten jeweils für sich betrachtet und bewertet, entsprechend den für ihre B. am besten geeigneten Bewertungskriterien. Eine Zusammenfassung der Ergebnisse scheitert dann oftmals an der Inkompatibilität der Bewertungsverfahren.
Ein zufriedenstellendes Gesamtbewertungsverfahren für Informationssysteme ist bislang nicht verfügbar.
(→Projektertrag und -kosten)

Bildschirmeinheit

Eine Datenstation (→) für die Ein- und Ausgabe von Daten (→). Die Daten werden auf einer Kathodenstrahlröhre angezeigt und können auch mit Hilfe eines Lichtstiftes verändert werden. Eine Tastatur ermöglicht die Abfrage bzw. die Eingabe von Daten.

Binary Character

Binärzeichen (→Information), Bit (→).

Binary Search (→Binäres Suchen)

Bit

Abkürzung aus binary digit; Binärschritt, Binärziffer, zweiwertige Informationseinheit; Maßstab für den Informationsgehalt eines Zeichens.
(→Information)

Binäres Suchen

Eine Methode der Verarbeitung einer sequentiell organisierten Datei (→). Dabei wird der Bestand in 2^n Bereiche eingeteilt.
Beispiel
Binäres Suchen innerhalb eines Bestandes, der sich über 8 Zylinder erstreckt: In jedem Zylinder mögen 100 Sätze gespeichert sein, beginnend von 001 bis 800. Gesucht wird der Satz Nr. 674.

001-100	101-200	201-300	301-400	401-500	501-600	601-700	701-800

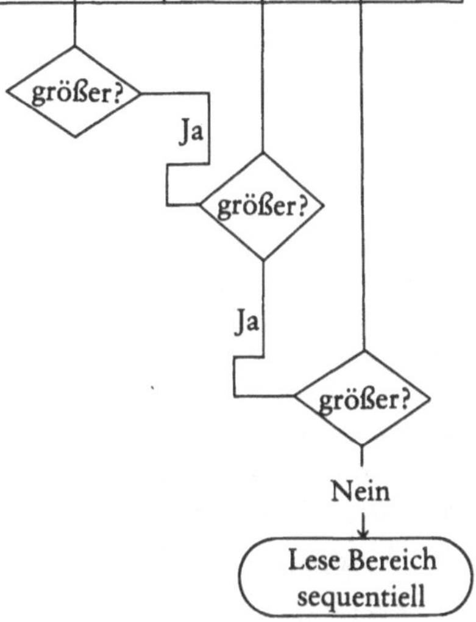

Insgesamt sind für die Lokalisierung des Satzes Nr. 674 nur drei Zugriffe für das Auffinden des zutreffenden Zylinders nötig. Innerhalb des Zylinders wird dann sequentiell weitergesucht.

Black Box-Analyse

Eine Methode für die Analyse (→) komplexer Systeme (→). Diese Methode ist dann anwendbar, wenn von einem System die innere Struktur und Gesetzmäßigkeit unbekannt ist. Es werden dann nur die Eingabe- und Ausgabegrößen untersucht und von deren Eigenschaften, Gesetzmäßigkeiten und Zusammenhängen ausgehend Hypothesen über die Systemfunktion (die black box) aufgestellt. So kann beispielsweise im Rahmen der Systemanalyse (→) eine Stelle (Abteilung) als Black Box aufgefaßt werden; man analysiert dann nur die Eingangsinformationen und die Ausgangsinformationen und stellt die Relationen zwischen diesen fest. Dadurch kann die Verfahrensmethodik (die Systemfunktion) der Abteilung abgeleitet oder doch zumindest ein hinlänglich zuverlässiges Bild über sie gewonnen werden.
Die Stelle „Mahnwesen" eines Unternehmens kann z. B. durch die Eingangs- und Ausgangsinformationen und durch die abgeleiteten Relationen hinlänglich genau definiert werden:

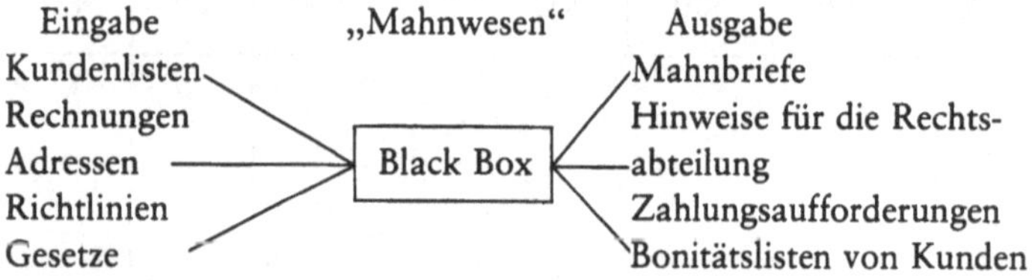

Will man im Rahmen eines EDV-Projekts (→) den Vorgang „Mahnung" automatisieren, dann ist es nicht notwendig, die Verrichtungsfolgen dieser Stelle zu untersuchen; die Struktur der Eingabe- und Ausgabeinformationen lassen zuverlässige Schlußfolgerungen für eine Soll-Vorstellung bezüglich der zu etablierenden Methoden und Verfahren des Mahnens zu. Der Analyseaufwand wird reduziert, da nur die Eingangs- und Ausgangsinformationen, nicht aber die Verrichtungsfolgen untersucht werden.

Block

Eine Folge von zwei oder mehr Sätzen (→Satz) einer Datei (→). Der wichtigste Grund für das Blocken von Sätzen besteht darin, Speicherplatz und Zeit zu sparen: Es wird blockweise übertragen (also immer mehrere Sätze zugleich); der Speicherplatz wird reduziert, da die systembedingten Daten und die Klüfte nur einmal je Block und nicht je Satz auftreten.
(→Plattenspeicher, Spuraufbau)

Blockdiagramm

Die mit Hilfe spezieller Symbole dargestellten Funktions- und Instruktionsfolgen eines Programms (→). Das B. dient der übersichtlichen Darstellung der logischen Sequenz; es stellt ein Hilfsmittel für die visuell leicht kontrollierbare Vollständigkeits- und Funktionsprüfung dar und bildet die Unterlage für den Schreibtischtest (→). Blockdiagramme stellen eine Teilaufgabe der Programmierung (→) dar. Nach erfolgter Prüfung der B. auf logische Richtigkeit und Vollständigkeit erfolgt die Codierung (→).
(→Flußdiagramm)

Blockungsfaktor

Die Zahl, die angibt, wieviele Sätze zu jeweils einem Block (→) zusammengefaßt werden. Der B. steht in einem besonderen Datenfeld. Im Schlüsselfeld der Spur ist das jeweils höchste Hauptordnungskriterium (→) der Sätze des Blockes enthalten.
(→Satzformen, Spuraufbau)

Bottom-Up-Entwurf

Eine Methode der Systemprogrammierung (→). Man beginnt dabei mit dem Design und der Programmierung (→) mit den aus der Sicht des zugrundeliegenden Anwendungsproblems gegebenen Primärfunktionen

und führt eine schrittweise – hierarchisch gegliederte – Ordnung nach übergeordneten Funktionsblöcken herbei. Der Vorteil dieser Methode besteht in der Möglichkeit, kleine Einheiten bereits dann zu testen und zu überprüfen, wenn das Gesamtsystem noch nicht vollständig codiert ist. Als Nachteil gilt die Gefahr, daß durch mangelhafte Abstimmung die Gesamtstruktur nicht einheitlich gegliedert werden kann und damit Interface-Probleme auftreten.
(→HIPO, strukturierte Programmierung)

Bottom-Up-Strategie

Die Entwicklung eines Gesamtinformationssystems beginnt zunächst auf der Ebene der operativen Teilsysteme. Von da aus erfolgt schrittweise eine Erweiterung bis zum Management-Informationssystem (→). Der Nachteil dieser Strategie besteht in einer generellen Zielunsicherheit, da die endgültige Form und Wirkungsweise des MIS relativ spät realisiert werden, wodurch Änderungen sowohl in den Umweltbedingungen als auch in den Anforderungen an das System zu berücksichtigen sind. Diese Zielunsicherheit versucht man mit der Top-To-Down-Strategie (→) zu beheben.

Brainstorming

Eine Methode kreativen Denkens, die im Rahmen der Systemgestaltung (→) für das Finden zu realisierender Lösungsmöglichkeiten angewandt wird. Im allgemeinen wird das B. von einer homogenen Gruppe (das heißt einer Gruppe, in der keine oder nur geringfügige Statusunterschiede bestehen) durchgeführt. Als Regeln gelten:

1. Sammlung von möglichst zahlreichen Ideen, Vorschlägen und Plänen, *ohne* Bewertung und Kritik, zur Lösung eines Problems.
2. Ordnung und Systematisierung der vorgebrachten Ideen.
3. Vorläufige Eingrenzung des in Frage kommenden Lösungspotentials.

Das Ziel des B. besteht grundsätzlich in der Ideensammlung. Welche der

vorgebrachten Ideen tatsächlich realisiert werden, ist erst durch eine nicht zum B. zählende Bewertung (→) erkennbar.
(→Nutzwertanalyse, Paarvergleich, Multifaktorenmethode)

Brain-Ware

Die Summe kreativer und novativer Ansätze und Möglichkeiten, die zur Entwicklung von Methoden und Verfahren für die Realisierung und den Betrieb (resp. Produktion) von EDV-Projekten nutzbar gemacht werden können.
(→Morphologie)

Branch and Bound-Methode

Eine der Tree Analysis (→) verwandte Methode ist die Methode des Branch and Bound. Diese Methode hat mit der Tree Analysis die Vorstellung einer baumartigen Struktur des Entscheidungsproblems gemeinsam. Branch and Bound gilt jedoch nur für solche Entscheidungsprobleme, bei denen die Ereignisse nur die Werte 1 (Ja) oder 0 (Nein) annehmen können. Ein Problem wird demnach in 2^n Unterprobleme aufgeteilt, wobei es das Ziel dieser Methode ist, aus der Vielzahl kombinatorischer Möglichkeiten diejenigen Mengen auszuwählen, die eine Lösung erhoffen lassen, und alle aufgrund *definierter Restriktionen* nicht zum Zuge kommenden Kombinationen möglichst frühzeitig vom Entscheidungsbaum abzutrennen. Jedem Knoten kann dabei ein Indikator zugeordnet werden, der die Wahrscheinlichkeit (Chance) zum Ausdruck bringt, mit der durch die Weiterverfolgung dieses Zweiges das Ziel erreicht werden kann.

Bridge-Programm

Ein Programm (→), das primär der Integration (→) und nicht der Erstellung benutzer- oder prozeßspezifischer Ergebnisse dient. In der Regel hat es die Aufgabe, die Ergebnisse eines Programms A so aufzubereiten, daß sie als Eingabe für die Verarbeitung in einem Programm B benutzt werden können. Es handelt sich dabei um Formatänderungen, Änderungen im Aufbau der Sätze, in der Sortierfolge oder um zusätzliche Ergänzungen einzelner Felder eines Satzes (→).

Buffer (→ Puffer)

Byte

Die Zusammenfassung von je 8 Bits (→) zu einer Speicherstelle des Hauptspeichers der Zentraleinheit (→). 1 K(ilo) Byte = 1024 Bytes, 1 Megabyte = 1024 K Bytes.

Channel

Kanal (→); nach DIN 44301 „eine Anordnung, die an ihrem Eingang Nachrichten aufnehmen und an ihrem Ausgang entsprechende Nachrichten abgeben kann".

Checkliste

Die systematische, meist formfreie Aufzeichnung von Tätigkeiten, die für die Erledigung einer bestimmten Aufgabe erforderlich sind. Ch. dienen
a) der persönlichen Arbeitsplanung und-Kontrolle,
b) als Merkliste für bestimmte herausragende Aufgaben und
c) als Mittel der Kontrolle des Arbeitsfortschritts.
Für besondere Aufgabengebiete – zum Beispiel Installation einer EDV-Anlage (→) oder Einführung eines EDV-Projekts – sind Standard-Checklisten üblich, die alle mit dieser Aufgabe zusammenhängenden Teilaktivitäten in systematisch geordneter Form und Reihenfolge enthalten; sie sind damit ein Hilfsmittel für die Arbeitsplanung und für die Vollständigkeitskontrolle aller Tätigkeiten.
Die im Phasenschema aufgeführten Detail-Aktivitäten (Projektaufgaben) können für ein spezielles Projekt in eine Ch. (Prüfliste) umgearbeitet werden. Solche Prüflisten dienen dem Mitglied eines Teams als Kontrollunterlage für die Durchführung der Aufgaben, die nach bestimmten Dringlichkeitskategorien geordnet werden können (s. Abb.). Die in der Ch. aufgeführten Aufgaben sind projektspezifisch; damit können derartige Listen für jedes einzelne Mitglied des Teams erarbeitet werden. Sie stellen dann ein Aufgabenbündel pro Tätigkeitsgebiet dar.

Projekt:

PHASE	AUFGABEN	DRINGLICHKEIT			Ausgeführt	
		10	5	1	am:	von:
INITIALISIERUNG	PROBLEMBENENNUNG	x				
	PROBLEMABGRENZUNG		x			
	PROBLEMANALYSE		x			
	BEWERTUNG	x				
	KAUSALANALYSE	x				
	SCHÄTZUNG DER FOLGEN			x		

Auszug aus einer Projekt-Checkliste

Checkpoint (→ Wiederanlauf)

Chief Programmer Organization

Ein Team, bestehend aus: Chef-Programmierer, seinem Stellvertreter und Hauptprogrammierer, sowie aus einer Sekretärin mit Kenntnissen in der Datentechnik und einer begrenzten Anzahl von (in der Regel drei bis fünf) Programmierern für spezielle Probleme.

Der Chef-Programmierer ist für die Entwicklung des Programmsystems verantwortlich. Er entwickelt den Gesamtdesign (u. U. bis zum letzten Detail-Programm), codiert kritische Stellen selbst, plant den Testablauf und die Installation (→) und ist für die fachliche Führung des Teams verantwortlich.
Der Hauptprogrammierer unterstützt den Chef-Programmierer beim Design, ist mit allen Einzelheiten des Projekts vertraut und untersucht Alternativen zur Optimierung des Verfahrens.
Die Sekretärin ist für die Verwaltung der standardisierten Bibliotheksprozeduren und der Standard-Module zuständig.
Arbeitsplanung und Arbeitseinsatzplanung werden vom Chef-Programmierer festgelegt.

Closed Shop

Eine Organisationsform des Rechenzentrums (→), bei der die Anwendungsprogrammierer keinen unmittelbaren Zugang zur EDV-Anlage (→) für die Umwandlung (→) und den Test (→) der erstellten Programme (→) haben. Diese Aufgaben werden vom Rechenzentrum durchgeführt und die Ergebnisse den Programmierern zur Verfügung gestellt. Das Ziel dieser Organisationsform besteht in der Sicherung eines reibungslosen Betriebsablaufs (→) im Rechenzentrum. Den Gegensatz bildet der Open-shop-Betrieb (→).

COBOL

Common *B*usiness *O*rientied *L*anguage, eine problemorientierte Programmiersprache (→), die speziell für die kommerzielle Anwendungsprogrammierung entwickelt wurde. Die Initiative für die Entwicklung ging vom CODASYL (→) aus. C.-Programme gliedern sich in vier Hauptteile:

a) Identification Division (Erkennungsteil): Angabe von Programmname, Programmierer und Kenndaten.
b) Environment Division (Maschinenteil): Angabe der für die Durchführung des Programmes erforderlichen Peripherie (→).

c) Data Divison (Datenteil): Beschreibung der Eingabe- und Ausgabedaten und ihrer Formate.
d) Procedure Division (Programmteil): Anweisungen (Instruktionen) für das Verarbeiten der Daten.

C. zeichnet sich durch einen Vorrat fachspezifischer Instruktionen aus, die zum Teil durch englische Vollwörter (z. B. MOVE, ADD, GO TO) symbolisch bezeichnet werden und damit eine vereinfachte Lesbarkeit des Programms bewirken.
Unter dem Namen ANSI-COBOL wurde in den USA eine genormte COBOL-Sprache geschaffen (ANSI = American National Standard Institute).

CODASYL

Abkürzung für „Conference of Data System Languages", eine Vereinigung von EDV-Benutzern, die maßgeblich an der Entwicklung von COBOL (→) beteiligt war.

Code

Eine Vorschrift für die eindeutige Zuordnung von Zeichen eines Zeichenvorrats zu denjenigen eines anderen Zeichenvorrats; die bei einer Codierung als Bildmenge auftretenden Zeichen.

Codierung

Eine Teilaufgabe der Programmierung (→); die Übersetzung der logischen Verarbeitungsfolgen einer Aufgabe in die Instruktionen (→) der benutzten Programmiersprache (→). Das Ergebnis der C. ist das Programm (→), das nach erfolgter Lochung für die Umwandlung (→) zur Verfügung steht.

Collective Notebook

Auch CNB-Methode oder Methode des „gemeinsamen Notizblocks" genannt; eine Methode zur Findung neuer Ideen und Lösungen. Die ausgewählten Mitglieder eines Problemlösungsteams tragen während einer festgelegten Zeitperiode die ihnen spontan einfallenden Ideen, Pläne und Lösungsalternativen in einen Notizblock ein; die Zeitspanne ist so bemessen, daß u. U. auch ein gewisses Literaturstudium, Diskussionen in Eigeninitiative und systematisches Weiterarbeiten an der Problemlösung möglich sind. Nach Ablauf der Frist werden die einzelnen Notizbücher von einem Moderator eingesammelt und ausgewertet. In einer gemeinsamen Sitzung werden die gefundenen Lösungen geordnet und evtl. auch bewertet.
(→Brainstorming, Morphologie)

Compatibility (→Kompatibilität)

Compiler

Umwandlungsprogramm (Sprachübersetzer) (→Umwandlung) für die Übersetzung des in einer problemorientierten Programmiersprache geschriebenen symbolischen Programms (→) in die für die Ausführung des Programms gültige Maschinensprache.

Compile Time

Die Zeit, die für die Übersetzung des symbolischen Programms in das echte Maschinenprogramm benötigt wird.
(→Compiler, Umwandlung)

Computer

Nach 44300, Nr. 129 die „Gesamtheit der Baueinheiten, aus denen ein digitales Rechensystem aufgebaut ist".
(→EDV-Anlage, Digitalrechner)

Computer Language

Maschinenorientierte Programmiersprache (→).

Computing Center (→ Rechenzentrum)

Control Program

Das Steuerprogramm des Betriebssystems (→).

Conversational Mode (→ Dialogverarbeitung)

CPU

Central Processing Unit; das Rechenwerk der Zentraleinheit (→).

Critical Path Method (CPM)

Beim CPM werden die Aktivitäten durch Pfeile miteinander verknüpft, die die Abhängigkeiten der einzelnen Aktivitäten darstellen. Jeder Pfeil repräsentiert dabei eine Aktivität, die als Bedingung für eine Folgeaktivität gilt.

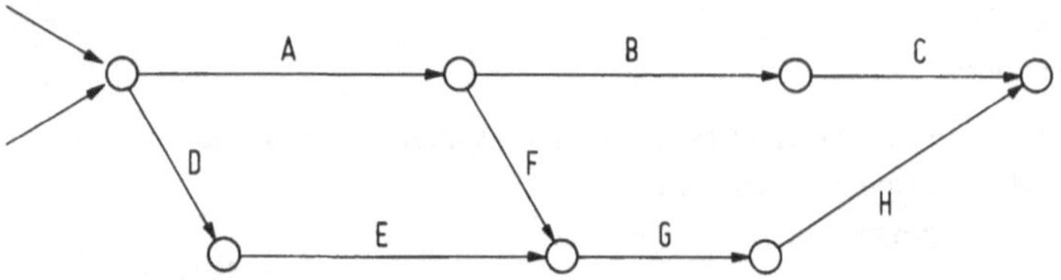

CPM-Netzplan (Precedence Network)

Bei der Darstellung der Abhängigkeiten der Aktivitäten in Form eines Precedence Networks sind folgende Beziehungen zwischen zwei Aktivitäten möglich:

1. $Ende_A$–$Ende_B$-Beziehung
2. $Ende_B$–$Anfang_B$-Beziehung
3. $Anfang_A$–$Anfang_B$-Beziehung

Daraus ergeben sich folgende Darstellungsformen

Ende-Ende-Beziehung

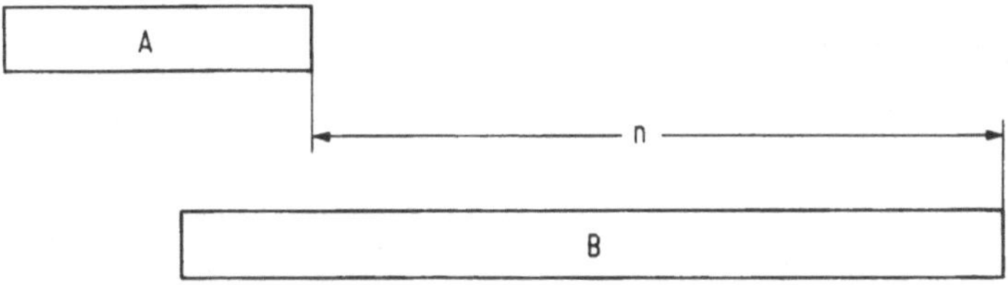

n≥0 (% von B oder von ZE)

Diese Beziehung ist wie folgt zu interpretieren: Zwischen den Vorgängen A und B existiert eine Ende-Ende-Beziehung, wenn zwischen dem Ende der Aktivität A und dem Ende der Aktivität B ein Abstand von n Zeiteinheiten (ZE) eingehalten werden muß. B kann demnach erst nach Abschluß der Aktivität A beendet werden. Im Extremfall kann n = 0 sein, was mit einer gleichzeitigen Fertigstellung beider Aktivitäten identisch ist.

Ende-Anfang-Beziehung

Der Vorgang A steht mit dem Vorgang B in einer Ende-Anfang-Beziehung, wenn zwischen dem Ende von A und dem Anfang von B mindestens der Abstand von n Zeiteinheiten erforderlich ist. Im Extremfall kann n = 0 sein, was eine unmittelbare Folge von B auf A bedeutet.

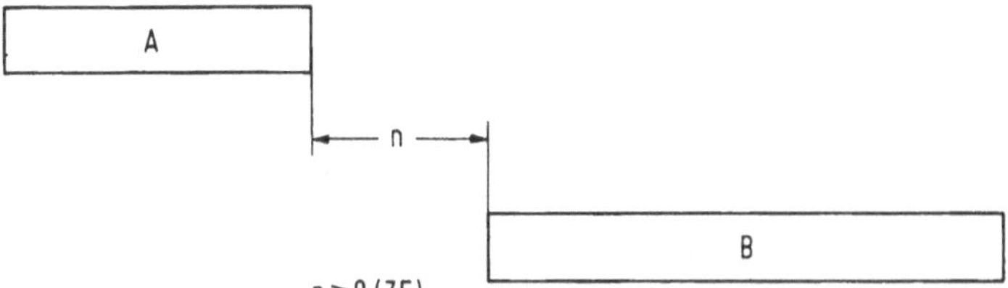

n≥0 (ZE)

Anfang-Anfang-Beziehung
Zwischen den Vorgängen A und B besteht eine Anfang-Anfang-Beziehung, wenn zwischen dem Anfang des Vorganges A und dem Anfang des Vorganges B ein Abstand von n Zeiteinheiten eingehalten werden muß, B also frühestens n ZE nach dem Anfang von A begonnen werden kann; n = 0 bedeutet gleichzeitigen Anfang zweier Vorgänge.

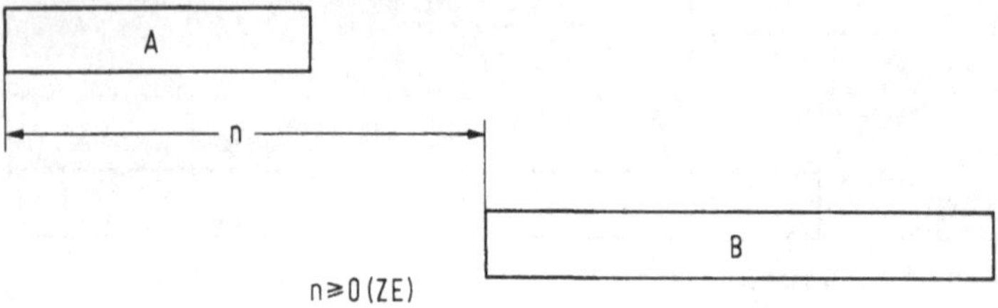

Die dargestellten Möglichkeiten der Strukturierung eines Precedence Networks erlauben eine sehr detaillierte Projektplanung (→), da jeder einzelne Vorgang des Projektes bezüglich seiner Dauer (Anfangs- und Endtermine) analysiert werden muß und darüber hinaus eine vollkommene Interdependenz aller Ereignisse durch das Netzwerk dargestellt wird.

Cycle Time (→Zykluszeit)

DAM

Direct Access Method; eine Zugriffsmethode für den direkten Zugriff (→) zu Daten (→) auf einem Plattenspeicher (→).

DASD

Direct Access Storage Device; ein Direktdatenspeicher (→Plattenspeicher), der einen direkten Zugriff (→) auf die auf ihm gespeicherten Daten (→) zuläßt.

Data Acquisition (→Datenerfassung)

Data Collection (→Datenerfassung)

Data Communication

Datenaustausch; die Übermittlung von Daten (→) von einer Sende- an eine Empfängerstation.
(→Datenfernverarbeitung)

Data Communication Equipment

Datenübertragungseinrichtungen (→), abgekürzt DÜE.

Data Directory (→Datenelementverzeichnis)

Data Entry

Dateneingabe; die Schnittstelle (→), bei der die Daten (→) vom Eingabemedium zur Stelle ihrer Verarbeitung übergeführt werden.

Data Entry Unit

Dateneingabegerät.

Data Item

Datenwort; beim Satzaufbau ein Feld, dem ein Datenelement (→), das einen eindeutigen Namen hat, zugeordnet ist.
(→Satz)

Data Organization

Allgemein: Datenorganisation (→), im engeren Sinn die Speicherungsformen (→).

Data Processing (→Datenverarbeitung)

Data Processing System

Datenverarbeitungssystem, EDV-Anlage (→).

Data Set (→Datei)

Datei

Eine Sammlung von Sätzen (→) eines abgrenzbaren Organisationsbereiches. Formell hat eine D. die auf S. 61 dargestellte Struktur.

Die Auswertung einer D. kennt zwei verschiedene Zugriffe:

a) *Klassifizierende Zugriffe:* Bestimmten Eigenschaften werden alle die ihnen entsprechenden Objekte zugeordnet. Zum Beispiel die Frage: Welche Mitarbeiter (= Objekte der D.) haben eine Gehaltshöhe (Eigenschaft) in Höhe von DM 5000,– (= Wert)?

b) *Attributzugriff:* Von einem bestimmten Objekt, z. B. dem Mitarbeiter mit der Personalnummer 30001, werden alle das Objekt kennzeichnenden Werte und Eigenschaften gesucht, bespielsweise Einstelldatum, Gehaltshöhe, Kostenstelle, Beruf usw.

Eigenschaften

		E_1	E_2	E_3	E_n
O	O_1	W_{11}	W_{12}	W_{13}	W_{1n}
B	O_2	W_{21}	W_{22}	W_{23}	W_{2n}
J	O_3	W_{31}	W_{32}	W_{33}	W_{3n}
E		.			
K		.			
T		.			
E	O_m	W_{m1}	W_{m2}	W_{m2}	W_{mn}

Formale Darstellung einer Datei
(O = Objekte, E = Eigenschaften, W = Werte der Eigenschaften)

Daten

Abstrakte von Nachrichten, die durch einen Codierungsprozeß so aufbereitet wurden, daß sie in datenverarbeitenden Maschinen gespeichert, verwaltet und lokalisiert werden können.

In der Datenverarbeitung unterscheidet man:

a) *Eingabedaten:* Die durch diverse Methoden der Datenerfassung (→ über Datenträger (→) oder direkt mittels Datenstationen (→) der EDV-Anlage zugeführten Daten.

b) *Ausgabedaten:* Das Ergebnis der programmtechnischen Verarbeitung der Eingabedaten, die auf Datenträgern oder direkt über Datenstationen ausgegeben werden.

c) *Bestandsdaten:* Die Grunddaten eines Organisationsbereiches, z. B.: Personaldaten, Produktdaten, Kundendaten usw. Man spricht dann von: Personaldatenbestand, Kundendatenbestand usw. Sie werden bei der Einführung eines Informationssystems (→) einmalig erstellt und dann laufend fortgeschrieben.

d) *Bewegungsdaten:* Daten, die einzelne Datenelemente (→) der Sätze einer Bestandsdatei verändern oder die als neue Sätze eingegliedert bzw. als ungültige Sätze wieder ausgegliedert werden.

Datenanalyse

Die im Hinblick auf die Programmierung (→) einer Aufgabe durchgeführte Untersuchung der zu verarbeitenden Daten (→). Zur D. zählen:
- Bestimmung der formalen Gliederung der einzelnen Datenelemente (→) und ihre Zusammenfassung zu Sätzen (→).
- Definition der Speicherbelegungspläne.
- Vereinheitlichung der Satzformen.
- Festlegung der Formate für die Dateneingabe und die Datenausgabe.
- Vereinbarung von symbolischen Namen für Daten,Sätze und Dateien (→).
- Untersuchung der jeweils geeigneten Zugriffs- und Speicherungsformen (→).
- Berechnung des Datenvolumens und seiner Veränderung und damit die Bestimmung der zu erwartenden Kapazitäten der einzelnen Speichereinheiten und Datenträger.
- Regelung der Zugriffsberechtigungen und der Verfahren zur Datensicherheit (→).

Ein Hilfsmittel für die D. bilden Datenelement-Verzeichnisse (→) und Datenkataloge (→).

Datenbank

Teil einer Systemsoftware (→), die es erlaubt, eine gespeicherte physische Struktur (→) von Daten nach beliebig vielen logischen Strukturen (→) abzufragen und auszuwerten. Zu den Datenbankeinrichtungen gehören in der Regel Datenfernverarbeitungseinrichtungen (→ Datenfernverarbeitung) und spezielle Datenbanksprachen (→).

Die D. hat folgende Ziele:
- Verringerung der Mehrfachspeicherung.

- Datentransparenz und Datensicherheit (→) durch zentrale Verwaltung.
- Erhöhung der Zugriffsbereitschaft (→Zugriff).
- Datenunabhängigkeit, d. h. Trennung von Datenlogik und Programmlogik.
- Simultane Bereitstellung eines Datenbestandes für verschiedene, konkurrierend operierende Benutzer (→) und Programme (→).
- Erhöhung der Wirtschaftlichkeit durch Verringerung des Wartungsaufwandes und Änderungsdienstes.
- Ermöglichung einer einfachen Erweiterung des Datenbestandes.

Die Realisierung dieser Ziele erfolgt u. a. mit Hilfe besonderer Speicherungsformen (→), Sicherheitsvorkehrungen und Steuerungseinrichtungen.
(→physische und logische Struktur, Datensicherung, Datenbanksprache)

Datenbankdiagramm

Unter einem D. versteht man die graphische Darstellung informationeller Beziehungen zwischen Datenelementen, Dateien und Benutzerfunktionen. Das Aufstellen von D. ist ein Hilfsmittel für die Analyse der zwischen den einzelnen EDV-Aufgaben bestehenden informationellen Beziehungen und verfolgt das Ziel, logische Gruppierungen von EDV-Aufgaben um eine gemeinsame Datenbasis (→) zu erkennen.
Das Diagramm auf S. 64 zeigt drei Funktionsbereiche, die Zugriff auf eine gemeinsame Datenbasis – die Kundenstrukturdatei – haben. Jeder Bereich hat für die Lösung seiner Aufgaben ein bestimmtes „Repertoire“ von Datenelementen (D_1 bis D_{10}) nötig. Mit dem D. wird dargestellt, wie die informationellen Beziehungen zwischen Produktion, Finanzen und Vertrieb gelagert sind. Insbesondere soll die Frage erklärt werden, ob die Art der Problemstellungen und die Aufgaben dieser drei Bereiche eine zwingende Notwendigkeit für einen gemeinsamen „Datenvorrat“, d. h. eine Datenbank (→), darstellen.

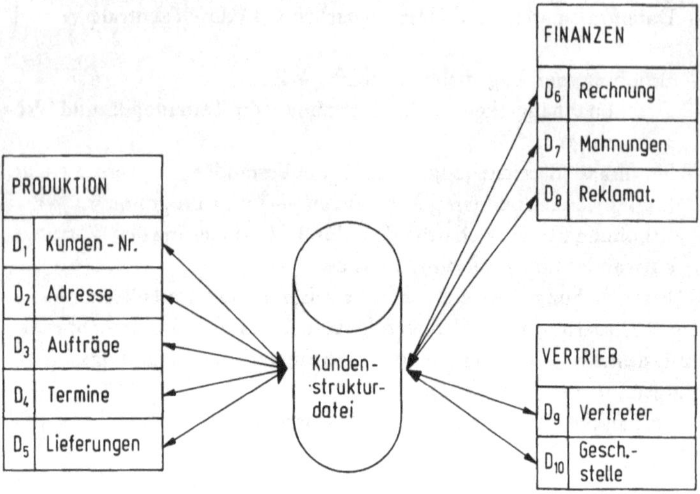

Informationelle Beziehungen mehrerer Funktionsbereiche durch gemeinsame Benutzung einer zentralen Datei

Datenbank – Koordinator

Eine Funktion oder Person im Rahmen der Rechenzentrums-Organisation mit folgenden Aufgaben:

a) *Aufbau der Datenbanken* (→): Festlegen der physischen Struktur der Datenbank (DB), Erstellen, Testen und Installieren der Data Base Description, Festlegung der Sicherheitsvorkehrungen (Datenschutz und Datensicherheit →), Erstellen von Anweisungen und Verfahrensrichtlinien für die Anwendungsprogrammierung, Vereinheitlichung von Namen, Aufbau und Struktur der Datenelemente (→), Segmente und Sätze (→), Auswahl der optimalen Zugriffsformen (→), Organisation des Betriebsablaufs und Erarbeiten von Richtlinien für den weiteren Ausbau des Datenbanksystems.

b) *Pflege der Datenbanken:* Ausarbeiten von Richtlinien für das Updating (→) der DB, Unterstützung bei der Fehlerdiagnose, Erstellung der Wiederanlaufprozeduren (→).

c) *Auswertung der Datenbank:* Führen, Verwalten und Fortschreiben des Datenelementverzeichnisses (→), Erstellen von Statistiken über die Verwendungs-Charakteristika der Daten, Auswerten dieser Statistiken und Überprüfung bezüglich der Reorganisation (→) der DB.

Der D. ist in der Regel direkt dem Leiter des Rechenzentrums (→) unterstellt.

Datenbankorganisation

Die Summe der organisatorischen Regelungen, Verfahren und technischen Einrichtungen eines Datenbanksystems. Hierzu zählen:

a) Organisatorische Regelungen wie: Datenschutz (→), Datensicherung (→), Ablauforganisation des Rechenzentrums (→) bezüglich der Verwaltung der Datenbanken und die Aufgaben des Datenbank-Koordinators (→).

b) Verfahren im Rahmen der Systemanalyse (→) und der Systemtechnik (→) sowie Richtlinien über den strukturellen Aufbau, die Generierung (→) und das Update (→) der Datenbanken und der entsprechenden Anwendungsprogramme und Direktabfragen.

Beide Bereiche bedürfen der gegenseitigen Abstimmung und bestimmen zusammen das Aufgabengebiet der D.

Datenbanktyp

Die Klassifizierung der verschiedenen Arten von Datenbanken (→). Ein wichtiges Klassifizierungsmerkmal ist die Art der zu speichernden Daten (→), d. h. die Unterscheidung nach Datenbanken zur Speicherung von formatierten oder nichtformatierten Daten. Darüber hinaus können Datenbanken auch nach der Art der verwendeten Indizierung, Zugriffsmethode und Verkettungssystematik unterschieden werden.

Datenbankstatistik

Spezielle Auswertungsprogramme, die über den Status und die Veränderungen von Daten (→) einer Datenbank (→) Auskunft geben. So

werden beispielsweise folgende statistische Auswertungen generiert:
- Benutzungshäufigkeit einzelner Segmente durch Anwendungsprogramme oder durch direktes Abfragen von Benutzern über Datenstationen (→).
- Anzahl der Datenveränderungen (→ Update) innerhalb einer Zeitperiode.
- Wartezeiten für das Suchen von Daten.
- Zeiten für Schlüsselgenerierungen.

Derartige Auswertungen dienen dazu, in gewissen Zeitabständen die Struktur der Datenbank den durch die Anwendungsprogramme und Direktabfragen bedingten Anforderungen anzupassen.
(→ Reorganisation)

Datenbasis

Die Gesamtheit der logisch geordneten Daten (→), welche die Basis für ein formalisiertes Informationssystem (→) eines abgrenzbaren Organisationsbereiches bilden.

Datenelement

Eine Einheit des Datensatzes (→ Satz). Ein D. besteht jeweils aus einem Deskriptor und einem ihm zugeordneten Wert:
Beispiel:

Deskriptor	Name	Kostenstelle	Gehalt	Dimension
Wert	Huber	3421	2000	DM

Die Gruppierung mehrerer D. nennt man Datensatz; im obigen Beispiel besteht er aus vier D.

Datenelement-Verzeichnis

Die Zuordnung von Datenelementen (→) zu den sie bearbeitenden Programmen (→) in Form einer systematisch geordneten Liste (Verzeichnis). Aus dem D. ist erkennbar, welche Daten (→) von welchen Programmen benutzt werden. Dabei erfolgt eine Klassifizierung nach der Art der Verarbeitung, d. h. es wird unterschieden, ob das betreffende Programm die Daten erfaßt, prüft, generiert, fortschreibt, ergänzt oder lediglich temporär zu Verarbeitungszwecken abruft. Das D. ist ein wichtiges Hilfsmittel bei Datenänderungen: Ändert sich der formale Aufbau eines Datenelementes (z. B. Stellenerweiterung eines Datenelementes), dann ist erkennbar, welche Programme von dieser Änderung betroffen sind und entsprechend korrigiert werden müssen.

Datenerfassung

Die Aufbereitung der Informationen verschiedener Datenträger in der Weise, daß sie anschließend von einer EDV-Anlage (→) verarbeitet werden können; der Umsetzungsprozeß von Informationen (→) in Daten (→). Die am weitesten verbreitete Methode besteht darin, daß von einem Beleg (→) die Informationen durch Lochen auf eine Lochkarte übertragen werden; diese fungiert dann als Eingabemedium, das entsprechende Gerät ist der Kartenleser. Üblicherweise werden diese Daten zunächst auf ein Magnetband (→) oder einen Plattenspeicher (→) übertragen, da die Verarbeitungsgeschwindigkeit dieser Datenträger schneller ist gegenüber der direkten Verarbeitung und Eingabe über den Kartenleser. Weitere Methoden sind die Datenerfassung über Belegleser (→) und die Direkteingabe von Daten mit Hilfe einer Datenstation (→).
(→ On-Line-Verarbeitung)

Datenfernverarbeitung

Die Verarbeitung von Daten (→) an einem anderen Ort als dem ihrer Entstehung. Hierzu werden die Daten über besondere Leitungen

(Fernmeldewege) vom Entstehungsort an den Verarbeitungsort transportiert bzw. umgekehrt vom Verarbeitungsort an die Stelle des Benutzers (→) übertragen. Eine häufig benutzte Betriebsweise (→) ist die Stapelfernverarbeitung: Die Daten werden von entfernten Standorten über Datenstationen (→) zur EDV-Anlage (→) übertragen und auf peripheren Speichern (Plattenspeichern→) als Dateien zwischengespeichert, bevor sie entsprechend der Disposition des Rechenzentrums (→) von den entsprechenden Programmen verarbeitet werden. Bei der Direkt-D. werden sie dagegen unmittelbar nach Empfang verarbeitet.

Datenkatalog

Die Zuordnung von Datenelementen (→) zu Anwendungen (→) eines abgrenzbaren Organisationsbereiches (→Organisationsanalyse). Die im D. eingetragenen Ziffern beziehen sich auf die Reihenfolge der Ordnungskriterien (→) der jeweiligen Anwendung. Eine „1“ bedeutet, daß dieses Datenelement für die zugeordnete Anwendung das Hauptordnungskriterium ist, eine „2“, daß es sich um das erste Nebenordnungskriterium handelt usw. Damit wird – basierend auf der Istanalyse (→) der Anwendungen – festgehalten, in welcher Reihenfolge die Daten zu verarbeiten sind oder in welcher Sortierfolge die Daten vorzuliegen hätten, um den gewünschten Output zu erhalten.
Der D. macht ersichtlich, daß sich bestimmte Anwendungen auf abgrenzbare Gruppen von Datenelementen beziehen. Diese Gruppen bilden die Grundlage für die Entwicklung einer Datenbank (→) für diese Anwendungen (→Anwendungsfamilie).

Daten-Management

Ein Teil des Betriebssytems (→), bestehend aus Programmroutinen, die alle Operationen steuern, die mit den Eingabe- und Ausgabeeinheiten in Verbindung stehen:
- Zuordnung von Bereichen auf den Datenträgern
- Steuerung der Kanaleinheiten (→)

– Speichern, Benennen und Katalogisieren von Dateien (→)
– Steuerung der Datenübertragung zwischen Hauptspeicher und Externspeichern.

Als Hilfsroutinen des D.-M. kommen hinzu:
– Eröffnen und Abschließen von Dateien
– Steuerung der Zugriffsroutinen.

Anwendungen / Daten	Mahnwesen	Rechnungs-schreibung	Auftrags-bearbeitung	Lager-disposition	Kundendatei-abfragen	Zahlungs-eingang
Kundennummer	1	1	2		1	1
Kundenanschrift	2	3	1	1		2
Artikelnummer	4	3	1	1	5	3
Preis	5	4				4
Lieferdatum	3	6	3	5	2	7
Lagerort			4	2		
Menge	4	5	5	3	6	5
Warenname		7	6	4		
Rechnungs-Nr.		2			3	6
Journal-Nr.		8			4	7

Beispiel für einen Datenkatalog

Datenorganisation

Die Gesamtheit der Verfahren und Techniken zur Speicherung und Verwaltung von Daten (→) auf diversen Speicherungsmedien. Es handelt sich um:
- Verarbeitungsformen (→) von Daten
- Speicherungsformen (→)
- Zugriffsmethoden (→)
- Satzformen (→) und um
- Datensicherungsmethoden (→).

Datenprofil

Die mengenmäßige Zusammenstellung der Daten (→) und die Spezifizierung der entsprechenden Datenträger (→) für ein Anwendungsgebiet. Das D. dient der Abschätzung des zu planenden Speicherbedarfs und der erforderlichen Eingabe- und Ausgabegeräte, der Datenträger und der zu erwartenden Verarbeitungszeiten. Dabei werden u. a. Berechnungen über den Umfang (→) der Dateien und über ihre Bewegungshäufigkeiten (→) angestellt. Als Grundlage für ein D. dienen die Anwendungsbeschreibung, die Programmbeschreibung (→) und die Datenflußpläne (→). Datenprofile werden insbesondere bei der Planung der Konfiguration (→) einer EDV-Anlage (→) erstellt und stellen eine Basis für die Ableitung der erforderlichen Größe und Leistungsfähigkeit dar.

Datenschutz

Die Aufgabe des D. umfaßt primär die Sicherung von Datenbeständen, Programmen (→) und systemtechnischen Einrichtungen gegen Zugriff und Verwendung durch unbefugte Personen. Daraus folgt, daß als Mittel des D. vorwiegend administrative Regelungen und Anweisungen eingesetzt werden, die durch Einrichtungen der Software (→) und Hardware (→) unterstützt werden. Der Zugriff (→) durch Unbefugte kann an verschiedenen *Stationen* der Datenbehandlung erfolgen –

schon daraus wird ersichtlich, daß der Computer (→) nur eine Hilfestellung beim gesamten Datenschutzproblem leisten kann.
Daten können prinzipiell an folgenden Stationen in den Besitz von Unbefugten gelangen:

- Datenerfassung (Ursprungsbeleg, Lochkarte, Magnetband (→)
- Datenaufbereitung (Lochen/Prüfen, Sortieren, Mischen, Bereitstellen)
- Verarbeitung (Programmbibliothek und Datenbestände)
- Verwendung (z. B. während der Bearbeitung der Ergebnisse)
- Archiv (Sicherheitsdatenbestände, Dokumentationsbänder)
- Weg (Datenverarbeitungs-Leitungen, manueller Transport)

Bei der Entwicklung unternehmerischer Richtlinien für den Schutz von Daten sind folgende Gesichtspunkte zu berücksichtigen:

1. *Wert der Daten*

a) Wert der Daten (→) (Programme) für das Unternehmen im Verhältnis zum Wert für einen potentiellen Unbefugten.
b) Aufwand für D.
c) Aufwand eines potentiellen Unbefugten, um in den Besitz der Daten bzw. Programme zu gelangen.

2. *Gültigkeitsbereich des D.*

a) Daten und Programme, die *keine* besonderen Schutzmaßnahmen erfordern.
b) Daten, die nur für eine bestimmte Aufgabe zur Verfügung gestellt werden dürfen (z. B. dürfen Personaldaten nur im Personalbereich bekannt sein, unabhängig, welche Person als Stelleninhaber dieses Bereiches fungiert). Man spricht in diesem Zusammenhang vom *aufgabenspezifischen* Datenschutz.
c) Daten, die nur einer bestimmten Person, die sich durch Identitätsnachweise als berechtigt ausweisen muß, zur Verfügung gestellt werden dürfen (*personenspezifischer* Datenschutz).

3. *Lokalisierung des D.*

Die Stationen der Datenbehandlung bieten die Ausgangsbasis für eine Analyse der Schwachstellen. So kann beispielsweise im Bereich der Datenerfassung und der Datenaufbereitung von Schutzmaßnahmen abgesehen werden, wenn die Daten erst durch die Verarbeitung Wert für den potentiellen Unberechtigten erhalten.

Als Methoden des D. sind anwendbar:

a) Technische Sicherungsvorkehrungen: Diese beziehen sich auf die Datenverarbeitungsanlage (Protokollbänder zur Speicherung unberechtigter Zugriffsversuche), auf die Leitungen und auf die Datenstationen (→) (Ausweisleser, Identitätsschlüssel, räumliche Sicherung und Verschluß) und auf die Archive.

b) Personelle Sicherungsvorkehrungen: Hierbei handelt es sich um eine Vielzahl möglicher administrativer Regelungen zur Sicherung der Zugriffsberechtigung (Kennworte, Schlüssel, Ausweisleser, Zutrittsbeschränkungen, Identifikation durch persönliche Merkmale, vorprogrammierte Dialoge, örtliche und zeitliche Beschränkungen).

Datensicherung

Sammelbegriff für Methoden und Verfahren, die darauf ausgerichtet sind, Daten (→) vor falscher Verarbeitung zu schützen. Für eine wirkungsvolle D. sind verschiedene Methoden und Verfahren zu kombinieren, die an den verschiedenen Bearbeitungs-, Übertragungs- und Speicherorten der Datenverarbeitung zur Wirkung gelangen. Dementsprechend sind zu unterscheiden:

1. Sicherung von Daten bzw. ganzen Dateien (→) gegen falsche Verarbeitung durch ein nicht befugtes Programm (→): Archivierungsvorschriften und Archivkontrollen sowie Kennsatzverarbeitung (→ Kennsatz).
2. Sicherung von Daten gegen Fehler durch die Datenfernübertragung: Redundante Übermittlung (→ Redundanz) und Prüfzeichen, die bestimmten Zeichenfolgen angefügt werden.
3. Sicherung von Daten gegen falsche Verarbeitung: Die Steuereinheit (→) generiert beim Schreiben von Daten auf externen Speichermedien bestimmte Prüfbytes, die mit den Daten gespeichert werden;

beim Lesen wird geprüft, ob es sich noch um gültige Kombinationen handelt, bevor die Daten für die Verarbeitung freigegeben werden.
4. Sicherung der Daten bei der Datenerfassung (→) durch Kontrollbuchstaben (→), Prüfziffern (→) und Kennbuchstaben (→).
5. Sicherung vor falschem und unberechtigtem Zugriff durch besondere Einrichtungen an den Datenstationen (→).
6. Programmgesteuerte Sicherung von Datenbeständen, indem das Verarbeitungsprogramm die symbolischen Namen der Dateien prüft.
7. Sicherung von Segmenten einer Datenbank (→), indem bestimmte Bereiche oder Segmente exklusiv den Verarbeitungsprogrammen zugeordnet werden (→Sensitivität).

Die Gesamtheit der Methoden der D. werden durch entsprechende Maßnahmen des Datenschutzes (→) ergänzt.

Datenstation

Gerät zur Eingabe und Ausgabe von Daten (→). Sie dienen der Dialogverarbeitung (→) und sind als Tastatur und/oder Datensichtgeräte konstruiert. Daten werden direkt ausgegeben (z. B. über eine Schreibmaschine) oder lediglich angezeigt (Bildschirmgerät). Umgekehrt können Daten direkt eingegeben werden(→Direktdatenverarbeitung).

Datensteuerung

Die Summe der organisatorischen Regelungen und Verrichtungen, die für die Bereitstellung der Daten (→) für die Bearbeitung bzw. für die Benutzung getroffen werden. Aus der Sicht des Rechenzentrums (→) unterscheidet man:

a) Eingabedatensteuerung: Diese umfaßt die Bereitstellung der Dateien (→) und Datenträger in der für die Verarbeitung erforderlichen Form entsprechend den Verarbeitungszeitpunkten.
b) Ausgabedatensteuerung: Die Aufbereitung der Ausgabe (Nachbearbeitung), z. B. das Trennen von Listen, und die Versendung an bzw. die Bereitstellung für die Anwender.

D. hat darüber hinaus noch eine andere Bedeutung: Man bezeichnet damit häufig jene Routinen des Betriebssystems (→), welche die Verbindung zwischen der Zentraleinheit (→) und den peripheren Eingabe- und Ausgabegeräten steuern und damit den Datentransport überwachen (→ Daten Management).

Datentechnik

Der Bereich der angewandten Datenverarbeitung (→), der sich mit den Verfahren und Techniken der Datenerfassung, -steuerung, -sicherung und -speicherung befaßt. Ein wichtiges Anwendungsgebiet der D. ist die Organisation und der Aufbau von Dateien (→).

Datenübertragungseinrichtungen

Geräte zur Anpassung (Modifikation) der Datensignale zwischen der Datenendeinrichtung und dem Fernmeldeweg, z. B. Modems (→). Abkürzung DÜE. Aufgabe der DÜE ist es, die von den Datenstationen (→) bei der Datenfernübertragung abgegebenen binären Signale in entsprechende Trägersignale (z. B. elektrische Schwingungen) des Fernmeldeweges umzuwandeln und umgekehrt beim Empfang in binäre Zeichen zurückzuverwandeln.

Datenverarbeitung

Allgemein die Summe der Tätigkeiten, die sich mit der Datenerfassung (→), der Datenprüfung und -sicherung (→), der Datenübertragung und der Bearbeitung von Daten (→), deren Speicherung und Archivierung befassen. Man unterscheidet:

Nach den technischen Aggregaten, die für die Unterstützung und Durchführung dieser Aufgaben eingesetzt werden:

Elektronische D., d. h. D. mit Hilfe von EDV-Anlagen (→).

Mittlere Datentechnik, d. h. D. mit Hilfe kleinerer und mittlerer Datenverarbeitungsanlagen.

Nach den Methoden der organisatorischen Abstimmung und Regelung:

Integrierte D. (→ Integration) (im Gegensatz zur isolierten D.)

Datenbankgestützte D. (→ Datenbankorganisation).

Nach dem Standort der Verarbeitung der Daten:

Zentrale D.

Dezentrale D.

Nach den Nutzungsformen der EDV-Anlage in die verschiedenen Betriebsweisen (→) der D.

Datenverarbeitung außer Haus

Eine Organisationform der Datenverarbeitung (→), bei der DV-Funktionen aus Betrieben beliebiger Branchenzugehörigkeit ausgegliedert werden und von Betrieben, die auf die Wahrnehmung solcher Aufgaben spezialisiert sind (→ Service Zentrum), gegen vertraglich geregeltes Entgelt übernommen werden. (Nach [93]).

DATEX

Das von der Deutschen Bundespost betriebene Wählnetz für die Datenübertragung. Es arbeitet wie das Telegrafienetz digital und hat eine Übertragungsgeschwindigkeit von 200 Baud (→).

Decision Calculus Model

Ein von J. D. Little [145] entwickeltes Modell, das den Charakter einer Einführungsstrategie hat, für komplexe Informationssysteme (→), insbesondere für Management-Informationssysteme (→).

Little geht bei seinen Überlegungen von dem in der Praxis zu beobachtenden Tatbestand aus, daß Management-Science-Modelle sehr oft an der Implementierung scheitern. „The big problem with management science models is that managers pracitically never use them." Die Ursache liegt in einer offensichtlichen Diskrepanz zwischen der Objekt-Struktur des Modells und den impliziten Modellen des Anwenders begründet. Darüber hinaus gibt Little selbst einige Ursachen für den Tatbestand der „ignorierten Implementierung“ an:

„(1) Good models are hard to find
(2) Good parameterization is even harder
(3) Managers don't understand models
(4) Most models are incomplete“

Das Decision Calculus Modell, das Little als Alternative zu den bisherigen Methoden der Systemimplementierung und -adaption entwickelt, hat folgende Eigenschaften:

1. Einfachheit, d. h. leicht verständliche, mit dem Realprozeß assoziierbare Darstellung.
2. Robustheit im Sinne einer abgesicherten Plausibilität der Ergebnisse („hard to get absurd answers from“).
3. Adaptiv, d. h. es kann entsprechend den Anforderungen des Benutzers leicht modifiziert werden.
4. Vollständigkeit, d. h. die wichtigsten Phänomene des Realprozesses sind im Modell enthalten.
5. Kontrollierbar, d. h. die sich zwischen Input und Output vollziehenden Transformationen können manuell nachvollzogen werden.
6. Kommunikationsfreundlich, das Modell dient als Dialogsystem im Sinne eines Mensch-Maschine-Systems.

Das Ziel des Decision Calculus-Modells besteht darin, während der Entwicklung und Implemtierung das Verfahren systematisch den Bedürfnissen des operierenden Managers anzupassen. Das Verfahren hat demnach den Charakter eines Evolutionsmodells, das schrittweise vervollkommnet wird.

Decision Group

Eine Organisationsform, die über das Projektmanagement (→) hinausgeht und bei der die Leiter einzelner Fachbereiche (z. B. Personal, Finanzen, Vertrieb, Produktion usw.) als *Entscheidungsgremium* fungieren, das folgende Aufgaben wahrnimmt:

– Genehmigung von Projektplänen (→).
– Bereitstellung finanzieller Mittel für die Realisierung eines Projekts. (→)
– Bereitstellung des erforderlichen Personals aus den Fachbereichen.
– Steuerung und Kontrolle des Projektfortschritts.

Die D. steht in intensiver Kommunikation mit dem Projektleiter (→) und dem Benutzerkoordinator (→) und berichtet üblicherweise direkt an die Geschäftsleitung.

Deskriptor

Wörter oder Phrasen (Wortkombinationen), die als Beschreibungselemente für Sachverhalte in Dokumenten dienen. Sie werden einem Verzeichnis entnommen (→ Thesaurus), das alle jene Wörter enthält, die zur Beschreibung der Sachverhalte eines dokumentierten Fachgebietes zugelassen sind.
(→ Dokumentationssystem)

Detailvorschlag

Der D. stellt eine durch systemanalytische Methoden und Verfahren verfeinerte Form des Rahmenvorschlags (→) dar. Er enthält:
1. Funktionsbeschreibungen des zu entwickelnden Verfahrens und der benutzten Modelle.
2. Beschreibungen der Datenein- und der Datenausgaben (Volumen, Formate).
3. Daten- und Schlüsselverzeichnisse.
4. Datensicherungsvorschriften.
5. Flußdiagramme (→).
6. Gliederung des Gesamtverfahrens in einzelne Module.
7. Detaillierte Planung des Projekts nach Zeit, Aufwand und Ertrag, Personaleinsatz und Phasen (→).

Der D. bildet die Voraussetzung für eine Entscheidung der Fachabteilung und ist – im Falle einer Akzeptanz durch diese – die Arbeitsunterlage für die Programmieranweisung (→).

Device Allocation

Die Zuordnung von Eingabe- und Ausgabeeinheiten, die für die Durchführung der Programmabläufe (→) benötigt werden; die D. bestimmt die jeweilige Konfiguration (→) des zu bearbeitenden Anwendungsgebietes.

Dialogabfrage

Der stufen- oder schrittweise Aufbau einer Anfrage an ein Dokumentationssystem (→) durch eine Datenstation (→). Die vom EDV-System zur Verfügung gestellten Informationen und die Relevanzkontrolle des Benutzers (→) dienen zur Modifikation der Anfrage solange, bis der gewünschte Output geliefert wird.
(→ Dialogverarbeitung)

Dialogverarbeitung

Übergeordneter Begriff für die Betriebsweisen (→) Teilhaber- und Teilnehmerbetrieb (→). Eine Form der interaktiven Datenverarbeitung (→). Bei der D. werden in Abhängigkeit von den über eine Datenstation (→) von einem Benutzer (→) eingegebenen Instruktionen (→) bestimmte Verarbeitungsschritte eines Programms (→) ausgeführt und die entsprechenden Ergebnisse ausgegeben. Erst dann, wenn der Benutzer die Ergebnisse akzeptiert und/oder durch neue Instruktionen zu verändern versucht, erfolgt die weitere Bearbeitung. Bei der D. besteht für die Dauer der Betriebsbereitschaft der EDV-Anlage (→) eine ständige Wechselwirkung zwischen Rechnersystem und Benutzer.

Digitalrechner

Ziffernrechner, auch Mehrzweckrechner genannt; eine EDV-Anlage (→), die mit diskreten Größen rechnet. Zahlen und alphanumerische Daten werden *digital* (als numerische Größen) dargestellt (codiert) und verarbeitet.

Digraph

Eine Methode der graphischen Darstellung eines Benutzerprofils (→).

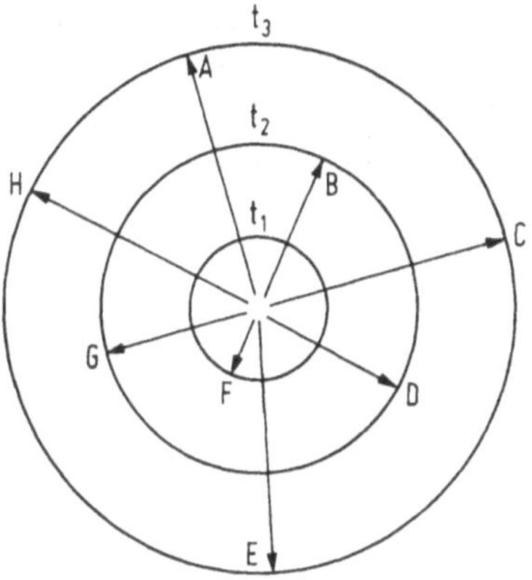

Digraph

Die Kanten des D. geben an, welche Informationsarten der Benutzer benötigt (z. B. A = Menge, B = Kundennummer, C = Preis usw.).
Die Kreise geben an, innerhalb welcher Zeitspannen die Informationen jeweils vorliegen müssen (z. B. t_1 = täglich, t_2 = wöchentlich, t_3 = monatlich).
Durch die Addition der Profile aller Benutzer eines Arbeitsgebietes kann der Informationsbedarf (→) insgesamt dargestellt werden. Dazu werden dann die Kanten zusätzlich mit Ziffern bezeichnet, die angeben, wie oft bzw. von wievielen Benutzern eine bestimmte Informationsart benötigt wird.

Direct Access

Der direkte Zugriff zu Daten (→) auf einem Plattenspeicher (→). (→ Zugriff)

Direkt-Abfragesystem (Auskunftssystem)

Auskunftssysteme verlangen zumindest pro Funktionsbereich eine standardisierte Informationsspeicherung auf einem zentralen Medium. Dieses Medium steht dem Benutzer (→) temporär oder permanent für Abfragen zur Verfügung. Die Abfrage kann sich auf den Abruf von Daten (→) und/oder Programmen (→) beziehen; organisatorisch hoch entwickelte Systeme besitzen spezielle Abfragesprachen, die es dem Anwender erlauben, individuelle Informationswünsche selbst zu programmieren.

Disk Pack

Plattenstapel; (→ Plattenspeicher).

Distanz

Die Differenz zwischen einem Realprozeß und den ihn beschreibenden Informationen. Man unterscheidet:
a) Stetige Distanzen
Als Beispiel gelte die Lager-Disposition eines Fertigungsbetriebes. Für die Disposition des Lagers sind innerhalb der Periode t_o–t_x laufend Informationen erforderlich, um die Zielsetzung – 100%ige Licferbereitschaft – erfüllen zu können. Die Entwicklung des Lagerbestandes stellt den Realprozeß dar. Der Informationsprozeß I_t ist als die Beschreibung dieses Realprozesses (d. h. Informationen über die Höhe der

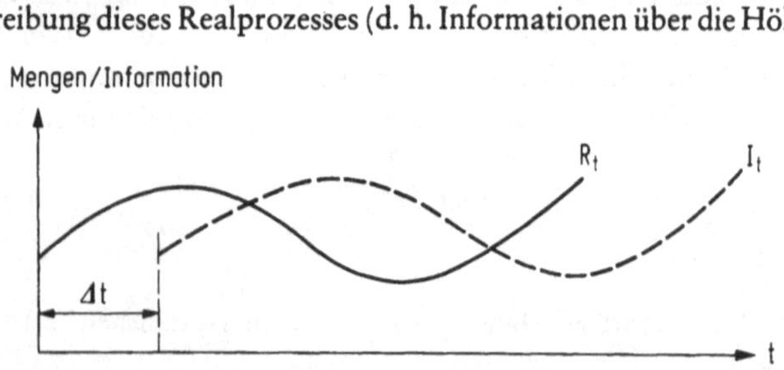

Abb. 1. Stetige Distanzen

Lagerbestände) gekennzeichnet. Es ergibt sich die in Abb. 1 dargestellte Übersicht.
Der Informationsempfänger (Disponent) erhält die Informationen über die Lagerbewegungen mit einer zeitlichen Verzögerung Δ t. Die Ursachen sind in der Abhängigkeit der Informationen von der Leistungsfähigkeit der Kommunikationsnetze und der Informationsverarbeitung begründet. Als Ergebnis dieser *permanenten Phasenverschiebung* ergibt sich die Tatsache, daß der Disponent mit einem *relativ veralteten Informationsstand* Entscheidungen bezüglich der Steuerung des Realprozesses trifft. Das „System" neigt zu Schwingungen, die Stabilität desselben ist von der Distanz zwischen Realprozeß und Informationsprozeß abhängig.

b) Zyklische Distanzen

Herkömmliche Methoden der Informationsorganisation des Unternehmens („Berichtswesen") neigen zu kalendarisch terminierter Informationsverarbeitung und Informationsübermittlung. Operiert beispielsweise die Geschäftsleitung eines Unternehmens mit Halbjahres-Bilanzen als Grundlage der Entscheidungs- und Planungsprozesse, dann unterliegen die Bilanzinformationen in Abhängigkeit von der Zeit einem *Veralterungsprozeß*.

Trägt man gemäß Abb. 2 auf der Ordinate die Distanz ein, so ergibt sich in Abhängigkeit von der Zeit eine „sägezahnförmige" Kurve, die als ak-

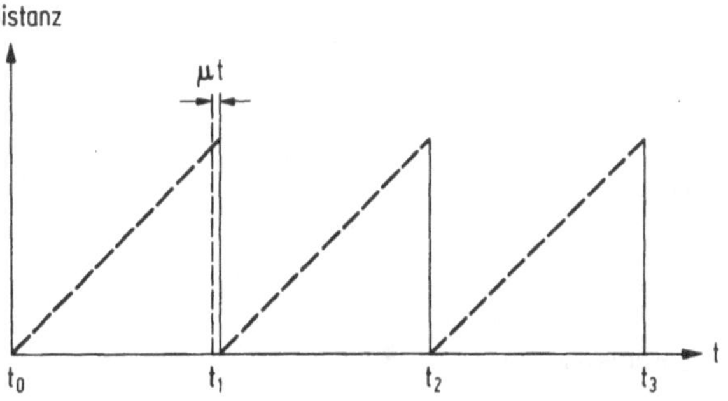

Abb. 2. Zyklische Distanzen

tuelles Wissen über den Realprozess interpretiert werden kann: Zum Zeitpunkt t_0 besteht Identität zwischen Real- und Informationsprozeß: Die Bilanzinformationen stimmen mit den realen Gegebenheiten des Unternehmens überein, d. h. die Distanz beträgt Null. Unter der Voraussetzung einer dynamischen Weiterentwicklung der Realprozesse ist die Konfidenz zum Zeitpunkt $t_1 - \mu t$ am geringsten: Die Informationen des Zeitpunktes t_0 sind nicht mehr repräsentativ für den Zeitpunkt t_1, die Distanz weist ein relatives Maximum auf, oder: eine „echte" Abbildung des Realprozesses ist ausgeschlossen. Das Ergebnis ist als mangelndes Wissen des Entscheidungsträgers über den Realprozeß zu interpretieren.
Für die Reduzierung der Distanzen sind zwei Möglichkeiten gegeben: Der Aufbau von Puffern (z. B. Sicherheitsbestände am Lager) und/oder die Effizienzsteigerung des Informationssystems, etwa durch Echtzeitverarbeitung (→).

Dokument

Die schriftliche und/oder graphische Fixierung von Informationen (→) auf verschiedenen Datenträgern (→). Ein D. wird untergliedert in Formal- und Inhaltsangaben:

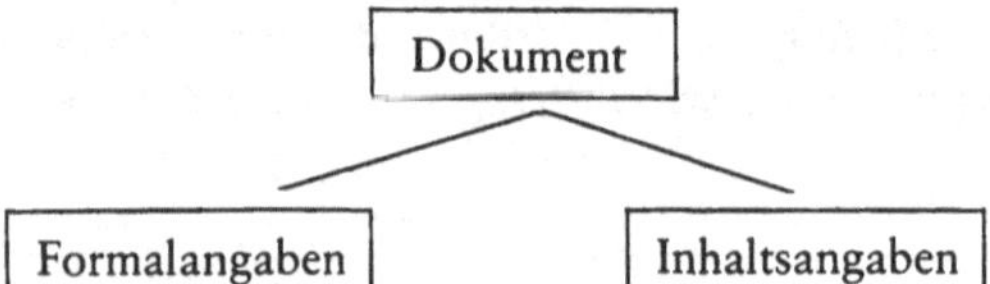

Z. B.:
Autor
Erscheinungsjahr
Erscheinungsort
ISBN*

(→ Dokumentationssystem)

Z. B.:
a) Externe Beschreibungselemente:
Notationen
Deskriptoren (→)
b) Interne Beschreibungselemente
Wortfragmente
Stichwörter

* International Standard Book Number

Dokumentation

Sammelbegriff für Methoden, Verfahren, Normen und Standards zur Aufbewahrung und Organisation projektspezifischer Unterlagen. Mit der D. werden grundsätzlich drei Zielsetzungen verfolgt:

a) Sicherheit
Die Dokumentation soll dazu beitragen, daß im Katastrophen- oder Gefahrenfall alle benötigten Unterlagen rekonstruiert werden können, um ein Programmsystem innerhalb zu definierender Zeitspannen wieder in Betrieb setzen zu können. In diesem Zusammenhang stellt die Dokumentationsfunktion eine Hilfsfunktion für die Sicherheit eines Informationssystems dar.

b) Wartung
Durch die Dokumentation eines Informationssystems wird die systematische Funktions- und Ablaufanalyse eines Programmsystems erleichtert; bei Änderungen (Systemanpassungen) und/oder unkontrollierten Systemunterbrechungen bieten die Dokumentationsunterlagen die Möglichkeit, Fehler bzw. Ansatzpunkte für eine gezielte Fehlersuche zu erkennen.

c) Revision
Die Dokumentation ist ein Hilfsmittel, um die Anforderungen der gesetzlichen, externen und internen Revisionsvorschriften zu erfüllen.
Die Dokumentation kann darüber hinaus weitere betriebsindividuelle Zielsetzungen haben, wie beispielsweise: Unterstützung des Transfers von Programmsystemen bei zentralisierter Entwicklung und dezentralisierter Anwendung, Normung und Standardisierung betrieblicher Arbeitsabläufe, Entwicklung und Bereitstellung von Unterlagen für die innerbetriebliche Schulung und Information.
Grundsätzlich ist zwischen Organisations- und Programmdokumentation zu unterscheiden. Die Organisationsdokumentation bezieht sich auf die Aufbewahrung von Unterlagen, die die für die Entwicklung, Planung und Durchführung des Projektes repräsentativen Informationen enthalten, während die Programmdokumentation primär der Betriebsablaufsicherung dient, um Wartungs-, Sicherheits- und Revi-

sionsaufgaben zu unterstützen. Zur Organisationsdokumentation zählen:

- Rahmenvorschlag (→)
- Detailvorschlag (→)
- Programmieranweisung (→)
- Wirtschaftlichkeitspläne (→ Projektplanung)
- Terminpläne
- Personalpläne

Die Programmdokumentation (→) (auch Systemdokumentation genannt) umfaßt:

- Dokumentation der Programmfunktionen
- Konfigurationsplan (→ Konfiguration)
- Programmaufbau und Programmlogik (→ Programm)
- Datenbestände (→)
- Programmbibliotheken (→)
- Testprozeduren (→ Test)
- Checkpoint- und Restart-Anweisungen (→).

Dokumentationssystem

Ein Informationssystem (→), das der Speicherung und Verwaltung von nichtformatierten Daten (Dokumenten, Zeitschriftenartikel, Patenten, Gesetzen usw.) dient. Hochentwickelte Systeme speichern vollständige Texte und besitzen eigene Sprachkonventionen, mit deren Hilfe der Benutzer im Dialog Abfragen an den Dokumentenbestand formulieren kann. Im Volltextsystem (→) werden sämtliche der in einem Dokument (→) enthaltenen Sachangaben gespeichert. Die Klassifizierung der in den betreffenden Dokumenten enthaltenen Stichwörter (Indexierung) erfolgt automatisch, so daß dem Benutzer auch bei Veränderungen des Sachgebietes, die sich im Stichwortvorrat und seiner Ordnung widerspiegeln, eine vollständige Orientierung über den Dokumentenbestand ermöglicht wird.
Die häufigsten Anwendungen für D. finden sich im Bibliothekswesen,

in der Patentdokumentation und im Bereich der kommunalen Datenverarbeitung.
(→ Information Retrieval System)

Drucker

Datenausgabegerät für das Schreiben von Listen und Formularen.

Drum Storage Device

Trommelspeicher.

Dump

Ein spezielles Programm (→) als Teil eines Betriebssystems (→), das nach Initialisierung veranlaßt, daß der Inhalt einer Datei (→) über den Drucker ausgegeben wird. Dumps dienen der Fehlersuche bei falschen Daten- oder Programmfunktionen.

Duplex-System (Reserve-System)

Bei einem Duplex-System stehen in der Regel zwei EDV-Anlagen (→) zur Verfügung. Sobald eine Anlage durch Systemabbruch ausfällt, kann durch Umschaltung die zweite Anlage jederzeit die Aufgaben der gestörten Anlage übernehmen. Die Wahrscheinlichkeit eines Systemausfalls ist beim Reservesystem dieselbe wie bei einem Symplex-System. Der Vorteil des Duplex ist lediglich darin zu erblicken, daß die Reparaturzeit eines Simplex in aller Regel wesentlich höher ist als die Umschaltzeit (incl. der Rüstzeit für Programme und Datenbestände) auf das Reservesystem.

a) Einfaches Duplex-System
Die Steuereinheit kann wahlweise mehrere parallel operierende Dateien durch Umschaltung bedienen: das Risiko einer Unterbrechung durch fehlerhafte Daten wird verringert.

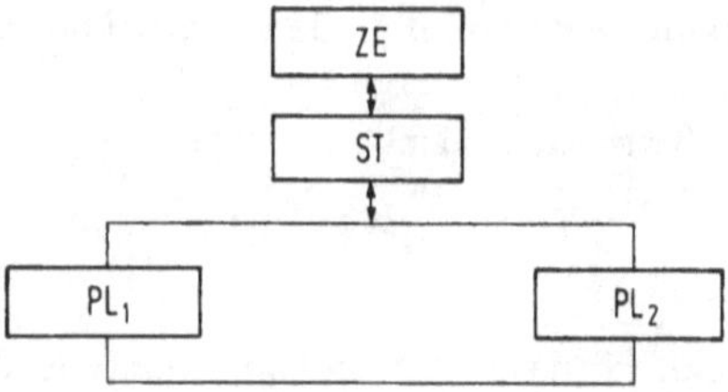

Abb. 1. Duplex-System (ZE = Zentraleinheit, ST = Steuereinheit, PL = Plattenspeichereinheit)

b) Teilduplex-Systeme

Jeweils eine Steuereinheit mit den entsprechenden Dateien ist parallel geschaltet: das Risiko einer Störung der Steuereinheit und/oder Dateneinheit wird verringert. Eine Modifikation dieses Teilduplex besteht darin, daß durch eine Kreuzschaltung ST_1 (ST_2) sowohl die Steuerung von PL_2 (PL_1) als auch von PL_1 (PL_2) übernehmen kann. In diesem Fall ist eine Betriebsbereitschaft auch dann gewährleistet, wenn sowohl ST_2 (ST_1) als auch PL_1 (PL_2) gleichzeitig ausfallen.

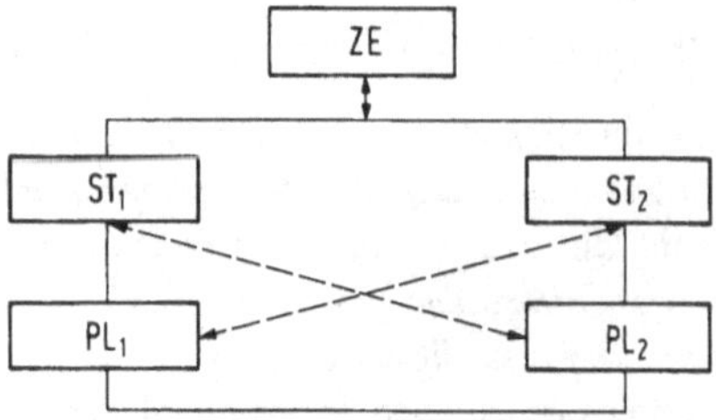

Abb. 2. Teilduplex-System

c) Vollduplex-Systeme

c_1) Vollduplex mit paralleler Anordnung:

Zwei vollständige Systeme mit allen ihren Komponenten stehen im parallelen Betrieb zur Verfügung: Beim Ausfall *einer* Komponente des Systems I wird auf das komplette System II umgeschaltet.

c_2) Vollduplex mit serieller Anordnung:
Beim Ausfall einer Systemkomponente des Systems I wird legiglich auf die entsprechende Komponente des Systems II umgeschaltet.

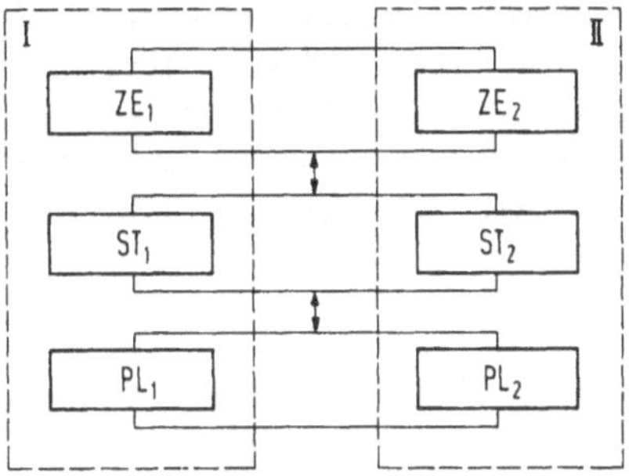

Abb. 3. Vollduplex-System mit serieller Anordnung

Durchsatz

Eine Kennziffer zur Bewertung der Leistungsfähigkeit einer EDV-Anlage (→). Gemessen wird hierbei die Anzahl der Programme bzw. Instruktionen (→), die von der EDV-Anlage (→) pro Zeiteinheit verarbeitet werden. Diese Kennziffer hat besondere Bedeutung beim Mehrprogramm-Betrieb (→), da hiermit zugleich die Organisationsleistung des Betriebssystems (→) beurteilt werden kann.
(→Mix)

DV-Ausschuß

Eine Organisationsform, bei der die Mitglieder der Anwendungsbereiche und der DV-Organisation periodisch ein Entscheidungsgremium bilden, das über geplante DV-Vorhaben, Projektpläne ind Installationen entscheidet. Der D. dient der besseren Kommunikation zwischen dem DV-Bereich und der Anwenderorganisation mit dem Ziel, die Benutzerfreundlichkeit (→) von Informationssystemen (→) zu verbessern und eine generelle Koordination unterschiedlicher Tätigkeiten bei der Gestaltung herbeizuführen. Als organisatorische Form für den D. kann das Informations-System-Komitee (→) betrachtet werden.

Echtzeitverarbeitung

Die zu bearbeitenden Daten und Programme (→) werden bei einer E. unmittelbar entsprechend ihrem zeitlichen Anfall über Datenstationen (→) an die EDV-Anlage (→) übermittelt, die deren sofortige bzw. entsprechend internen Prioritäten geordnete Bearbeitung übernimmt. Eine wirkungsvolle E. setzt den Mehrprogrammbetrieb (→) voraus, damit unterschiedliche Aufgaben aus verschiedenen Anwendungsbereichen simultan verarbeitet werden können.

EDS

*E*lektronisches *D*atenvermittlungs-System der Deutschen Bundespost. Ein Datenwählnetz zur Übertragung digitaler Daten (→). In der ersten Ausbaustufe sind Übertragungsgeschwindigkeiten von 200 bit/s möglich. Testinstallationen mit Übertragungsgeschwindigkeiten von 2400 bit/s sind geplant.

EDV-Anlage

Eine E. besteht aus einer Reihe von Eingabe- und Ausgabegeräten sowie aus der Zentraleinheit. Die Ein- und Ausgabegeräte werden als Rechnerperipherie oder kurz als Peripherie (→) bezeichnet. In der Grundstruktur stellt eine E. einen programmierbaren Speicherautomaten dar:

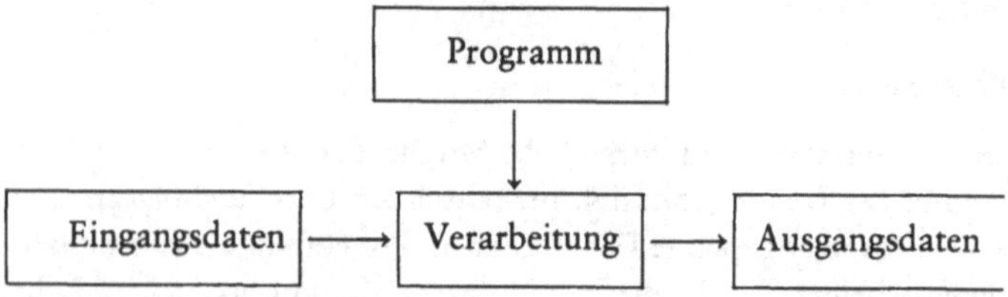

Schema einer EDV-Anlage

Die Verarbeitung der Eingangsdaten entsprechend einem Programm (→) wird von der Zentraleinheit wahrgenommen; diese besteht aus dem Hauptspeicher, dem Steuerwerk und dem Rechenwerk.

Im *Hauptspeicher* ist das Programm (→) gespeichert, das die Verarbeitung der Daten (→) bestimmt. Er enthält jeweils nur die für die Ausführung einer Instruktion (→) erforderlichen Daten: Eingabedaten, Zwischenergebnisse oder zur Ausgabe aufbereitete Ergebnisdaten. Jede Speicherstelle hat ihre Adresse und kann somit direkt vom Programm angesteuert werden.
Das *Steuerwerk* kontrolliert den Zu- und Abgang aller Daten und überwacht die Ausführung der Instruktionen. Es koordiniert die einzelnen Systemkomponenten.
Im *Rechenwerk* erfolgt die Ausführung der vom Steuerwerk interpretierten arithmetischen und logischen Instruktionen.

Eingabegeräte		Zentraleinheit		Ausgabegeräte
Z. B. Kartenleser Lochstreifenleser Magnetband Plattenspeicher	→	Hauptspeicher Steuerwerk Rechenwerk	→	Z. B. Drucker Kartenstanzer Bildschirm Magnetband

Grundaufbau einer EDV-Anlage
(→Konfiguration)

Einsatzplanung

Die Festlegung von Zeitpunkten innerhalb einer Planungsperiode, zu denen bestimmte Ressourcen verfügbar sein müssen, um das Planziel zu erreichen. Bei der Mitarbeiter-E. im Rahmen eines Projektplanes (→) werden beispielsweise diejenigen Zeitpunkte bestimmt, bei denen bestimmte Mitglieder des Teams (→Team Organisation) verfügbar sein müssen, um die geplanten Aufgaben im Hinblick auf das Projektziel zu realisieren. Bei der Maschinen-E. wird dagegen der Zeitpunkt bestimmt, zu dem die EDV-Anlage (→) für den Test (→), die Installation (→) und Umstellung (→) operationsbereit sein muß. Die durch die E.

definierten Einsatzpunkte sind wichtige Orientierungsinformationen (→) für das Management, das in der Regel nur durch Entscheidung und Anordnung die Bereitstellung der Mittel sichern kann. Als Hilfsmittel der E. dienen die verschiedenen Planungsverfahren (→).

Einzeltest

Das Testen (→) der einzelnen Module eines Programmsystems. Dieser Test bezieht sich vorwiegend auf die Analyse der durch die Umwandlung (→) verfügbaren Protokolle und der darin enthaltenen Hinweise bezüglich der formalen (syntaktischen) Richtigkeit der Instruktionen (→) und Konventionen der benutzten Programmiersprache (→), des Speicherbedarfs und der Durchlaufzeit. Stehen Testdaten (→) zur Verfügung, dann ist darüber hinaus die Möglichkeit gegeben, die Verarbeitung der Eingabe- und Ausgabedaten sowie der durch das Programm generierten neuen Daten zu überprüfen und die Nachrichten, die bei (simulierter) falscher Eingabe auftreten, zu kontrollieren. Der abgeschlossene Einzeltest aller Teile eines Programmsystems bildet die Grundlage für den Systemtest (→).
(→ Funktionstest)

Emulator (Emulation)

Ein spezielles Programm (→), das die Funktionseigenschaften einer speziellen EDV-Anlage (→) X derart modifiziert, daß Anwendungsprogramme, die bisher auf der Anlage X durchgeführt wurden, auch von einer anderen Anlage X' bearbeitet werden können. Emulatoren sind ein Hilfsmittel für die Sicherung der Kompatibilität (→) und haben das Ziel sicherzustellen, daß die bisher benutzten Anwendungsprogramme ohne Änderungen auch dann benutzt werden können, wenn die bisherige Anlage erweitert, modifiziert oder gegen eine andere ausgetauscht wird.

End-Benutzer

Der aktive Anwender (→) eines Informationssystems, der seine Aufgaben mit Hilfe einer Datenstation unter Benutzung einer benutzerfreundlichen Sprache im Dialog mit der EDV-Anlage (→) löst.
(→ Dialogverarbeitung, interaktive Datenverarbeitung)

Entscheidungsbaum (→ Tree Analysis)

Entscheidungsinformation

Informationen, die einem Entscheidungsbefugten für eine Entscheidung über eine bestimmte Situation dienen, sind als Entscheidungsinformationen definiert. Dabei gilt es, das Zuordnungsproblem in zeitlicher, quantitativer und qualitativer Hinsicht zu lösen.
Beispiel: Die Information „sinkender Auftragsbestand" ist eine E., weil sich in der Regel an diese Information ein bestimmtes zielverfolgendes Handeln knüpft, das sich zunächst in der Beschaffung bzw. Analyse zusätzlichen Informationsmaterials ausdrücken kann.
Man kann in diesem Fall auch von einem Signal bzw. von Signalinformationen (→) sprechen. E. sind dadurch gekennzeichnet, daß sie in einem unmittelbaren Zusammenhang mit einer im voraus definierbaren Entscheidungssituation stehen.

Entscheidungsphasen

Die systematisch geordneten Tätigkeiten, die zu einer Entscheidung führen. Grundsätzlich unterscheidet man die Phasen Entscheidungsvorbereitung (→), Treffen der Entscheidung (Wahl- oder Willensakt) und Entscheidungskontrolle. Die informationelle Analyse (→) von E. stellt ein Hilfsmittel für deren Strukturierung und evtl. Automation dar.
(→ Entscheidungsprozeß)

Entscheidungsprozeß

Die Summe der Einzeltätigkeiten, die zu einer Entscheidung führen. Allgemein unterscheidet man:

1. Entscheidungsvorbereitung
1.1 Zielsuche und Zieldefinition
1.2 Informationssuche
1.3 Informationsklassifizierung und -bewertung
1.4 Entwicklung von Entscheidungsalternativen
1.5 Bewertung der Alternativen
2. Auswahl einer Alternative (Wahl- oder Willensakt als eigentliche Entscheidung)
3. Kontrolle der Wirkung einer Entscheidung.

Die Gliederung eines E. in verschiedene Phasen ist besonders bei strukturierten Entscheidungen von Bedeutung, da dadurch erkannt werden kann, in welchen Phasen der Computer unterstützend bzw. automatisierend eingesetzt werden kann.
(→ Entscheidungsphasen, Entscheidungsregel)

Entscheidungsregel

Eine Anweisung, die den Auswahlprozeß einer unter mehreren Alternativen einer Entscheidung bestimmt. Die Voraussetzung für die Anwendbarkeit von E. ist die Bewertung der einzelnen Alternativen. Eine bekannte E. ist die *Bayes-Regel*, derzufolge der Entscheidende eine Alternative a_i einer anderen Alternative a_j dann vorzieht, wenn der Erwartungswert des Nutzens von a_i größer ist als der von a_j:

$$a_i > a_j \text{ wenn: } \sum u_{ik} \cdot p_k > \sum u_{jk} \cdot p_k$$

u_{ik} = Nutzen der i-ten Alternative bei Eintritt der Umweltsituation k_t
p_k = Eintrittswahrscheinlichkeit für k_t

Entscheidungsregeln können auch als einfache Bedingungsparameter definiert werden; z. B. wird bei Erreichen oder Unterschreiten eines bestimmten Mindestbestandes am Lager eine Bestellung zur Nachlieferung erstellt. Derartige einfache Entscheidungsregeln finden besonders bei automatisierten Prozessen Anwendung, z. B. bei einem Informationssystem (→) zur Steuerung und Kontrolle des Lagers.

Entscheidungssystem

Das Charakteristikum dispositiver Entscheidungssysteme ist die Speicherung und Verwaltung von Programmen (→) in einer Programmbibliothek (→), die wahlweise abgerufen werden können. Sie haben den Nachteil, daß die Organisation und Programmierung (→) komplexer Entscheidungssituationen (bzw. Entscheidungsmodelle) einen hohen Aufwand erfordern, gleichzeitig aber kaum damit gerechnet werden kann, daß diese Entscheidungssituationen repetitiv sind. Änderungen der Modellstruktur bedeuten Änderungen bestehender Programme und/oder Neukonzeptionen von Programmen. Nur in jenen Bereichen, in denen sich *wiederholende* Entscheidungssituationen anzutreffen sind (z. B. Distributionsmodelle, Vertriebsmodelle), ist ein wirtschaftlicher Einsatz gerechtfertigt.

Entscheidungstabelle

Eine E. besteht aus folgendem Grundschema:

WENN	BEDINGUNGS-BESCHREIBUNGEN	BEDINGUNGS-EINTRAGUNGEN (INDIKATOREN)
DANN	TÄTIGKEITS-BESCHREIBUNGEN	TÄTIGKEITS-EINTRAGUNGEN (INDIKATOREN)

Die tabellarische Darstellung von „Wenn-Dann-Beziehungen“ strukturierter Entscheidungsprozesse (→). E. sind ein Hilfsmittel für die Analyse von Aufgaben und Arbeitsabläufen. Die Verwendung von E. hat den Vorteil, daß komplexe Zusammenhänge detailliert strukturiert werden können; dadurch ist die Möglichkeit gegeben, E. maschinell zu

verarbeiten, da sie in ihrem Aufbau der Logik eines Datenflußplanes (→) entsprechen. Spezielle E.-Prozessoren übersetzen E. in einzelne Programmschritte, die zur Ausführung auf einem Programmspeicher verwaltet werden (→Programmbibliothek).
Die Tätigkeitsbeschreibungen stellen alternative Entscheidungen dar, die aufgrund erfüllter Bedingungen zu fällen sind. Die Bedingungseintragungen sind quantitative Ergänzungen der Bedingungsbeschreibungen (z. B. Ja oder Nein). Die einfachste Aussage einer E. lautet: Wenn I_1, dann a_1; wenn I_2, dann a_2; wenn I_n, dann a_n. Bedingungseintragungen können miteinander verknüpft werden: Werden n Bedingungen I durch UND-Beziehungen miteinander verknüpft und besteht die Bedingungseintragung nur aus Ja (1) oder Nein (0), dann sind 2^n Entscheidungen definierbar. In diesem Fall spricht man von einer E. mit vollständigen Regeln. Erweiterte E. sind solche, bei denen die Bedingungsindikatoren außer Ja und Nein noch andere Eintragungen kennen, z. B. größer als, gleich, kleiner als uw., von gemischten E. dann,

	BEDINGUNGS-BESCHREIBUNG	INDIKATOREN i_1	i_2	i_3	i_4	i_5	i_6	i_7	i_8
WENN	I_1	1	1	1	1	0	0	0	0
	I_2	1	1	0	0	1	1	0	0
	I_3	1	0	1	0	1	0	1	0
DANN	a_1	x							
	a_2		x						
	a_3			x					
	a_4				x				
	a_5					x			
	a_6						x		
	a_7							x	
	a_8								x

Entscheidungstabelle mit vollständigen Regeln

wenn sowohl begrenzte (Ja/Nein) als auch erweiterte Indikatoren vorkommen, und von offenen E. dann, wenn ein oder mehrere a_i keine Entscheidung, sondern einen Verweis auf eine andere E. bedeuten.
E. werden eingesetzt bei der Istanalyse (→), bei der Programmierung (→) und bei der Dokumentation (→).

Entscheidungsvorbereitung

Diejenigen Tätigkeiten, die im Hinblick auf eine Entscheidung durchgeführt werden. Die E. ist im allgemeinen durch umfangreiche Informationssuche- und -verarbeitungsaktivitäten gekennzeichnet. Grundsätzlich sind folgende Phasen der E. unterscheidbar:
a) Informationssuche (→)
b) Informationsklassifizierung und -bewertung
c) Generierung von Entscheidungsalternativen (z. B. Pläne) und Strategien
d) Bewertung der Alternativen und Abschätzen der Folgen im Falle ihrer Realisierung.
Derartige Aufgaben werden vorwiegend von Stabsabteilungen wahrgenommen. Der Einsatz von Information-Retrieval-Systemen (→), Datenbank- und Dokumentationssystemen (→) und der Dialogverarbeitung (→) sind wichtige Methoden zur Unterstützung und Rationalisierung der E.
(→Entscheidungsprozeß)

Entwurfsplanung

Methoden und Aktivitäten für die inhaltliche Beschreibung, die Zieldefinition und die Bewertung der Anwendbarkeit eines zu realisierenden Informationssystems (→), das ganz bestimmte, durch eine Problemanalyse abgegrenzte Aufgaben wahrnehmen soll. Die in Betracht zu ziehenden Lösungen werden durch die Methoden kreativen Denkens (→Brainstorming, Morphologie) erarbeitet und anschließend bezüglich ihrer Anwendbarkeit überprüft. Als Methoden kommen in Betracht:

- Simulationsmodelle für die analytische Bewertung der Leistungsfähigkeit der geplanten Lösungsalternative.
- Analogie-Betrachtungen, soweit gewisse Ähnlichkeiten zwischen vorhandenen und geplanten Lösungen erkennbar sind.
- Feasibility-Studien zur Analyse der Realisierbarkeit einer Lösung unter Berücksichtigung der gegebenen, individuellen Beschränkungen wie Personal, Konfiguration (→) und Kosten.

Das Ergebnis einer E. ist der Rahmenvorschlag (→).

Ermittlungsmodelle

Eine den realen Beschreibungsmodellen zuzuordnende Klasse von Modellen, die geeignet sind, Erkenntnisse über reale Sachverhalte, deren Ursachen und Wirkungen zu gewinnen. Sie sind ein Hilfsmittel für die Informationsbedarfsanalyse (→).

EXAPT

Ein Standardprogrammsystem (Anwendungssoftware→) für die numerische Steuerung von Werkzeugmaschinen.

Feed Back

Rückmeldung oder Rückkopplung; diejenige Funktion eines kybernetischen Regelkreises (→), die Regelgrößen von der Regelstrecke an den Regler übermittelt. Bei der Anwendung des Analogmodells „Regelkreis" auf das Unternehmen sind als feed back die Kontrollinformationen (→) und die Problemindikatoren (→) zu interpretieren, die als Ist- oder Störinformationen die Planungs- und/oder die Steuerungsfunktion beeinflussen, damit die Stabilität des Systems (→) herbeigeführt werden kann.
(→Kybernetik, Organisationskybernetik)

Feed Forward

Im Gegensatz zum feed back (→) der vorausschauende (prognostizierende) Vergleich von Zielen/Plänen mit der aufgrund der vorliegenden Kontroll- und Istinformationen zu erwartenden (tatsächlichen) Entwicklung. In der praktischen Realisierung handelt es sich um Plan-Plan-Vergleiche (→Planungssystematik).

Field

Datenfeld (→Datenelement, Satz)

File

Datei, Satz (→).

Flow Chart (→Flußdiagramm)

Flußdiagramm

Die graphische Darstellung der logischen Verarbeitungsschritte eines Programms (→), auch Datenflußplan genannt. Dabei benutzt man bestimmte Symbole (Sinnbilder), z. B.:

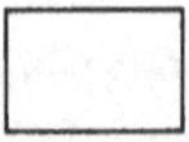	**Operation, allgemein** insbesondere für Operationen, die im folgenden nicht besonders aufgeführt sind.
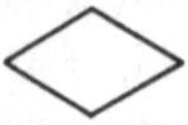	**Verzweigung** Ein Sonderfall der Verzweigung ist der programmierte Schalter.
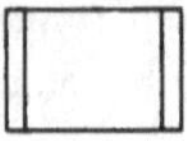	**Unterprogramm** Es können mehrere Eingänge und Ausgänge vorhanden sein.
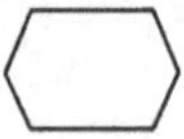	**Programmodifikation** z. B. das Stellen von programmierten Schaltern oder das Ändern von Indexregistern
	**Operation von Hand** z. B. Formularwechsel, Bandwechsel, Eingriff des Bedieners bei einer Prozeßsteuerung.
	**Eingabe, Ausgabe** Ob es sich um maschinelle oder manuelle Eingabe oder Ausgabe handelt, soll aus der Beschriftung des Sinnbildes hervorgehen.
	**Ablauflinie** Vorzugsrichtungen sind: a) von oben nach unten, b) von links nach rechts. Zur Verdeutlichung des Ablaufs kann auf das jeweils nächstfolgende Sinnbild eine Pfeilspitze gerichtet sein, insbesondere bei Abweichungen von den Vorzugsrichtungen.
	**Zusammenführung** Es ist hier zweckmäßig, den Ausgang durch eine Pfeilspitze zu kennzeichnen. Zwei sich kreuzende Ablauflinien bedeuten keine Zusammenführung.
	**Übergangsstelle** Der Übergang kann von mehreren Stellen aus, aber nur zu einer Stelle hin erfolgen. Zusammengehörige Übergangsstellen müssen die gleiche Bezeichnung tragen.
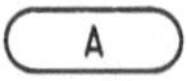	**Grenzstelle** Für A kann z. B. Beginn, Ende, Zwischenhalt eingeschrieben werden.
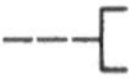	**Bemerkung** Dieses Sinnbild kann an jedes Sinnbild dieser Norm angefügt werden.

Sinnbild	Bedeutung
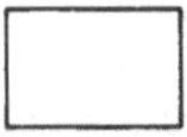	**Bearbeiten, allgemein** Insbesondere für jede Art des Bearbeitens, die im folgenden nicht erfaßt ist, z. B. Rechnen.
	**Ausführen einer Hilfsfunktion** unter Verwendung maschineller Hilfsmittel, die nicht vom Leitwerk der Datenverarbeitungsanlage gesteuert werden, z. B. das manuelle Erstellen von Lochkarten und Lochstreifen
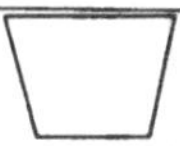	**Eingreifen von Hand** ohne Verwendung maschineller Hilfsmittel, z. B. Eintragungen in eine Liste. Bandwechsel.
	**Eingeben von Hand** In die Datenverarbeitungsanlage, z. B. das Eintasten des Tagesdatums
	**Mischen**
	**Trennen**
	**Mischen mit gleichzeitigem Trennen**
	**Sortieren**
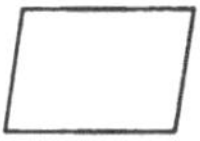	**Datenträger, allgemein** für Darstellungen, in denen der Datenträger nicht näh. bestimmt werden soll, oder für alle Arten von Datenträgern, die im folgenden nicht erfaßt sind.
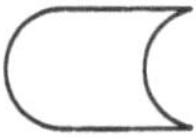	**Datenträger,** gesteuert vom Leitwerk der Datenverarbeitungsanlage
	Datenträger, nicht gesteuert vom Leitwerk der Datenverarbeitungsanlage z. B. Ziehkartei
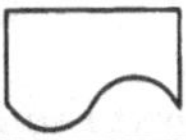	**Schriftstück**
	**Lochkarte**
	**Lochstreifen**
	**Magnetband**
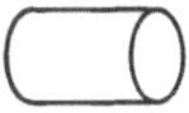	**Trommelspeicher**
	**Plattenspeicher**
	**Matrixspeicher** Dieses Sinnbild kann für Kernspeicher und andere Speicher mit gleichartigem Zugriffsverhalten benutzt werden.
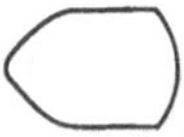	**Anzeige** In optischer oder akustischer Form, z. B. Ziffernanzeige, Kurvenschreiber, Summer.
	**Flußlinie** Die Linie kann beliebig geführt sein. Die Pfeilspitze darf nicht weggelassen werden.
	**Transport der Datenträger** Die Linie kann beleibig geführt sein. Dieses Sinnbild ist anzuwenden, wenn der Transport der Datenträger besonders kenntlich gemacht werden soll.
	**Datenübertragung**
	**Übergangsstelle** Der Übergang kann von mehreren Stellen aus, aber nur zu einer Stelle hin erfolgen. Zusammengehörige Übergangsstellen müssen die gleiche Bezeichnung tragen.
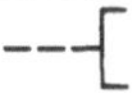	**Bemerkung** Dieses Sinnbild kann an jedes Sinnbild dieser Norm angefügt werden.

Quelle: IBM Form 78 513 nach DIN 66 001

Formatierte Daten

Die Zuordnung von Datenelementen (→) zu eindeutig bestimmten Feldern, die in ihrer Gesamtheit einen Satz (→) ergeben.
Beispiel:

Personal-Nummer	Name	Beruf	Wohnort	Einstelldatum	Gehalt
Feld 1	Feld 2	Feld 3	Feld 4	Feld 5	Feld 6

Formatierte Daten in einer Satzordnung

Bei der maschinellen Dokumentation (→Dokumentationssystem) werden die Beschreibungs- und Identifikationsmerkmale als Datenelemente formatierter Felder verarbeitet (→Dokument).
(→Nichtformatierte Daten)

FORTRAN

*For*mula *Trans*lation, eine problemorientierte Programmiersprache (→), die speziell für technisch-wissenschaftliche Aufgaben konzipiert wurde. Der Instruktionsvorrat lehnt sich eng an mathematische Formelausdrücke an. Die Instruktionen (→) werden entweder symbolisch (in Wörtern der englischen Sprache) oder in Form von Rechenzeiten (Operatoren) angegeben. Man unterscheidet fünf Arten von Instruktionen:

1. Arithmetische und Boolesche Ergibt-Anweisungen
2. Steuerungsanweisungen
3. Ein- und Ausgabe-Anweisungen
4. Spezifikationsanweisungen
5. Spezielle Anweisungen für Unterprogramme.

(→Programmiersprache).

Fragebogen

Eine Methode der schriftlichen Befragung von Personen. Die F.-Methode ist formal mit dem gebundenen Interview (→) identisch; der F. dient als Hilfsmittel für den Interviewer und wird bei Informationsbedarfsanalysen (→) eingesetzt.
(→Methoden-Mix)

Frühwarnsystem

Ein Informationssystem (→), das durch die Analyse eingegebener oder generierter Problemindikatoren (→), Istinformationen oder durch ständigen Plan/Plan-Vergleich Informationen generiert, die prognostizierte Abweichungen von Zielgrößen zum Ausdruck bringen. Voraussetzungen für ein F. sind die Eingabe und Speicherung von Soll(Ziel)größen und eine ständige Aktualisierung des Systems mit Istinformationen, damit möglichst frühzeitig Trends möglicher Fehlentwicklungen erkannt werden können. Frühwarnsysteme spielen bei der Konzeption von Management-Informationssystemen (→) eine bedeutende Rolle.

Führungsgrößen

Informationen (→), mit deren Hilfe die Führungskräfte eines Unternehmens die Real- und Informationsprozesse planen, steuern, ausführen und kontrollieren. Häufig auch synonym mit Management-Informationen (→) gebraucht.

Führungsgrößendatenbank

Eine Datenbank (→), in der Mangement-Informationen (→) gespeichert sind. Ihr Korrelat ist die Methodenbank (→), die die Programme zur Verarbeitung der Management-Informationen enthält. F. bilden einen wichtigen Baustein im Rahmen eines Management-Informationssystems (→).

Kompetenz-ebenen/Stellen — Aufgaben	Leiter Einkauf	Sachbearbeiter Einkauf	Leiter Finanzen	Sachbearbeiter Finanzen	Leiter Lager	Sachbearbeiter Lager	Leiter Rechnungsprüfung	Benutzerkoordinator	Geschäftsleitung	Leiter Qualitätskontrolle	EDV-Leiter	Projektleiter Systemanalyse	Leiter Programmierung	Leiter Allg. Verwaltungsdienste
Analyse	K	M	K	M	K	M	K	D		K		D		
Benutzerbedarf	M		M		M		M	D		M				
Grobkonzept								K			D	K		
Hardware/Softw. Investitionen			K						K		D	M	M	
Planung: Personal								M			D	M	M	
Finanzen			K								D			
Mittel											D			K
Detailkonzept								M			V	D	N	
Programmierung											K	M	V	
Erstellen Testdaten		D		D		D		M				K	K	
Test												D	D	
Prüfung Testergebn.		K		K		K		K						
Einführung											V	D	D	
Schulung der Benutzer								D						
Kontrolle			D					D						

Auszug aus einem Funktionsdiagramm

Es bedeuten: M = Mitsprache, V = Verantwortung, D = Durchführung, K = Kontrolle.

Funktionsanforderungen

Kriterien, welche die Leistungsfähigkeit und die Funktionsweisen eines Informationssystems (→) definieren und die als Sollgrößen durch einen entsprechenden Entwurf und eine anschließende Realisierung erfüllt sein müssen. F. werden auch als Leistungskriterien bezeichnet; sie sind von den Benutzern (→) zu definieren und dienen als Kontrollinstrument für die Abnahme und Nutzung des Systems. Die F. resultieren aus den Aufgaben der Benutzer.

Funktionsdiagramm

Die graphische Darstellung der bei den Teilaufgaben eines Projekts (→) beteiligten Personen (Stellen) mit ihren jeweiligen Aufgaben und Kompetenzen. Das F. dient dazu, beim Beginn eines Projekts die Verantwortungen und Tätigkeiten abzugrenzen, um auf dieser Basis eine Projektorganisation zu etablieren.

Funktionstest

Der Test (→) eines Programms (→) bzw. eines Moduls (→). Dabei werden besonders die Richtigkeit der Verfahrensschritte, die errechneten Ergebnisse, die Zwischenwerte und der erstellte Output überprüft. Außerdem wird festgestellt, ob die Leistungskriterien – Durchlaufzeit, Kernspeicherbedarf – eingehalten werden und ob die Bedingungen und Standards der Produktionsübernahme durch das Rechenzentrum (→) erfüllt sind. Als Basis des F. dienen die Testdaten (→), die Protokolle der Umwandlung (→) und des Linklaufs sowie die Vorschriften des Rechenzentrums.
(→ Einzeltest)

GAMM-Mix

Eine von der Gesellschaft für angewandte Mathematik und Mechanik (GAMM) für den Vergleich von EDV-Anlagen entwickelte Kennziffer, welche die Geschwindigkeit der Ausführung technisch-mathematischer Aufgaben bewertet:

$$T = \frac{1}{300}\left(t_1 + 2\,t_2 + 3\,t_3 + 4\,t_4 + \frac{1}{5}\,t_5\right) \quad \text{(sec.)}$$

Dabei bedeuten:

t_1 = Zeit für das Bilden des Skalarproduktes zweier Vektoren mit 30 Komponenten.
t_2 = Zeit zum Bilden der Summe zweier Vektoren mit 30 Komponenten.
t_3 = Zeit zum Berechnen eines Polynoms 10. Grades nach Horner.
t_4 = Zeit zum Berechnen einer Quadratwurzel mit fünf Iterationen nach Newton.
t_5 = Zeit zum Suchen der betragsgrößten Komponente eines Vektors mit 100 Komponenten.
(→ MIX)

Ganttsche Planungsmethode

Bei diesem Planungsverfahren werden die einzelnen Aktivitäten eines Projekts (→) in Form eines Balkendiagramms dargestellt.
Die Ganttsche Methode eignet sich nur dann, wenn es sich um relativ wenige Aktivitäten eines Projektes handelt. Der Nachteil dieser Methode ist darin zu erblicken, daß keine Interdependenzen einzelner Aktivitäten dargestellt werden können, so daß nicht erkennbar ist, inwieweit die Fertigstellung einer Aktivität A den Beginn einer Nachfolgeaktivität B beeinflußt.
Gantt-Charts finden vielfach Anwendung u. a. bei Projektfortschrittsberichten, um die Teilabschnitte eines Projektes in einer überschaubaren Form zu dokumentieren. Sie dienen dabei insbesondere der Termin- und Arbeitseinsatzkontrolle.

Generator (→ Informationsgenerator)

Generatorsprache

Eine benutzerfreundliche Programmiersprache (→), die für ganz bestimmte Sachgebiete einen eigens entwickelten und für die entsprechenden Aufgaben typischen Instruktionsvorrat besitzt. G. dienen dem Benutzer für die Erledigung seiner Aufgaben im Dialogbetrieb (→) oder zur Abfrage bestimmter Daten (→) aus einer Datenbank (→). Der Vorteil von G. liegt in der leichten Erlernbarkeit und einfachen Handhabung.

Generierung

Allgemein das Laden eines Betriebssystems (→). Das vom Hersteller gelieferte und entsprechend den Kundenwünschen, der speziellen Konfiguration (→) und den geplanten Betriebsweisen (→) modifizierte („optimale") Betriebssystem wird mit Hilfe eines speziellen Startersystems geladen. Erst nach erfolgter G. kann die Verarbeitung der Anwendungsprogramme erfolgen.

GIBSON-MIX

Eine Kennzahl zur Messung der Leistungsfähigkeit einer EDV-Anlage (→). Dabei wird eine Standardoperation definiert, die sich aus 12 Einzeloperationen O_i (i = 1–12) zusammensetzt, die mit den Gewichten g_i belegt sind. Die Summe der Gewichte ist 1. Als Einzeloperationen sind bestimmt:

	O_i	g_i
1	Festkomma-Addition und -Subtraktion	0,330
2	Festkomma-Multiplikation	0,006
3	Festkomma-Division	0,002
4	Gleitkomma-Addition und Subtraktion	0,073
5	Gleitkomma-Multiplikation	0,040
6	Gleitkomma-Division	0,016
7	Worttransport	0,175
8	Indexmodifikation	0,190
9	Bedingter Sprung	0,065
10	Vergleich	0,040
11	Shift (6 Bits)	0,046
12	Logische Operation	0,017

Die Leistungsfähigkeit ist durch die Zeit T_{Gib} (in μs) bestimmt, die für die Ausführung der gesamten Standardoperation benötigt wird:

$$T_{Gib} = \sum_{i=1}^{12} (O_i\ \mu s) \cdot g_i$$

(→ MIX)

Gütegrad

Bei Information-Retrieval-Systemen (→) werden die Kennziffern „precision" (Gütegrad) und „recall" (Relevanzgrad) benutzt, um die Güte bzw. Relevanz einer Information zu messen.
Ein Dokumenten(daten)bestand, definiert als faktischer Informationsstand (→) eines Fachgebietes, kann aus der Sicht des Benutzers aufgeteilt werden in:

a = irrelevant, nicht gefunden
b = relevant, nicht gefunden
c = relevant, gefunden
d = irrelevant, gefunden

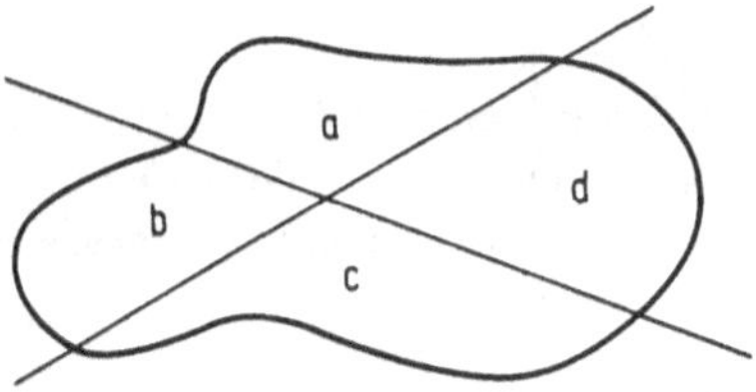

Als Gütegrad (precision) G wird definiert:

$$G = \frac{\sum \text{gefundene und relevante Informationen}}{\sum \text{gefundene Informationen}} = \frac{c}{c+d}$$

Als Relevanzgrad (recall) R gilt:

$$R = \frac{\sum \text{gefundene und relevante Informationen}}{\sum \text{relevante Informationen}} = \frac{c}{c+b}$$

Was als relevant gilt, ist vom Benutzer zu entscheiden. Liegen explizit definierte Modelle des Entscheidungsverhaltens vor, dann bestimmt die Modellstruktur die Relevanz; bei allen kognitiv gehandhabten Prozessen muß dagegen die Relevanz als eine subjektive Größe betrachtet werden, die nur durch eine Analyse des Informationsbedarfs (→) und der Informationsnachfrage (→) bestimmbar ist. Analysetechniken, die vorwiegend mit vorgefertigten Katalogen arbeiten, sind unter diesen Aspekten kritisch zu überprüfen, da die *Informationsnachfrage* eines Individuums nicht identisch zu sein braucht mit dem objektiv (d. h. aus der Aufgabe heraus) notwendigen *Informationsbedarf*.
(→Dokumentationssystem, Information Retrieval)

Hardware

Die Gesamtheit der Geräte einer EDV-Anlage (→), im konkreten Fall die Konfiguration (→) einer Anlage. Für deren Betrieb sind das Betriebssystem (→) und die Anwendungsprogramme erforderlich, die als Software (→) bezeichnet werden.

Hauptordnungskriterium (HOK)

Der Such- oder Sortierbegriff eines Satzes (→). In der Datenbankorganisation wird das H. Root- oder Kopfsegment genannt. (→Datenbank, Datenorganisation, Zugriff).

Hierarchische Speicherung

Eine Speicherungsform (→) von Daten (→), wie sie bei Datenbanksystemen (→) angewandt wird. Die Segmente eines Satzes (→) werden dabei verselbständigt und in einer hierarchischen Ordnung miteinander durch Pointer (→) verkettet. Durch die h. S. lassen sich im Rahmen der Datenbankorganisation folgende Anwendungsmöglichkeiten realisieren:

a) Direktes Ansprechen einzelner Segmente, ohne den gesamten Satz bzw. Bestand abarbeiten zu müssen.
b) Verkettung mehrerer Segmente in der Reihenfolge, wie sie dem Anwendungsproblem entsprechen, ohne den Datenbestand sortieren zu müssen.
c) Vereinfachung des Update (→), da nur die jeweils zu ändernden Segmente auf den neuesten Stand gebracht werden.

(→Physische Struktur)

HIPO (Hierarchy plus Input, Process, Output)

Eine Methode für den Entwurf und für die Dokumentation (→) von EDV-Projekten. Sie besteht aus sechs Bausteinen:

1. Programmbeschreibung

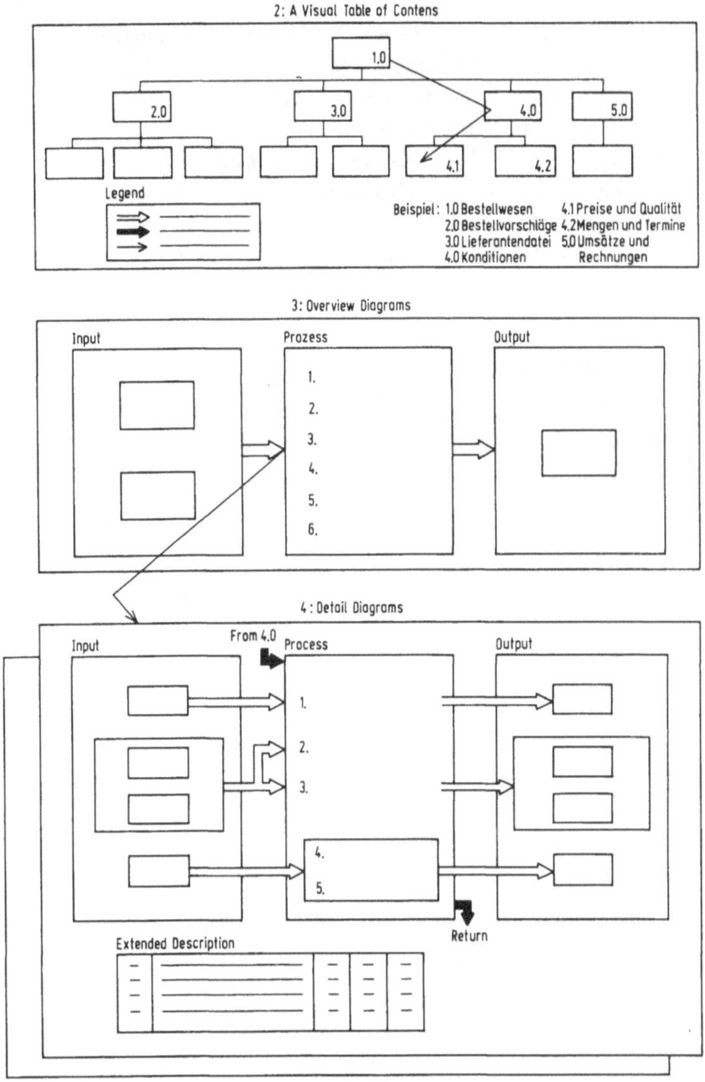

Struktur eines HIPO-Paketes (Quelle: [99])

2. Hierarchische Gliederung eines Programmes und seiner Funktionseinheiten (visual table of contents)
3. Übersichtsdiagramme (overview diagram)
4. Detaildiagramme (detail diagram)
5. Erweiterte Beschreibung (extended description)
6. Datenbeschreibung (data definition).

Wichtigste Elemente sind die Bausteine 2, 3 und 4, die sich von den konventionellen Entwurfs- und Dokumentationsmethoden unterscheiden (siehe Abb.).

Hybridrechner

Ein Kombinationsrechner (→EDV-Anlage), der die Verbindung zwischen einem Digitalrechner (→) und einem Analogrechner (→) darstellt, wobei beide Arbeitsweisen vereinigt werden können.

Identitätstheorem

Die Forderung, daß ein Informationssystem (→) erst dann zur Installation (→) freigegeben werden darf, wenn sichergestellt ist, daß die von den Benutzern (→) gestellten Forderungen nach Aktualität der Daten gegeben ist und die Abbildung der jeweiligen Realprozesse in Form von Informationen richtig, d. h. fehlerfrei vollzogen wird. Das I. ist besonders bei Management-Informationssystemen (→) von Bedeutung. Zu seiner Erfüllung ist es allerdings erforderlich, daß die Benutzer die jeweiligen Aktualitätsgrade der Informationen genau spezifizieren.

Implementierung

Eine Phase (→) bei der Realisierung und Einführung von Informationssystemen (→). Sie umfaßt die Teilaktivitäten Schulung der Benutzer, Installation (→) und Adaptión (→).

Index

In der Datenorganisation (→) die Zuordnung einer physischen Adresse zum Hauptordnungskriterium eines Satzes (→) bzw. zu einem Datenelement (→). Die Zusammenfassung und Ordnung aller Indices eines Datenbestandes nennt man Indextabelle. Sie dient der schnellen und direkten Suche eines Datenelementes in einer Datei (→). Den Wert des Ordnungskriteriums und die zugehörige physische Adresse zusammen nennt man auch Pointer (→).

Index-Punkt

Die Stelle, die bei einer Plattenspeichereinheit (→) den physischen Anfang einer Spur kennzeichnet.
(→Spuraufbau)

Index – Sequentielle Speicherungsform

Bei dieser S. wird das Speichermedium bzw. der verfügbare Bereich in zwei Teile gegliedert: in einen Hauptbereich (HB) und in einen Folgebereich (FB). Im HB werden die Sätze in sortierter Folge so gespeichert, wie sie beim Erstellen (Laden) der Datei anfallen. Zu- und Abgänge von Sätzen werden solange im HB verarbeitet (ein- bzw. ausgegliedert), bis dieser „überläuft" bzw. die Sortierfolge nicht mehr eingehalten werden kann; tritt dieser Fall ein, dann erfolgt die Speicherung im FB. Das Auffinden der Sätze in ihrer sortierten Form wird mit Hilfe von Indextabellen gewährleistet, die vom Betriebssystem (→) gewartet werden.

Beispiel:

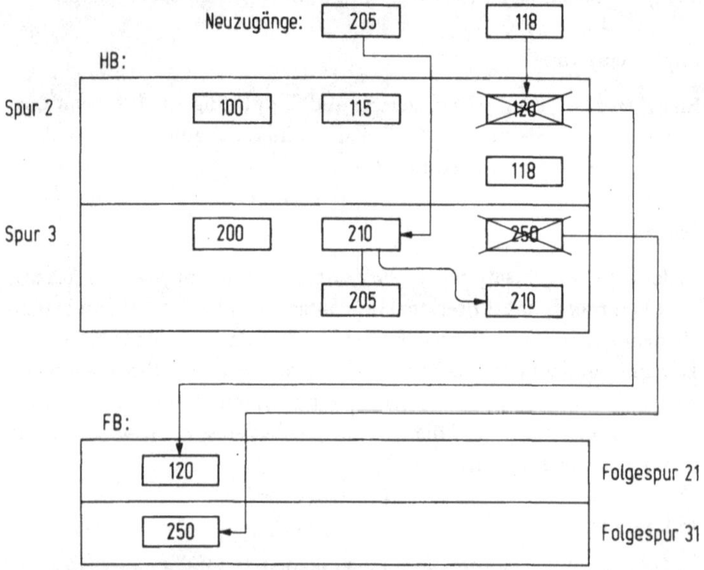

Schematische Darstellung der Verarbeitung von Neuzugängen bei der index-sequentiellen Speicherung

In dem dargestellten Beispiel wird der Satz Nr. 120 aus der Spur „herausgedrängt" und in den Folgebereich gespeichert; sein Platz nimmt anschließend der Satz 118 ein.
Der Satz Nr. 210 wird durch Satz Nr. 205 ersetzt und nach rechts ver-

schoben; der dadurch verdrängte Satz Nr. 250 wird ebenfalls in die Folgespur gespeichert.
Durch entsprechende Eintragungen in den Indextabellen wird gesichert, daß z. B. ein sequentielles Verarbeiten in aufsteigender Sortierfolge nach wie vor möglich ist.

Informatik

Wissenschaftliche Disziplin, die sich mit der Entwicklung und Nutzbarmachung von elektronischen Datenverarbeitungsanlagen beschäftigt. Man unterscheidet: *Kerninformatik* als jenen Bereich, der sich mit der Entwicklung bzw. Optimierung von Betriebssystemen (→), Programmiersprachen (→) und Betriebsweisen befaßt, und die *angewandte I.*, deren Ziel allgemein in der Erarbeitung von Methoden für den Einsatz und die optimale Nutzung des technologischen Potentials besteht. Bei der angewandten I. ist bereits eine Spezialisierung erkennbar, die sich in Formulierungen wie „Rechtsinformatik", „Betriebsinformatik", „Verwaltungsinformatik" usw. ausdrückt. Diese weniger sinnvoll erscheinenden Begriffe sollen darauf hinweisen, daß es sich hier um Verfahren und Methoden der Nutzung und des Einsatzes von Datenverarbeitungsanlagen in bestimmten Anwendungsgebieten handelt, nämlich in der Jurisprudenz, im Unternehmen, in der Verwaltung usw.
Als Hauptaufgabengebiete einer angewandten I. könnten gelten:

1. Vermittlung und Lehre *faktischen* Wissens über Einsatzmöglichkeiten, Betriebsweisen (→) und Anwendungsgebiete von EDV-Anlagen (→). Hierzu zählten auch empirische Studien praktischer Anwendungsgebiete.
2. Aufbau eines *Modellwissens*, d. h. Entwicklung von Modellen, mit deren Hilfe die Einsatzmöglichkeiten von EDV-Anlagen für Entscheidungs- und Problemlösungsprozesse geprüft werden könnten.
3. Entwicklung eines *Methodenwissens*, d. h. die Erarbeitung von generellen, anwendungsindifferenten Methoden für die Gestaltung von Informationssystemen und deren Betrieb.
4. Entwurf einer „*Theorie des Informationssystems*", die als integrierendes Denkmodell fungiert und in der die wichtigsten Erkenntnisse

und Bausteine – nämlich Benutzer, Methoden/Verfahren und die technologischen Grundlagen – zusammengestellt und allgemein gültig behandelt würden.

Würde eine derartige Konzentration in Lehre und Forschung (mit direktem Bezug zur praktischen Erfahrung) erfolgen, dann erübrigten sich die w. o. genannten Spezialisierungen, die dann allenfalls als besondere „Spielarten" der Anwendung dieses Wissens erschienen. Die Diskussionen über den Begriff und die Aufgabenstellungen der angewandten I. sind allerdings noch nicht als abgeschlossen zu betrachten, der Entwurf eines Wissenschaftsprogramms steht noch aus.

Information

In der Nachrichten- (bzw. Informations-)theorie eine Menge von Zeichen, die durch einen Auswahlvorgang aus einem Zeichenvorrat (z. B. Alphabet) erzeugt, von einem Sender an einen Empfänger weitergeleitet und von diesem aufgenommen („verstanden") werden (→Kommunikation). Die einfachste Auswahl einer Zeichenfolge ist dann gegeben, wenn der Zeichenvorrat nur zwei Zeichen – z. B. 0 und 1 – kennt. Die Auswahlschritte heißen dann Binärentscheidungen, deren Anzahl wird als Maß für den Informationsgehalt benutzt (Maßeinheit bit, Abkürzung aus binary digit):

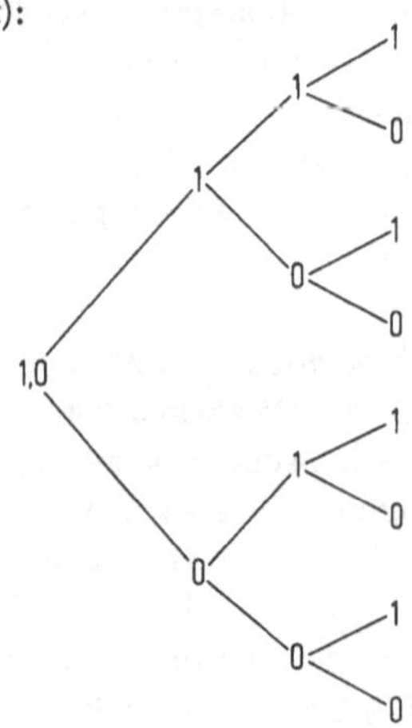

Um aus dem angegebenen Schema ein bestimmtes Zeichen aus einem Vorrat von 8 Zeichen zu wählen, würde man insgesamt drei Binärentscheidungen treffen müssen, d. h. der Informationsgehalt eines Zeichens beträgt 3 bit.
Allgemein gilt:
Bezeichnet man mit N die Anzahl der Zeichen des Vorrats und mit I den Informationsgehalt, dann errechnet sich dieser nach:

$N = 2^I$ oder: $I = \text{ld}\, N$ (ld = logarithmus dualis) bit/Zeichen.

Dieser Ausdruck gilt für den Fall, daß alle Zeichen die gleiche Wahrscheinlichkeit ihres Vorkommens aufweisen, d. h. $p_1 = p_2 = \dots p_n = \frac{1}{N}$ ist (p = Wahrscheinlichkeit).
Liegen unterschiedliche Wahrscheinlichkeiten der Zeichen vor (p_i), dann gilt für den Informationsgehalt eines Zeichens z_i mit der Wahrscheinlichkeit des Auftretens von p_i:

$$I(z_i) = \text{ld}\, \frac{1}{p_i} \text{ bit.}$$

Der *mittlere Informationsgehalt*, von C. E. Shannon bestimmt, errechnet sich nach:

$$H = -\sum_{i=1}^{N} p_i \,\text{ld}\, p_i \quad \text{bit/Zeichen, wobei}$$

$$\sum_{i=1}^{N} p_i = 1 \text{ ist.}$$

Diese Shannonsche Formel wird auch als negative Entropie oder Negentropie bezeichnet, da eine formale Ähnlichkeit des Ausdrucks mit dem aus der Thermodynamik vorliegt.
Dieser Ansatz der Informationstheorie bezieht sich vorwiegend auf die technische Realisierung von Nachrichtenübermittlungssystemen, z. B. auf Kanäle zur Informationsübertragung.
Daneben ist der Begriff der Information auch in anderen Dimensionen und wissenschaftlichen Disziplinen zu erklären, z. B. in der Linguistik, Kybernetik (→) und der allgemeinen Systemtheorie und Systemfor-

schung (→). Der *subjektive* Informationsbegriff ist wie folgt definiert: Information ist derjenige Teil einer Nachricht, der bei einem Empfänger zu einer Erhöhung seines Wissensstandes führt.
Zeichen stehen nicht nur zu anderen Zeichen in Verbindung, sondern auch zu bestimmten Bedeutungen (Semantik), zu bezeichneten Objekten („Abbildungen“, sigmatischer Aspekt) und zu Systemen, zwischen denen ein Austausch von Zeichen stattfindet, um bestimmte Ziele, Zwecke oder Verhaltensformen zu induzieren (Pragmatik). Der pragmatische Aspekt ist besonders in den angewandten Wissenschaften von Bedeutung und führt in der Informatik (→) zum Begriff des Informationssystems (→).

Informationelle Analyse

Die Zuordnung charakteristischer Informationsarten (→) zu den einzelnen Phasen eines Entscheidungs- oder Problemlösungsprozesses (→).
So sind beispielsweise für die Problem*analyse* als Teil des gesamten Problemlösungsprozesses die auf S. 117 dargestellten Informationsarten zuzuordnen.
Die informationellen Teilprozesse können als Ergebnis einer i. A. in Form von Verfahren und Richtlinien im Sinne einer Anleitung zum praktischen Handeln strukturiert werden.

Informationelle Beziehung

Der sich zwischen Anwendungen (→) vollziehende Austausch von Daten (→). Die informationellen B. sind um so intensiver, je umfangreicher die Integration (→) ist: Die Ergebnisse einer Anwendung X dienen wiederum als Dateneingabe für eine andere Anwendung Y usw. *Beispiel:* Die von einer automatischen Lagerbestandsrechnung ermittelten Ergebnisse – u. a. Lagerbestände – sind wichtige Eingabedaten für eine Anwendung „Bestellrechnung“; deren Ausgabe – z. B. Bestellungen bei Lieferanten – sind wiederum Eingabedaten für ein Verfahren „Liquiditätsplanung“, um eine Disposition liquider Mittel zur Begleichung von Lieferantenrechnungen durchführen zu können usw. Nicht immer

Prozeßstufen der Problemanalyse	Dominierende Informationsart	Informationeller Teilprozeß
Problemwahrnehmung. Feststellung des Istzustandes (Lagenalyse)	Faktische Informationen	Analyse der Problemindikatoren
Prognose der wichtigsten Faktoren der Lageanalyse	Prognostische Informationen	Aufstellen von Hypothesen und Prognosen über zukünftige Wirkungszusammenhänge
Gegenüberstellung von Zielen und den Ergebnissen der Lageanalyse	Explanatorische und konjunktive Informationen	Analyse und Erklärung eines gegebenen Wirkungszusammenhangs und Ableitung der Problembedeutung
Feststellung abgeleiteter Probleme	Logische und normative Informationen	Ermittlung der Erfüllbarkeit und der Voraussetzungen für die Problemlösung (z.B. Planerfüllung)
Problemfeldanalyse	Explanatorische, faktische und normative Inf.	Zergliederung des Problems in einzelne Problemelemente und Aufzeigen der integrativen Struktur der Teilprobleme
Problemstrukturierung	prognostische, normative und konjunktive Inf.	Ordnung der Teilprobleme in eine Problemhierarchie, Bewertung der einzelnen Probleme

Schema einer informationellen Analyse der Prozeßstufen der Problemanalyse

können Ausgabedaten direkt als Eingabedaten für andere Verfahren benutzt werden; es sind dann für deren Umformung Bridge-Programme (→) erforderlich. Intensive informationelle B. können entwicklungshemmend wirken und hohen Aufwand für die Wartung (→) verursachen: Die Änderung eines Programmes kann dadurch zwangsläufig zu Änderungen nachgeschalteter Bridge-Programme und Verfahren führen. Diesen Nachteil versucht man durch Datenbanksysteme (→) zu beheben.

Information Retrieval System

Mit einem I. werden zunächst nichtformatierte Datenbestände gespeichert und verwaltet, z. B. Patente, Befunde, Gesetzesentscheide usw. Mit Hilfe von Stichwörtern bzw. Deskriptoren (→) und unter Verwendung spezieller Operatoren kann der Benutzer (→) von einer Datenstation aus eine gezielte Suche (Recherche) nach relevanten Dokumenten einleiten.

An einem Beispiel kann die Wirkungsweise einer Abfrage dargestellt werden: In einem Dokumentenbestand mögen die Mitarbeiterkenndaten eines Unternehmens gespeichert sein, die u. a. auch die Kenndaten „Tätigkeit", „Erfahrung" und „Ausbildung" enthalten. Gesucht wird diejenige Mitarbeiterbeschreibung, die als Tätigkeit „Programmierer" und/oder als Erfahrung „Datenbankorganisation" und/oder als Ausbildung „Kaufmann" enthält. Mit Hilfe von sog. Venn-Diagrammen kann die Wirkung der verschiedenen Operatoren verdeutlicht werden:

a) Die „ODER-Verknüpfung": Bei dieser Verknüfung der drei Stichwörter Programmierer (P), Datenbankorganisation (D), Kaufmann

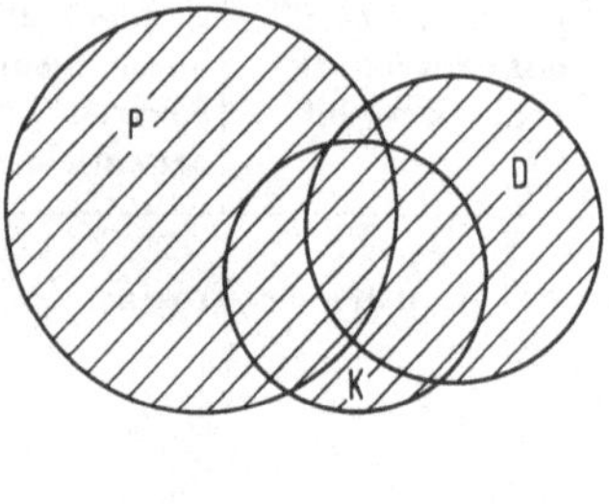

(K) werden alle Dokumente, die sich bei „P“ qualifiziert haben, um jene erweitert, die auch die Stichwörter „D“ und/oder „K“ enthalten. Im Venn-Diagramm dargestellt durch die schraffierten Kreise.

b) Die „UND-Verknüfung“. Hierbei werden diejenigen Dokumente, die sich beim Stichwort „P“ qualifiziert haben, auf solche eingeschränkt, die darüber hinaus auch noch die Eigenschaft „D“ *und* „K“ besitzen. Es sind dies alle Personen, denen alle drei Merkmalseigenschaften eigen sind.

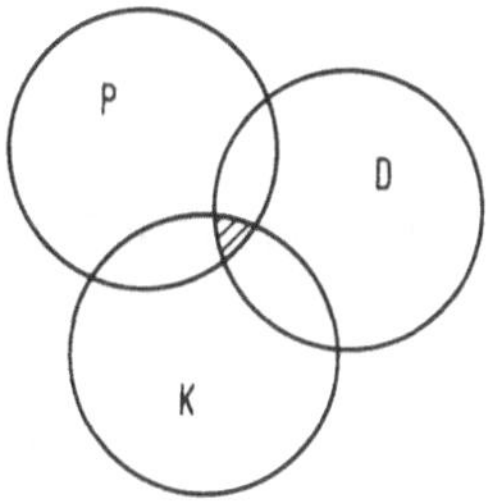

c) Die „UND-NICHT-Verknüpfung“: Dieser Operator bedeutet, daß das unmittelbar vor dem „Und-nicht“ stehende Stichwort im Dokument enthalten sein muß: „P“ und nicht „D“, bedeutet, daß dann irgendwelche „P“ qualifiziert werden.

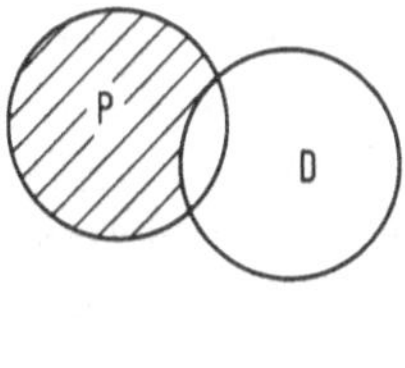

d) Die „ENTWEDER-ODER-Verknüpfung“: Zwei mit diesem Operator verknüpfte Stichwörter bewirken, daß sich alle Dokumente qualifizieren, in denen nur eines der beiden Stichwörter enthalten ist.

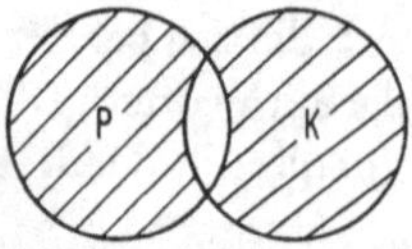

Abfragen an den Dokumentenbestand können entweder als Ad-Hoc-Anfrage (→) oder als selektive Informationsverteilung (→) formuliert werden. Als Betriebsweisen (→) eines I. sind die Stapel- und die Dialogverarbeitung (→) möglich.
(→Dokumentationssystem)

Informationsangebot

Die Gesamtheit der zu einem bestimmten Zeitpunkt für einen Anwender (→) verfügbaren Informationen (→). Das I. eines Zeitpunktes t_x setzt sich zusammen aus:

a) Summe der im Unternehmen latent vorhandenen Informationen
./. b) Summe der bis zum Zeitpunkt t_x nicht erreichbaren Informationen
\+ c) Summe der bis zum Zeitpunkt t_x zusätzlich beschaffbaren Informationen.

= Summe der zum Zeitpunkt t_x verfügbaren Informationen

Das I. entspricht nicht immer dem Informationsbedarf (→) bzw. der geäußerten Informationsnachfrage (→). Die Ursache kann in mangelhaften technischen Informationsverarbeitungsprozessen, in unvollkommenen organisatorischen Regelungen oder in einer unzureichenden Leistungsfähigkeit des Kommunikationsnetzes und der Kommunikationsmittel liegen. Die Diskrepanz zwischen I. und Informationsnachfrage kann sich auf die Informationsmenge, auf die Form der Darbietung der Informationen, auf die Qualität, den Zeitpunkt, die Bestimmtheit und auf die Genauigkeit beziehen.
(→Informationslücke)

Informationsarten

Die Unterteilung verschiedener Informationen nach ihrer Aussage. Wild [236] unterscheidet folgende I.:

INFORMATIONSART	AUSSAGEN-TYP	besagen etwas über die ...
(1) faktische	IST-Aussage	Wirklichkeit (Vergangenheit)
(2) prognostische	WIRD-Aussage	Zukunft
(3) explanatorische	WARUM-Aussage	Ursachen von Sachverhalten
(4) konjunktive	KANN-Aussage	Möglichkeit
(5) normative	SOLL-Aussage	Ziele/Werturteile/Normen
(6) logische	MUSS-Aussage	logische Beziehungen (Notwendigkeit)
(7) explikative	–	Definitionen (Sprachregelungen)
(8) instrumentale	–	methodologische Beziehungen

Informationsarten

(→Informationelle Analyse, Benutzerprofil)

Informationsbedarf

Die Gesamtheit der für die Lösung einer konkreten Aufgabe oder für die Erreichung eines Zieles (z. B. „Erhöhung des Wissensstandes“) benötigten Informationen (→). Man unterscheidet *subjektiven* und *objektiven* Informationsbedarf.

Subjektiver I.: Die von einer Person nach *subjektiver Überzeugung* für die Lösung ihrer Aufgaben erforderlichen Informationen. Subjektiver I. äußert sich als Informationsnachfrage (→) bzw. als Informationssuche (→).

Objektiver I.: Diejenigen Informationen, die für die Lösung einer Aufgabe bzw. für die Erreichung eines Zieles objektiv zugeordnet werden können, unabhängig von der Person des damit beschäftigten Individuums.

Zwischen objektivem I. und subjektivem I. besteht insofern ein Zusammenhang, als ein Subjekt, das mit der Lösung einer konkreten Aufgabe beschäftigt ist, sowohl subjektiv beeinflußte Informationsnachfrage äußert als auch bemüht sein wird, objektiv erkennbare Informationen zu bestimmen.

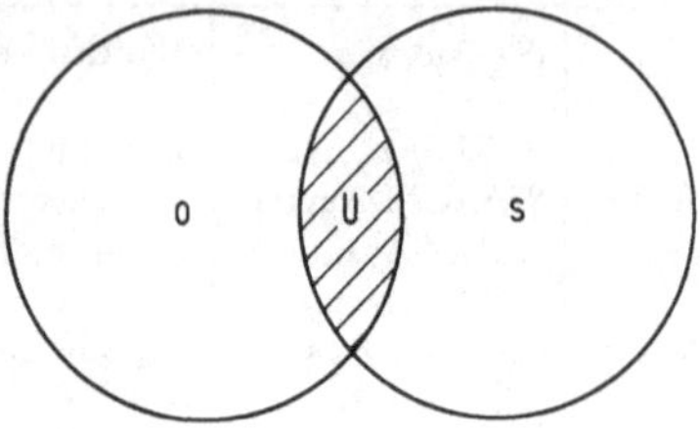

Inkongruenz zwischen objektivem I. (o) und subjektivem I. (s)

Mit zunehmender Kenntnis eines Aktors über die Struktur und Lösungsmethode einer Aufgabe wird der Bereich „s“ zugunsten des Bereiches „U“ verringert: Lernprozesse (→) führen zu einer Reduzierung subjektiver und probleminadäquater Informationsnachfrage.
(→Informationslücke)

Informationsbedarfsanalyse (I. B. A.)

Die Gesamtheit der Methoden und Verfahren, die für die Analyse des Informationsbedarfs (→) eingesetzt werden können. Die I. bezieht sich auf folgende Betrachtungsebenen:

1. Erfassung der Nutzungsbeziehungen eines potentiellen oder aktiven Anwenders (→): Bedarfsprofil und Informationsnachfrage.
2. Erfassung des Informationsbedarfs realer Prozesse, z. B. Mengen, Preise, Lagerorte von Gütern.
3. Erfassung der Informationen über das technologische Potential, Hardware und Software.

Dementsprechend gliedert sich die I. in folgende Teilbereiche:

a) Prozeßanalysen: Sammlung und Bewertung von Informationen über reale Prozesse.

b) Benutzeranalysen: Ermittlung der Informationsnachfrage.

c) Datenanalysen: Ermittlung und Beschreibung der technologischen Voraussetzungen und Möglichkeiten für die Verarbeitung der Daten.

d) Kommunikationsanalysen: Beschreibung der zwischen den Elementen ausgetauschten Informationen, der Kanäle und Mittel, die für den Transport derselben eingesetzt werden.

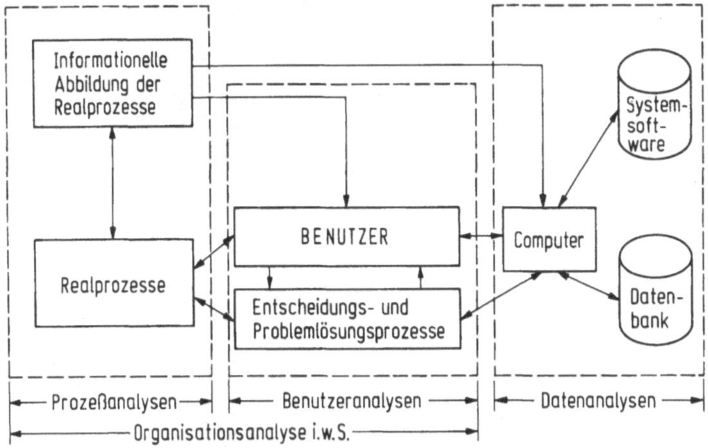

Abgrenzung der Informationsbedarfsanalyse

(→Informationsbedarf, Datenanalyse, Benutzerforschung, Kommunikation)

Die Methoden der I. lassen sich einteilen in benutzerspezifische, prozeßbezogene und EDV-spezifische:

Gegenstand der Analyse	Aufgabenstellung des Gegenstandsbereiches	Kriterien für für die Auswahl Methoden	Methoden	Zielsetzung und und Aufgaben der Analyse
BENUTZER	Entscheidungsfindung und Problemlösung	a) Zusammensetzung und Struktur der Bedarfsträger	Benutzeranalysen Kleingruppenanalysen Empirische Erhebungen Interview und Fragebogen, Kataloge Informationswertanalysen	Ermittlung der Einflußfaktoren und Komponenten des kollektiven und individuellen Informationsbedarfs
	Erhöhung des Informationsstandes zur Aufgabenerledigung	b) Aufgaben der Individuen und Gruppen	Input-, Prozeß-Outputanalysen, aktive Mitarbeit, empirische Erhebungen	Bestimmung des Informationsbedarfs in seinen sachlichen und zeitlichen Dimensionen
	Interne und externe Kommunikation	c) Kommunikationsstruktur der Gruppen u. Individuen	Input-Output-Analysen Quantitative Kommunikationsanalysen Berichtswesenanalyse	Bestimmung der Netze, Speicher, Stationen und Addressaten der Informationsverwendung

PROZESSE	Beispiele: Bilanzerstellung Prognose Planung Entscheidungsmodelle Statistik Alternativen-bewertung Unternehmens-vergleich Marktanalysen Konkurrenz-bewertung	a) Grad der Strukturiertheit der Prozesse	Entscheidungstabellen Stat. Messung und Beobachtung, Prognose-rechnung, Problem-lösungsmodelle	Bestimmung des Informationsbedarfs nach: Zeit, Kosten, Volumen, Frequenz, Struktur, Verwendungszwecken, Speicherungsform, Aktualität, Archivierungsverfahren und Veralterung.
		b) Integrations-grad der Prozesse	Gesamtmodelle Berichtswesenanalyse Interview und Frage-bogen	
		c) Automations-grad der Prozesse	Computergestützte Verfahren Datenfluß-analyse, stat. Messung und Beobachtung, aktive Mitarbeit, Interview	
EDV	Datenbankgestaltung Benutzersprachen Programmierung	a) Technologisches Potential b) Datentechnische Darstellung	Datenbankdiagramme Anwendungsanalyse Computergestützte Verfahren	Aufbau und Struktur der Führungsgrößendatenbank, Verknüpfung und Speicherung der Daten.

Informations-Charakteristik

Die unterschiedlichen Anforderungen an die Informationen, wie sie sich auf den verschiedenen Management-Ebenen aufgrund der speziellen Aufgabenstrukturen ergeben:
Beispiel (nach [191]):

Charakteristik der Informationen	operativ	dispositiv	strategisch
Quelle	intern	→	extern
Zweckdefinition	eng	→	breit
Verdichtung	gering	→	groß
Horizont	historisch	→	Zukunft
Aktualität	hoch	→	gering
Zugriff	kurz	→	lang
Dimensionen	Mengen	→	Werte
Genauigkeit	hoch	→	gering
Veränderungsrate	hoch	→	gering
Frequenz der Nutzung	hoch	→	gering

Wesensmerkmale von Informationen

Die Analyse der Wesensmerkmale der Informationen und ihrer aufgabenabhängigen Intensitätsgrade erlaubt Aussagen bezüglich der quantitativen und qualitativen Informationsverteilung im Unternehmen.

Informationserschließung

In allgemeiner Form bedeutet die I. die Bereitstellung der in den diversen Speicherzentren (z. B. Archiven) des Unternehmens vorhandenen – latenten – Informationen. I. kann darüber hinaus auch umfassen: Die Organisation und Ordnung der Informationsquellen (→), die Mitteilung an die Empfänger, wann wo welche Informationen vorhanden sind (etwa durch Stichwortverzeichnisse oder durch Informationskataloge →) und die Bestimmung der Informationswege und der Zugriffsberechtigung.

Informationsfilterung

Die Summe der Maßnahmen, die als bewußte Manipulation von Berichten (→) durch verschiedene Stellen/Personen ergriffen werden mit dem Ziel, persönliche Ziele durchzusetzen. Als Möglichkeiten treten in der Praxis auf: Zeitliche Verzögerung der Berichte, Verdichtung des Inhalts auf wenig aussagefähige graphische Darstellungen, Hervorhebung unwichtiger Details, Zurückhalten wichtiger Informationen, Umgehung des Instanzenweges usw. Die I. erschwert die Informationsbedarfsanalyse (→), soweit sie sich auf die Analyse des Berichtswesens (→) konzentriert, da durch sie falsche Informationen bewirkt bzw. unsachgemäße Schwerpunkte gebildet werden. Als Mittel der Identifizierung und Offenlegung dient die Schwachstellenanalyse (→).

Informationsfluß

Die Bewegung bzw. der Transport von Informationen (→) zwischen Sendern und Empfängern. Ein Ziel der integrierten Datenverarbeitung (→Integration) besteht u. a. in der Beschleunigung des I. Dies kann geschehen durch:

- Zentrale Gruppierungen (→)
- Direkt-Abfrage-Systeme (→)
- On-Line-Datenerfassung und -Verarbeitung (→).

Der I. kann durch die Anzahl der Kommunikationswege und durch die Übermittlungszeiten entlang dieser Wege gemessen werden.
Der I. kann auch als Input-Output-Schema dargestellt werden.

Informationsgenerator

In der Automatentheorie ein spezieller Automat, bei dem die Eingangszeichenfolge entweder unterdrückt oder unbekannt ist und lediglich die Ausgangszeichenfolge bekannt ist bzw. interessiert:

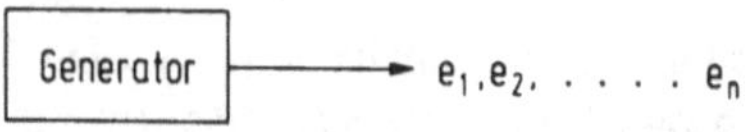

In der Organisationstheorie ein Modell für die Analyse informationeller Prozesse von Führungskräften oder Funktionseinheiten eines Unternehmens:

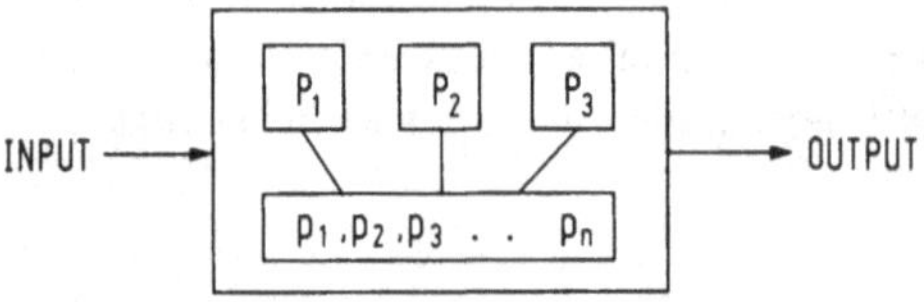

Eine Stelle als Informationsgenerator: P = Personen, p = Arbeitsprozesse

Eine Erweiterung dieses Modells erfolgt durch die Miteinbeziehung des Vorwissens (Know How, Verfahrensregeln für die Verarbeitung, Programme, Anweisungen usw.):

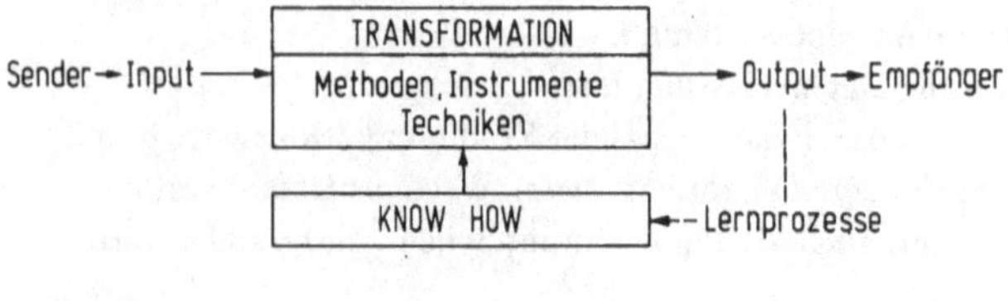

Nach der Automatentheorie handelt es sich im letzteren Fall eigentlich um einen *Umwandler*, da die Ausgangsinformationen in Abhängigkeit eines Zustandes (Methoden, Know How usw.) und der Eingangsinformationen untersucht werden.
(→Automat, Automatentheorie)

Informationshorizont

Der I. steht in einem unmittelbaren Zusammenhang mit dem Planungs- oder Entscheidungshorizont. Er bestimmt die Länge der Planungsperiode, da diese abhängig ist von der Güte und der Menge der zum Planungszeitpunkt vorhandenen Informationen, mit deren Hilfe eine mit ausreichender Eintrittswahrscheinlichkeit ausgestattete *Prognose* aufgestellt werden kann. Der I. drückt die für zukünftige Prozesse prognostizierte Entwicklung aus. Der I. kann geschlossen sein: In Form einer prognostizierten Zeitreihe liegen dann für die gesamte Planungsperiode Informationen vor; der I. kann aber auch offen sein: In diesem Fall sind nur einzelne zukünftige Ereignisse prognostiziert, z. B. die Erwartung einer Aufwertung einer bestimmten Währung zu einem geplanten (erwarteten) Zeitpunkt, ohne daß Informationen über die währungspolitische Entwicklung bis zu diesem Zeitpunkt vorliegen. Prognosemodelle und die Verarbeitung umfangreicher statistischer Datenmengen dienen dazu, möglichst lange Planungshorizonte mit geschlossenen I. zu errechnen.

Informations-Katalog

Ein Verzeichnis der für eine Stelle oder Person (z. B. Manager) des Unternehmens relevanten Informationen. Der I. wird üblicherweise nach Funktionen und hierarchischen Ebenen des Unternehmens gegliedert. Diesen werden die erforderlichen Informationen im Sinne einer Ideal- oder Sollvorstellung zugeordnet. Da es sich dabei sehr oft um verdichtete und/oder verknüpfte Informationen handelt, wird im I. zugleich auch die jeweils gültige Verdichtungs- bzw. Verknüpfungsfunktion (→) angegeben. Darüber hinaus können die Informationsarten nach folgenden Kriterien gegliedert werden: Aktualität (→), Periodizität des Bedarfs, Informationsträger, Verwendungszweck und Genauigkeit. I. stellen ein Hilfsmittel für die Ableitung des Informationsbedarfs (→) von Personen bzw. Stellen dar.

Informationskosten

Nicht ganz korrekter Terminus, da Kosten in der Betriebswirtschaftslehre in Geld bewertete Produktionsfaktoren, Dienstleistungen und öffentliche Abgaben sind. Ob Informationen der Charakter eines Produktionsfaktors zuzumessen sei, ist in der betriebswirtschaftlichen Theorie noch nicht eindeutig geklärt. Besser wären daher zunächst die Begriffe „Informationsaufwand" und/oder „Informationsausgaben" oder allgemein: Betrieblicher Aufwand für Informationen. Dabei ist zu unterscheiden zwischen Aufwand für Informationsbeschaffung (z. B. Datenerfassung), Informationsprüfung, Informationsspeicherung, Informationsveredelung (z. B. Datenverarbeitung) und Informationssicherung. Eine „Kostenrechnung" für Informationen ist bisher nur in Ansätzen bekannt geworden; als Hauptproblem erweist sich die Zurechenbarkeit des Informationsaufwandes zur Informationsleistung bzw. zum Informationsertrag, da Informationen eine Mehrzweckfunktion haben: Ein und dieselbe Information dient mehreren Zwecken, z. B. als Planungsgrundlage, als Wissensvermittlung oder als Steuerungs- und Kontrollmittel. „Aktuellere Planung", „Besseres Wissen", „Wirkungsvollere Kommunikation" sind jedoch nicht kardinal meßbar. Allenfalls ex post ist feststellbar, welchen Wert eine bestimmte Information gehabt hätte – z. B. bei Börsenspekulationen (sog. „Insider-Informationen").
Die bekannteste Anwendung einer betriebswirtschaftlichen Informationsaufwandsrechnung findet sich bei der betrieblichen Datenverarbeitung, wobei der Aufwand dieser Funktionseinheit pauschaliert wird (d. h. incl. Investitions- und Personalaufwand) und anderen Funktionseinheiten des Unternehmens nach bestimmten Umlageverfahren berechnet wird.
(→Rechenzentrum)

Informationslücke

Die Differenz zwischen Informationsnachfrage (→) und Informationsangebot (→). Eine I. kann entstehen durch eine mangelhafte Informationsversorgung oder durch eine unpräzise und unvollständige Informationsnachfrage (→). I. treten auch dann auf, wenn Informationen zu spät geliefert werden, d. h. wenn ein Aktor mit einem veralteten Informationsstand (→) Entscheidungen treffen muß.
(→Distanz)

Informationsnachfrage

Das konkrete Verlangen eines Subjekts nach Informationen (→). Die I. kann „passiv" sein: Durch organisatorische Regelungen wird ihm automatisch ein Informationsangebot (→) unterbreitet (etwa durch das betriebliche Berichtswesen→).
Aktive I.: Der Aktor beschafft sich zusätzliche Informationen und bedient sich dabei bestimmter Strategien der Informationssuche (→).
(→Informationsarten)

Informationsnutzen

Allgemein der Wert, den eine Information (→) oder ein Bestand an Informationen (z. B. eine Datei→) für ein Individuum hat. Die *Messung* des I. ist problematisch; grundsätzlich unterscheidet man zwei Ansätze:

a) *Retrospektiver (entscheidungsorientierter) Ansatz:* In diesem Fall nimmt die Information den Charakter eines bewertbaren Entscheidungsparameters in der Entscheidungsanalyse an. Es wird eine Gegenüberstellung von zwei Alternativen einer Entscheidung getroffen, wobei zum einen mit Kosten für die Information und zum anderen ohne Kosten für die Information das Ergebnis der Entscheidung analysiert wird. Entsprechend einer Entscheidungsregel wird die Entscheidung als ein Wahlakt zwischen diesen beiden Alternativen getroffen. Problematisch bei diesem Vorgehen ist die Zurechenbarkeit der Informationskosten, da eine Information in der Regel mehreren Zwecken dient.

b) *Prospektiver Ansatz:* Hierbei wird generell die Information als ein Mittel der Zielerreichung eines Benutzers bzw. Entscheiders betrachtet. Dabei werden die Präferenz- und Nutzenkriterien dieses Verwenders berücksichtigt, z. B. im Rahmen einer Nutzwertanalyse (→). Darüber hinaus wird einer Information auch dann Wert zugemessen, wenn sie nicht unmittelbar im Zusammenhang mit einer Entscheidung steht, sondern dazu dient, den Wissensstand eines Subjekts zu erhöhen, d. h. Lerneffekte und produziertes Know How werden im Bewertungsprozeß mit berücksichtigt.

(→Informationskosten)

Informationsquellen

Diejenigen Stellen, Personen, Medien innerhalb und außerhalb eines Unternehmens bzw. von Organisationsbereichen, die latent Besitzer (Speicher) von Informationen sind bzw. die aktiv Informationen anbieten und versenden.

Informationsstand

Die Schnittfläche aus Informationsnachfrage (→), objektivem Informationsbedarf (→) und Informationsangebot (→). Im Idealfall liegt Deckungsgleichheit vor: Das Entscheidungsproblem ist dann vollkommen informatorisch abgebildet. In allen anderen Fällen entstehen Informationslücken (→), d. h. mangelhafte und unvollkommene Abbildungen eines realen Sachverhalts in Form von Informationen.

Auch:

Das zu einem bestimmten Zeitpunkt gegebene Verhältnis von tatsächlich vorhandener Information zu den für notwendig erachteten Informationen:

$$\text{Informationsstand} = \frac{\text{tatsächliche vorhandene Informationen}}{\text{für notwendig erachtete Informationen}}$$

Dieser formale Ausdruck zeigt den Grad der Informiertheit an, den ein Aktor, der einen Plan aufstellt oder der eine Entscheidung trifft, nach

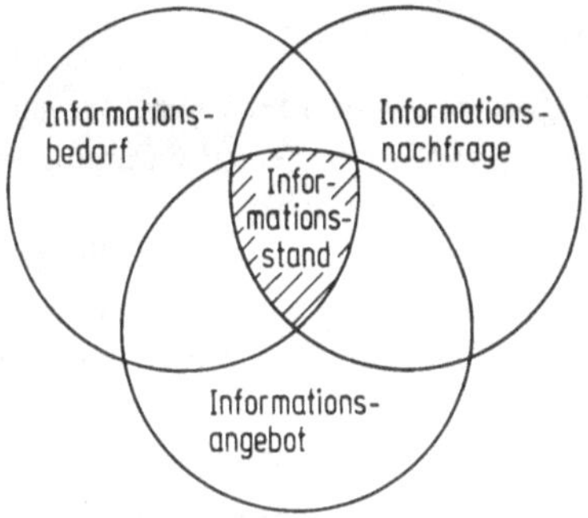

Der I. als Schnittfläche zwischen Informationsbedarf, I.-nachfrage und I.-angebot (Quelle: [197, S. 29])

subjektiver Überzeugung besitzt. Selbst bei Werten ≥ 1 ist damit jedoch noch keine Aussage möglich über die Relevanz, die Sicherheit und die Güte des Planes bzw. der Entscheidung.

Informationssuche

Grundsätzlich eine bestimmte Verhaltensform eines Individuums, das für die Lösung eines Problems relevante Informationen sucht. Dabei geht es um die Zuordnung von Informationen, die für die Problemanalyse und die Problembewertung geeignet sind. Die I. läßt viele Erscheinungsweisen und Methoden zu: Zum Beispiel kann mit Hilfe von Deskriptoren (→) im Rahmen eines Dokumentationssystems (→) relevante Literatur gesucht werden, oder: Bestimmte Suchbegriffe werden benutzt, um in einer Datenbank (→) Sätze und Datenelemente zu finden. Wie lange der Prozeß der I. jeweils fortgesetzt wird, ist vom Bedarfsniveau (→) des Aktors und von der verfügbaren Zeit sowie von der Ergiebigkeit der Informationsquelle (→) abhängig.
(→ Information Retrieval)

Informationssystem

Das Beziehungsgefüge zwischen Menschen (Anwendern→), Maschinen (EDV-Anlage→) und Methoden (Programme→) innerhalb eines abgegrenzten Organisationsbereiches.
In der konventionellen Betrachtung ist das I. lediglich als die Summe der Programme und EDV-Aggregate bestimmt, die für einen bestimmten Organisationsbereich (z. B. Fertigungssteuerung) verfügbar sind. Die Miteinbeziehung des Anwenders ist aus folgenden Gründen wichtig:
a) Die Entwicklung eines I. erfolgt in der Regel mit den Anwendern gemeinsam, d. h. sie nehmen in bestimmten Phasen (→) des Gestaltungsprozesses eine aktive Rolle ein.
b) Der Anwender agiert als aktiver Benutzer (→), der mit Hilfe von Datenstationen (→) im direkten Kontakt mit einem Rechner steht.
Gesamtinformationssystem: Die Gesamtheit aller in einem Unternehmen verfügbaren Programme und DV-Anlagen.
Teilinformationssystem: Ein nach bestimmten Kriterien abgrenzbarer Bereich des Gesamtinformationssystems. Die Gliederung eines Gesamtinformationssystems in Teilinformationssysteme nennt man auch Architektur (→) des I. Derartige Teil-I. werden auch als Subsysteme bezeichnet.
Operatives I.: Das auf den operativen Ebenen des Unternehmens bestehende I.; es ist prinzipiell für die Steuerung und Bewältigung der betrieblichen Realprozesse aufgebaut.
Dispositives I.: Das für die Unterstützung der Management-Prozesse entwickelte I. Es ist grundsätzlich für Planungs-, Steuerungs-, Problemlösungs-, Entscheidungs- und Kontrollfunktionen aufgebaut.
(→MIS)

Informationssystem-Komitee

Eine Organisationsform für die Planung, Steuerung und Kontrolle von EDV-Projekten. In Einzelfällen kann das I. S.-Komitee eine permanente organisatorische Einheit des Unternehmens darstellen. Es besteht aus:
a) Bevollmächtigten des Top-Managements oder einem Mitglied der Geschäftsleitung

b) Benutzer- oder Fachbereichs-Koordinator, der folgende Aufgaben hat:
   - Koordination der Benutzerwünsche
   - Koordination des von den Fachbereichen für ein Projekt benötigten Personals
   - Entwicklung von Gesamt-Vorstellungen für alle oder mehrere Fachabteilungen (Sicherung der Aufgaben-Integration)
   - Mitarbeit an der Problemlösung
   - Bewertung und finanzielle Rechtfertigung von Projektanforderungen der Fachbereiche.

c) I. S.-Koordinator
   Der Fachbereich „EDV" ist im I. S.-Komitee durch einen Koordinator vertreten. Dessen Aufgabe besteht in:
   - Koordination und fachliche Bewertung der Projektanforderungen
   - Ausarbeitung von Gesamtplänen in Zusammenarbeit mit den EDV-Projektleitern und deren Manager
   - Abstimmung der Projektpläne mit den Installationen der Datenverarbeitung
   - Bewertung der Projektanträge bezüglich ihrer Durchführbarkeit.

Informationsumformung

Die Umwandlung von Basisinformationen (→) in aussagefähige Kenngrößen. Die wichtigsten Methoden der I. sind die Verdichtung (→) und die Verknüpfung (→). Die I. spielt besonders beim Berichtswesen (→) eine wichtige Rolle, da aus Gründen der Übersichtlichkeit die Menge der Basisinformationen auf möglichst wenige, repräsentative Kenndaten reduziert werden soll. Eine weitere Methode der I. besteht in der klassifizierenden Ordnung der verschiedenen Informationsarten (→) und deren Zuordnung zu bestimmten Aufgaben bzw. Aufgabenträgern.

Informationsverdichtung

Die Zusammenfassung von Informationen (→) gleichen Typs.
Man unterscheidet:

a) *Quantitative I.:* Gleichartige Informationen werden mit dem Ziel zusammengefaßt, die Zahl der Einzelinformationen zu reduzieren, z. B. durch Summenbildung, Durchschnittswerte.
b) *Qualitative I.:* Mit Hilfe eines Algorithmus wird aus einer Menge von Einzelinformationen ein Ergebnis ermittelt, das selbst nicht in jeder Einzelinformation enthalten ist, z. B. Korrelationskoeffizienten, Indices.

(→Management-Information)

Informationszentrale

Bei komplexen Management-Informationssystemen (MIS) (→) eine Stabsabteilung des Top Managements, die für den Betrieb der MIS-Programme verantwortlich ist. Im einzelnen handelt es sich um die Wahrnehmung folgender Aufgaben:
- Aufbau und Pflege der Führungsgrößen-Datenbanken (→).
- Wartung und Anpassung der MIS-Programme.
- Datensicherung und Datenschutz (→).
- Realisierung neuer Verfahren und Programme zur Erweiterung des MIS.
- Sicherung des Betriebsablaufs (→).
- Beratung des Managements bezüglich der Handhabung und Steuerung neuer Verfahren.
- Analyse neuer Anwendungsgebiete im Rahmen des MIS und die Entwicklung entsprechender Verfahren und Programme.

(→Mensch-Maschine-Kommunikationssystem)

Initial Loading (→Generierung)

Input

Dateneingabe (→Datenerfassung)

Input - Prozeß - Output - Analyse

Eine Methode für die Analyse des Informationsbedarfs (→) und der Kommunikationsbeziehungen der einzelnen Stellen eines Organisationsbereichs. Die Stelle wird dabei als Informationsgenerator (→) betrachtet, die mehrere informationelle Teilprozesse in Abhängigkeit vom Informationsinput anderer Stellen vollzieht. Der Informationsfluß wird in Form von Matrizen dargestellt, und zwar jeweils eine Matrix für den Input, die Verarbeitung (Prozeßmatrix) und für den Output:

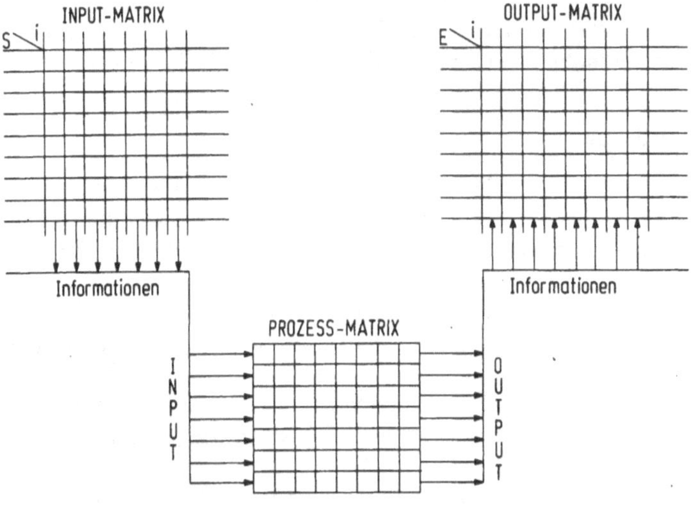

Grundmodell der Input-, Output- und Prozeßanalyse (nach Wild)
(S = Sender, E = Empfänger; jede Zeile der Prozeßmatrix stellt einen informationellen Elementarprozeß dar)

Mit dieser Methode der Informationsanalyse wird eine umfassende Untersuchung nicht nur der Prozesse (Prozeß-Matrix), sondern auch der Kommunikationsbeziehungen ermöglicht. Das Problem, das bei derartigen Analysen zunächst gelöst werden muß, besteht in der eindeutigen Zuordnung unterschiedlicher Input-Informationen zu den sog. Elementarprozessen. Dabei sind folgende Fälle zu unterscheiden:

a) Input > Elementarprozeß: Mehrere Informationen treffen auf nur einen Elementarprozeß, und zwar in unterschiedlicher Aggregation und Frequenz.

b) Input = Elementarprozeß: Ein und nur eine Information ist für den jeweiligen Elementarprozeß erforderlich.

c) Input < Elementarprozeß: Eine spezielle Input-Information wird mehreren Elementarprozessen zugeordnet.

d) Input = Output: In diesem Fall besteht der Elementarprozeß in einer Sanktionierung der Input-Information und deren Weitergabe (u. U. mit zeitlicher Verzögerung) ohne Verarbeitungsprozeß. Analoge Betrachtungen können auf der Outputseite angestellt werden.

Installation

Die Übernahme der Programme (→) eines Informationssystems (→) durch das Rechenzentrum (→) und der Beginn mit echten Produktionsläufen, die den für die Benutzer relevanten Output liefern. Als Voraussetzungen für die I. gelten:

- Dokumentation der Programme
- Erstellte Handbücher für die Bediener und die Wartungsgruppe (→ Wartung)
- Ausgearbeitete Sicherheitsvorschriften, insbesondere die Beschreibung der Maßnahmen, die bei Fehlleistung oder Systemausfall zu treffen sind
- Erstellte Dateien, insbesondere die der Stammdaten (→ Daten)
- Anweisungen für die Benutzer (Benutzerhandbücher)
- Anweisungen über Dateiumfang, Benutzungshäufigkeit, Dokumentations- und Archivierungsrichtlinien
- Formelle Bekanntgabe des neuen Verfahrens, etwa durch eine Organisationsanweisung des Unternehmens.

(→ Umstellung, Installationsmethoden)

Installationsmethoden

Verfahren für die Einführung von Informationssystemen (→). Man unterscheidet prinzipiell die
- Parallelinstallation (→)
- Pilotinstallation (→) und
- Logische Installationseinheiten (→)

Die Entscheidung über eine dieser I. hängt ab von:
a) Dem Organisationsgrad des Unternehmens, d. h. vom Umfang und von der Art der bereits vorhandenen Informationssysteme
b) Der Adaptionsfähigkeit und dem Know How der Anwender (→)
c) Der Anzahl der Module, aus denen das neue Verfahren besteht
d) Der Verfügbarkeit der erforderlichen Hardware (→) und Software (→)
e) Den bereitgestellten Daten und Dateien (→)
f) Der Integrationsfähigkeit (→Integration) des neuen Verfahrens
g) Der verfügbaren Zeitspanne für die Installation (→)
h) Dem erforderlichen Schulungsaufwand
i) Den Kosten für die Installation im Verhältnis zum Nutzen, den einzelne I. erbringen können (z. B. geringerer Lernaufwand, schnellere Adaption→).

(→Umstellung)

Instruktion

Die kleinste logische Einheit eines Programmes (→). Die I. steuern die Funktionen des Computers.
Der formale Aufbau einer I. (I.-Format) ist nicht einheitlich geregelt. Das Grundformat hat jedoch folgenden Aufbau:

Operations-schlüssel	Längen-schlüssel	1. Operand (Speicher-adresse)	2. Operand (Speicher-adresse)

Grundformat einer Instruktion

Es bedeuten:
Operationsschlüssel: Die Art der auszuführenden Operation.
Längenschlüssel: Angabe der Anzahl Speicherstellen, die die auszuführende Operation belegen soll.

1. *Operand:* Angabe derjenigen Adresse (→), die das Feld bezeichnet, das die zu verarbeitenden Daten enthält.
2. *Operand:* Adresse desjenigen Feldes, in das die Daten nach der Verarbeitung übertragen werden sollen.

Grundsätzlich lassen sich vier I.-Gruppen unterscheiden:
a) I., die die Eingabe und Ausgabe von Daten (→) steuern.
b) I.,die für die Übertragung von Daten benutzt werden.
c) I. für die Ausführung arithmetischer Operationen.
d) I. für die Ausführung logischer Operationen.

Integration

Die Vernetzung von Programmen (→) durch die gemeinsame Benutzung von Daten (→). In allgemeiner Form handelt es sich darum, daß die Ausgabe eines Programmes „A" zugleich auch als Eingabe für ein anderes Programm „B" benutzt werden kann. Beispiel: Das Bestandsführungsprogramm kontrolliert die Zu- und Abgänge des Lagers und stellt die Verfügbarkeit des Lagers fest; die *Ausgabe* sind die Lagerbestände der Teilenummern zu bestimmten Zeitpunkten. Diese werden als *Eingabe* für ein zweites Programm – die Bestellrechnung – benutzt, dessen *Ausgabe* Bestellvorschläge sind, die wiederum als *Eingabe* für die Bestellschreibung fungieren usw.
Mit der I. verfolgt man die Ziele:

- Beschleunigung des Informationsflusses (→), da die verschiedenen Programme unabhängig von der funktionalen Gliederung des Unternehmens und seiner Instanzenwege zusammenhängend – der Logik der Verarbeitungsfolgen entsprechend – verarbeitet werden.
- Reduzierung des manuellen Aufwandes für die Eingabesteuerung, da mehrere Programme und damit Arbeitsgebiete Zugriff zu zentralen Datenträgern haben und darüber hinaus relevante Daten für andere Sachgebiete zusätzlich generiert werden.

- Vereinfachte Behandlung von „Sonderfällen“ durch die Möglichkeit der direkten Eingabe von Daten durch die Benutzer (→).

Ein Beispiel für eine integrierte Verarbeitung mehrerer Sachgebiete ist in Abb. 1a dargestellt.

Grenzen der Integration

Neben den Vorteilen der I. sind auch die möglichen Nachteile zu beachten, die vorwiegend dadurch verursacht werden, daß die einzelnen EDV-Aufgaben einer dynamischen Veränderung unterliegen:

- Erhöhung des Wartungsaufwandes: Ändert sich beispielsweise gemäß Abb. 1a das Programm der Lagerbestandsrechnung – etwa dadurch, daß zusätzliche Aufgaben wahrgenommen werden sollen (z. B. Erstellung von Inventurlisten, gesonderte Behandlung von A-B-C-Teilen, Einführung einer neuen Methode der Lagerbewertung – Fifo statt Lifo usw.) –, dann hat dies unmittelbare Auswirkungen auf die nachfolgenden Programme, die dann ebenfalls geändert werden müssen, da u. U. der Output verändert wird.
- Erhöhung des Programmbestandes: Ändert sich gemäß Abb. 1a beispielsweise die Methode der Bestellpunktrechnung – z. B. dadurch, daß Sammelbestellungen zur Wahrnehmung von Preisvorteilen berücksichtigt werden oder daß Staffelpreise bei der Ermittlung der optimalen Bestellmenge zu beachten sind –, dann kann dies dazu führen, daß der Input aus dem Programm Lagerbestandsrechnung in der bisherigen Form nicht mehr benutzt werden kann: Zusätzliche Programme (Bridge-Programme)(→) müssen erstellt werden (Abb. 1 b).
- Redundante Speicherung der Daten: Die einzelnen Daten sind bei der integrierten Datenverarbeitung mehrfach auf mehreren Datenträgern gespeichert. Die Änderung *eines* Datenelementes hat damit Auswirkungen auf *mehrere* Programme. Die redundante Speicherung erschwert das Update (→) und die Datensicherung (→).
- Erhöhung der Laufzeiten und der Kapazitäten der EDV-Anlage (→): Die Erhöhung des Programmbestandes drückt sich unmittelbar in einer erhöhten Belastung der EDV-Anlage aus; dadurch wird dem ursprünglichen Effekt der Beschleunigung des Informationsflusses ent-

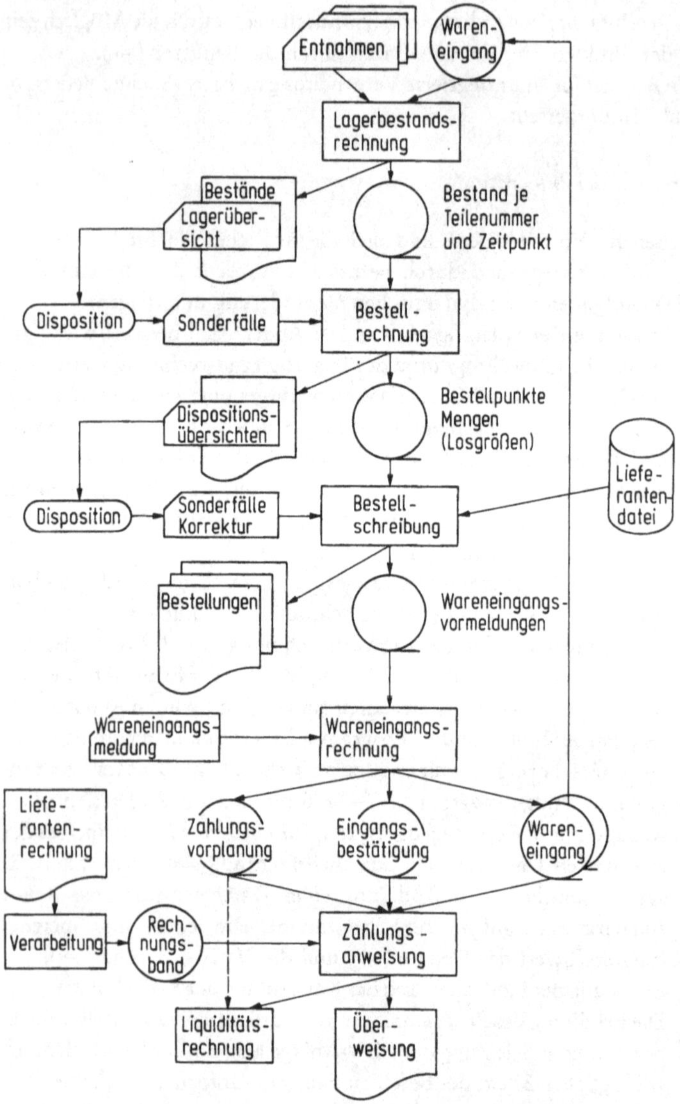

Abb. 1a. Auszug aus einer integrierten (konventionellen) Datenverarbeitung mit mehreren Funktionsbereichen

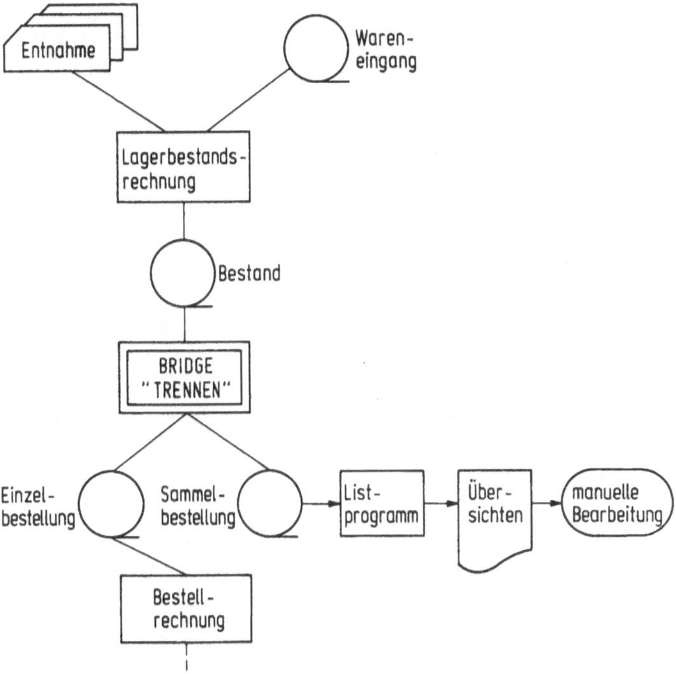

Abb. 1b. Bridge-Programm zum Trennen einer Ausgabedatei

gegengewirkt, und es ist gleichzeitig mit einer Kostenerhöhung zu rechnen.

Die *konventionelle* Art der integrierten Datenverarbeitung – wie sie in Abb. 1a dargestellt ist – wird auch *Programmintegration* genannt. Um die nachteiligen Folgen zunehmender I. zu vermeiden, konzentriert sich die moderne Datenverarbeitung daher auf die *Datenintegration*, deren wesentlichstes Merkmal die simultane Benutzung von Datenbanken (→) durch mehrere Programme ist:

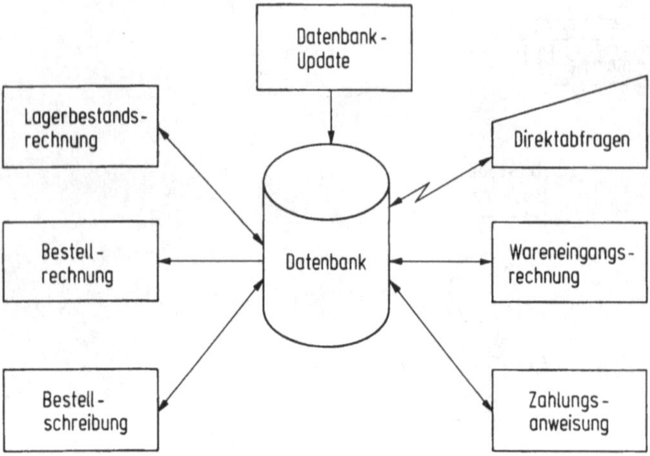

Abb. 2. Datenbankorientierte Integration

Diese Form der I. zeichnet sich dadurch aus, daß alle Eingabedaten zentral über ein spezielles Update-Programm eingegeben werden; darüber hinaus besteht die Möglichkeit, über Datenstationen (→) Daten direkt einzugeben (→ On-Line-Verarbeitung). Alle für die Verarbeitung benötigten Daten werden zentral gespeichert, verwaltet und gesichert, die Programme sind verselbständigt, Änderungen eines Programmes zeitigen keine unmittelbaren Auswirkungen auf die anderen Programme. Datenänderungen (z. B. Formatänderungen) werden zentral durchgeführt und sind damit für alle Programme verbindlich. Eine redundante Speicherung (→) entfällt.

Integrationsmodell

Die Darstellung betrieblicher Aufgaben als Informationsverarbeitungsprozesse, die durch wechselseitige Kommunikationsbeziehungen miteinander verknüpft sind. Das Ziel besteht in der Entwicklung einer generellen Gestaltungsgrundlage für die Realisierung von Informationssystemen (→), die modular gegliedert werden. Bekannt geworden ist das „Kölner Integrationsmodell“, das vom Betriebswirtschaftlichen Institut für Organisation und Automation der Universität zu Köln (BIFOA) entwickelt wurde. Es besteht aus verschiedenen Teilmodellen, wobei als Gliederungsmerkmale für die Bildung von Subsystemen gelten:

- Funktionale Gliederung des Unternehmens (Beschaffung, Produktion, Absatz und Finanzen).
- Gliederung nach der Phasenfolge (Aktivitäten) Planung, Realisierung und Kontrolle.

Entsprechend werden Teilmodelle (Planungsmodell, Realisierungsmodell und Kontrollmodell) unterschieden.

Der Vorteil dieses Ansatzes ist darin zu erblicken, daß durch diese Modellbetrachtungen eine Methode zur Verfügung steht, die es gestattet, die Zusammenhänge der einzelnen Aufgaben in Form informationeller Beziehungen zu erfassen, systematisch an der betrieblichen Realität zu testen und nach individuellen Gegebenheiten auszuwerten.

Das erste Teilmodell (Grundmodell) stellt beispielsweise 215 Datenverarbeitungsaufgaben (Prozesse) mit ihrer Verknüpfung mit 630 Datenkanälen, 10 Stammdateien, 60 Ein- und 49 Ausgängen des Systems dar.

Folgende Beschreibungen ergänzen das Modell:

- Stichwortartige Beschreibung der Aufgaben.
- Eine Liste aller Kanäle mit den Angaben der durch sie übermittelten Daten (Kanalinhalt).
- Eine Liste der Konnektoren mit Angabe der Aufgaben, zwischen denen ein Kanal aus graphischen Gründen unterbrochen werden mußte.

Für die systemanalytische Arbeit lassen sich aus diesem Modell folgende Erkenntnisse ableiten:

a) Es bietet eine methodische Grundlage, um empirische Erhebungen des Informationsbedarfs (→) gezielt vornehmen zu können.
b) Die Beschreibung der Aufgaben bietet Anhaltspunkte für detaillierte Prozeßanalysen.
c) Die Beschreibung der Kanalinhalte kann dazu dienen, in einem formalisierten Modell entsprechend der Input-Output-Analyse (→) den Informationsfluß (→) zu strukturieren.

d) Die Aufgaben werden in ihrer logischen Interdependenz dargestellt, so daß isolierte Betrachtungsweisen und unzulässige Schwerpunktbildungen vermieden werden.
e) Das Modell kann als Basis für die Entwicklung eines Gesamtplanes im Sinne eines Konzepts bzw. der Aufstellung einer Anwendungsmatrix (→) verwendet werden.

Interaktive Datenverarbeitung

Eine Betriebsweise der Datenverarbeitung, bei der der Benutzer (→) oder der Operator (→) die Möglichkeit besitzt, aktiv in den Prozeß der Programmverarbeitung und der Datensteuerung einzugreifen. Eine Anwendung ist die interaktive Planung: Man unterteilt den Planungsprozeß in verschiedene Phasen; das Ende einer Phase bewirkt eine Ausgabe (Zwischenergebnis), die vom Planer zunächst analysiert und geprüft wird. Anschließend erfolgt eine Korrektur durch einen entsprechenden Eingriff bzw. durch die Korrektur/Modifikation des Programms bzw. der auszuwählenden Daten, und die nächste Planungsphase wird bearbeitet. Die Voraussetzung für einen derartigen schrittweisen Prozeß ist ein bestimmter Vorrat von Analyse- und Verarbeitungsprogrammen, die in einer Methodenbank (→) gespeichert sind, und eine entsprechend flexibel zu handhabende Datenbank (→), in der alle relevanten Planungsdaten gespeichert sind.

Interface (→Schnittstellen)

Interview

Eine Methode zur Ermittlung des Informationsbedarfs (→). Die Technik des I. besteht in einer unmittelbaren Befragung potentieller Benutzer bezüglich ihres Informations- und Kommunikationsverhaltens bzw. bezüglich ihrer Aufgaben („Prozesse“), die Informations- und Kommunikationsprozesse auslösen. Die Methode des Interviews besteht darin, daß „die in die Untersuchung einbezogenen Personen von besonderen Interviewern, die über gründliche Kenntnisse auf dem Gebiet der

Organisation verfügen müssen, über ihre Aufgaben, Tätigkeiten, Unterstellungsverhältnisse und über die Zusammenarbeit mit anderen befragt" werden [1, S. 20]. Entgegen der statistischen Messung und Beobachtung wird beim Interview weniger die Struktur des Realprozesses analysiert als vielmehr die Informationsbedürfnisse der Benutzer, deren Kommunikationsbeziehungen und Kompetenz zur Entscheidung bzw. Steuerung von Aufgaben und Mitarbeitern. Prinzipiell unterscheidet man:

a) Das „freie" I.: Es handelt sich hierbei um einen freien Dialog (Gespräch) zwischen Befrager und potentiellem Benutzer. Derartige freie Interviews dienen in der Regel dazu, Orientierungsinformationen zu sammeln, um daraus in einer späteren Phase ein sogenanntes gelenktes Interview zu erarbeiten.
b) Gelenktes I.: Im Rahmen eines gelenkten Interviews wird ein Fragebogen verwendet, der weitgehend auf den Stelleninhaber und dessen Aufgabengebiet abgestimmt ist. Dieser Fragebogen ist jedoch kein starres Schema, sondern dient als Leitfaden für die Befragung. Je nach Situation und Verlauf des Interviews sind Abweichungen, Modifikationen und Ergänzungen des Fragebogens zulässig.
c) Gebundenes I.: Auch bei dieser Form des Interviews steht ein Fragebogen zur Verfügung; doch erfolgt weder ein „Gespräch" noch eine Diskussion über die verschiedenen Themen, sondern lediglich eine direkte Beantwortung der Fragen, wie das bei den bekannten Meinungsumfragen üblich ist.

Bei der I.-Technik stellen folgende Fragenkomplexe Aufgaben der systematischen Vorbereitung dar:

a) Gestaltung der Fragebogen (→).
b) Zusammensetzung der Teams sowohl im Hinblick auf die Interviewer als auch bezüglich der zu befragenden Gruppen.
c) Abschätzung der Vorteile/Nachteile von Einzel- versus Gruppeninterviews.
d) Sachlicher Inhalt der Fragen und des Fragebogens.
e) Auswertungsmethoden.
f) Ausarbeiten von I.-Leitfäden.

Istanalyse

Die beschreibende Darstellung eines organisatorischen Zustandes und seiner Veränderungsfaktoren mit dem Ziel, Informationen für eine Optimalgestaltung mit Hilfe eines Informationssystems (→) zu gewinnen. Die Verfahren der I. sind von der jeweiligen Zielsetzung abhängig:

1. Eine bestehende Organisation oder ein bestehendes Verfahren soll geändert werden:
   Die I. orientiert sich an den Fakten der bestehenden organisatorischen Regelungen und der praktizierten Arbeitsabläufe bzw. Programme (→).
2. Eine bestehende Organisation oder ein bestehendes Verfahren soll abgelöst werden:
   Die I. orientiert sich an den Wünschen der späteren Anwender (→) sowie an den Voraussetzungen und Bedingungen des neuen Verfahrens.
3. Eine neue Organisation oder ein neues Verfahren für ein neues Fachgebiet soll aufgebaut werden:
   Die I. beschränkt sich nur auf die Fakten des neuen Sachgebietes sowie auf die Wünsche der späteren Anwender.

Nach dem Detaillierungsgrad unterscheidet man:

a) *Grobanalysen:* Ermittlungen über die Struktur (→) und Eigenarten des zu gestaltenden Systems (→).
b) *Fein-Analysen:* Ergänzende Untersuchungen zu a) zwecks Vervollständigung eines Systementwurfs (→ Organisationsvorschlag).
c) *Detailanalysen:* Festlegung von Programmspezifikationen (→ Programmieranweisung) und Verarbeitungsfolgen.

Die durch eine I. gewonnenen Informationen beziehen sich auf:

1. Technisch-materielle Prozesse: z. B. Warenbewegungen, Produktionsfolgen, Be- und Verarbeitungsprozesse.
2. Informationelle Prozesse: Zum Beispiel Informationsfluß (→), Berichtswesen (→).
3. Ökonomische Prozesse: Zum Beispiel Geld- und Vermögensbewegungen.

4. Soziale und kommunikative Prozesse: Zum Beispiel Einzel- und Gruppenbeziehungen, Teamstrukturen, Gruppendynamik usw.

(→Organisationsanalyse)

Job Management

Der Teil der Programmroutinen des Betriebssystems (→), der für die Vorbereitung der Ausführung eines Programmes (→) erforderlich ist. Sie stellen die Kommunikation zwischen dem Betriebssystem und dem Operator her. Es handelt sich um folgende Aufgaben:

- Analyse des Job-(Programm-)Eingabestromes auf Richtigkeit und Überprüfung auf Vollständigkeit und Betriebsbereitschaft der dazu erforderlichen Geräte und Dateien (→).
- Freigabe eines Programms zur Ausführung durch das Task-Management (→).
- Abschließen eines Programms nach erfolgter Ausführung.
- Kommunikation mit dem Operator: Analysieren der Operator-Befehle und entsprechende Steuerung und umgekehrt Ausgabe von Programm- oder Betriebssystem-gesteuerten Nachrichten an die Konsole (→).

Kanal

Das Übertragungsmedium für Daten (→) zwischen der Zentraleinheit (→) und den peripheren Eingabe- und Ausgabegeräten. Der K. stellt eine „Mittlerfunktion" zwischen E/A-Einheit und Hauptspeicher dar. Ein spezielles Programm (→), das Kanalprogramm, steuert die Eingabe und Ausgabe der Daten und übernimmt darüber hinaus auch die Kontrolle und Steuerung der Datenübertragung. An einen K. können verschiedene E/A-Geräte angeschlossen werden. Sobald vom Hauptspeicher ein Befehl zur Datensuche bzw. Datenbereitstellung oder Datenausgabe gegeben wird, übernimmt der K. die Ausführung dieses Befehls. In der Zwischenzeit kann bei einem Mehrprogrammbetrieb (→) die Zentraleinheit für ein anderes Programm tätig werden, und zwar solange, bis die Datenübertragung abgeschlossen ist.
(→EDV-Anlage)

Kanalkapazität

Die Übertragungsleistung eines Kanals (→), ausgedrückt in Bit je Sekunde.

Kennbuchstabe

Ein Verfahren zur Sicherung von Zahlen, speziell von ganzen Nummernkreisen. Der K. wird mit Hilfe von Tabellen errechnet, wobei bestimmten Hilfszahlen Buchstaben zugeordnet werden, die als K. fungieren. Das bekannteste Verfahren ist der Bull-Nummernprüfer.
(→Datensicherung)

Kennsatz

Eine Folge von Datenelementen (→), die zu einem Satz (→) zusammengefaßt sind und die eine Datei (→) so beschreiben, daß sie durch das Betriebssystem (→) und die sie benutzenden Programme (→) eindeutig identifiziert werden kann. K. dienen der Sicherheit, um Daten vor falscher Verarbeitung bzw. Zerstörung durch Überschreiben durch ein nicht befugtes Programm zu schützen. Ein K. enthält z. B. folgende Angaben:

- Name der Datei
- Organisations- und Speicherungsform
- Block- und Satzformat
- Block- und Satzlänge
- Erstellungsdatum
- Aufbewahrungsfrist und -datum.

Bei Datenträgern, die lediglich eine sequentielle Verarbeitung zulassen (z. B. Magnetbänder→), sind die K. unmittelbar bei der Datei gespeichert und bilden somit den ersten Satz der Datei. K. sind vom Betriebssystem abhängig, d. h. ein bestimmtes Betriebssystem kann jeweils nur eine bestimmte Art von K. verarbeiten.

Kennzahlen

Repräsentative Informationen/Daten, die zur Planung, Steuerung, Durchführung und Kontrolle der betrieblichen und unternehmerischen Real- und Informationsprozesse benutzt werden. K. können absolute Zahlen oder verdichtete bzw. verknüpfte Informationen sein (→Verdichtung, Verknüpfung, Management-Information).

Kiviat-Graph

Achtachsige, kreisförmige graphische Darstellung der Leistungskennzahlen einer EDV-Anlage, wie sie im Rahmen des Tuning (→) ermittelt werden:

(Abbildung siehe nächste Seite.)

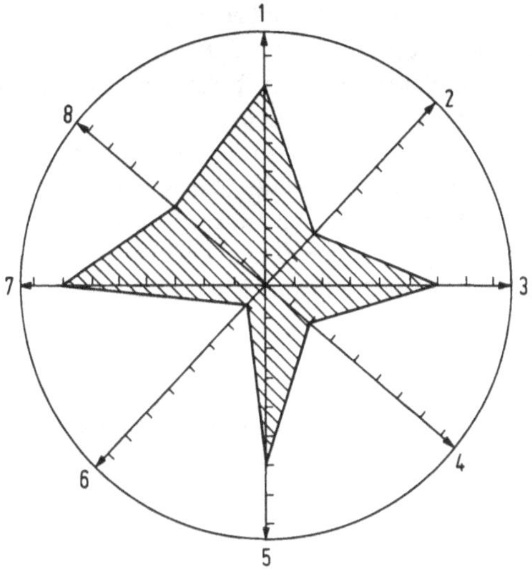

Kiviat-Graph (Nach [141])

Die Achsen in obiger Abb. stellen Zeitintervalle dar und haben folgende Bedeutung:

1 = Die Zeit, während der der Prozessor aktiv war.
2 = Prozessor tätig und kein Selektor aktiv.
3 = Prozessor tätig, jeder Selektor aktiv.
4 = Prozessor inaktiv und jeder Selektor tätig.
5 = Jeder Selektor tätig.
6 = Prozessor tätig und System aktiv.
7 = Prozessor für Problemprogramm aktiv.
8 = Prozessor tätig für Systemprogramm.

(→Prozessor, Tuning)

Kommando-Sprache

Die Summe der Instruktionen (→), die einem Operator (→) zur Verfügung stehen, um über die Konsole (→) in den Prozeß der Daten- und

Programmverarbeitung der EDV-Anlage (→) steuernd und korrigierend einzugreifen. Umgekehrt besitzt das Betriebssystem (→) einen Vorrat von Instruktionen, die bei besonderen Situationen (z. B. nicht-operables Gerät der Dateneingabe) Nachrichten an den Operator ausgeben, die entweder als Kontrollnachrichten ohne erwartete Rückantwort definiert sind (das System fährt in diesem Fall mit der Ausführung der Aufgaben fort) oder die eine Antwort (einen Befehl) des Operators erwarten (das System wartet dann auf die entsprechende Instruktion des Operators, bevor der Prozeß fortgesetzt wird).

Kommunikation

Der Austausch von Nachrichten zwischen einem Sender und einem Empfänger.
Zur Veranschaulichung dient das Kommunikationsmodell:

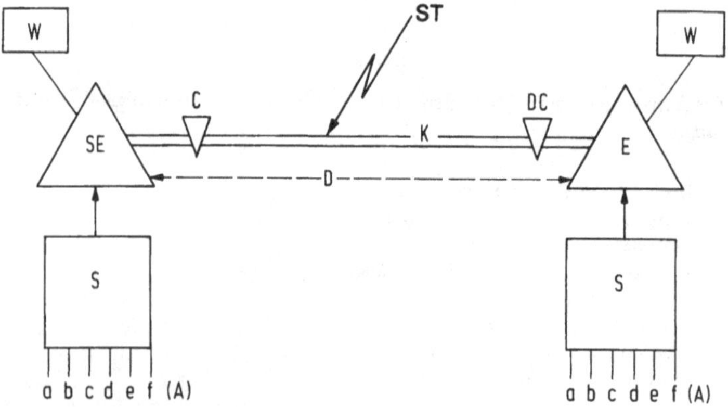

Kommunikationsmodell

Es bedeuten:

A = Alphabet: Unter einem A. versteht man eine endliche Menge von Zeichen: Buchstaben, Codes, Symbole usw.

S = Syntax: S. bedeutet eine Menge von Regeln, um Zeichen zu strukturieren. Die bekannteste S. ist die Grammatik der Umgangssprache.

SE = Sender: Verursacher einer Nachricht, auch Quelle genannt.
N = Nachricht: Eine mit Hilfe von S. strukturierte Folge von Zeichen.
K = Kanal: Physikalisches Medium zur Übermittlung von Zeichen oder Zeichenfolgen (Nachrichten).
D = Distanz:
  a) Zeitliche D.: Die Zeitdauer, die für die Übermittlung einer Nachricht von SE nach E verwendet wird.
  b) Räumliche D.: Metrisches Maß zur Messung der körperlichen Entfernung zwischen SE und E.
ST = Störgrößen: Externe Einflußfaktoren, die eine Nachricht verändern.
E = Empfänger: Akzeptierender einer Nachricht, auch Senke genannt.
W = Wissen, auch Vorwissen genannt: Summe der beim SE und E bereits vorhandenen Nachrichten/Zeichen/Informationen.
C = Codierung, Umwandlung der Zeichen in eine für den Kanal akzeptierbare Form (z. B. Impulsfolgen, elektrische Schwingungen).
DC = Decodierung, Rückführung der codierten Zeichen in ihre Ursprungsform.

Verständigung zwischen einem SE und einem E ist nur möglich, wenn beide über einen analogen Zeichenvorrat und die gleiche Syntax verfügen, der Kanal eine störungsfreie Übertragung gewährleistet und beide über die Konventionen des Bedeutungsinhaltes (Semantik) der gesendeten Nachrichten Übereinkunft erzielt haben.
(→ Information, Semiotik, Redundanz)

Kommunikationsanalyse

Sammelbegriff für verschiedene Methoden, die der Analyse der Kommunikationsbeziehungen dienen. Grundsätzlich konzentrieren sich die Analysen kommunikativer Prozesse auf folgende Gegenstände:
- Sende- und Empfangsstellen (-personen)
- Kommunikationswege
- Kommunikationsmittel
- Kapazitäten der Kanäle
- Kommunikationszeiten
- Kommunikationsarten.

Man unterscheidet *quantitative* und *qualitative* Analysen. Bei quantitativen Analysen stehen Fragen der Übermittlungskapazitäten, der Durchlaufzeiten, der Stellenbelastung und der Kommunikationsintensitäten im Vordergrund, während bei qualitativen Analysen die Auswirkungen der Kommunikation auf die Effizienz der Organisation und der in ihr vollzogenen Entscheidungs- und Problemlösungsprozesse interessieren.

KOMMUNIKATIONSANALYSE		
KANÄLE	MITTEL	SENDER/EMPFÄNGER
Formelle Kanäle: – Instanzenwege – Berichtswege – Teleprocessing-leitung Informelle Kanäle	Berichte Formulare Dateien Datenträger	Einzelpersonen Formelle Gruppen Informelle Gruppen
Methode: Quantitative und qualitative Analysen	Methode: Analyse des Berichts-wesens	Methode: Experimentelle Kleingruppen-forschung

Schema für Kommunikationsanalysen

(→ Kommunikation, -matrix, -diagramm)

Kommunikationsbild

Ein Teil der Stellenbeschreibung (→), welche die Kontakte eines Stelleninhabers definiert. Das K. enthält u. a.: Die Beschreibung der externen Stellen, mit welchen zur Erledigung bestimmter Aufgaben eine Abstimmung und Koordination herbeizuführen sind, die Verpflichtung, bestimmte Informationen in Form von Berichten (→) zu erstellen und an definierte Adressaten zu senden, die Informationsquellen (z. B. Archive, Datenbanken), die in Anspruch genommen werden fürfen (z. B. durch Regelung der Zugriffsberechtigung zu Dateien), die Organisation des Schriftverkehrs und die Beschreibung derjenigen Situationen, die bei Kommunikationsschwierigkeiten eine Einschaltung des übergeordneten Managements erforderlich machen. K. sind ein wichtiges Hilfsmittel für die Kommunikations- und Istanalyse (→).

Kommunikationsdiagramm

Die graphische Darstellung der Kommunikationsbeziehungen, -wege, -zeiten, -mittel und -häufigkeiten in Form eines Dreiecks- oder Kreisdiagramms.
K. stellen ein Hilfsmittel für die Istanalyse (→) dar.

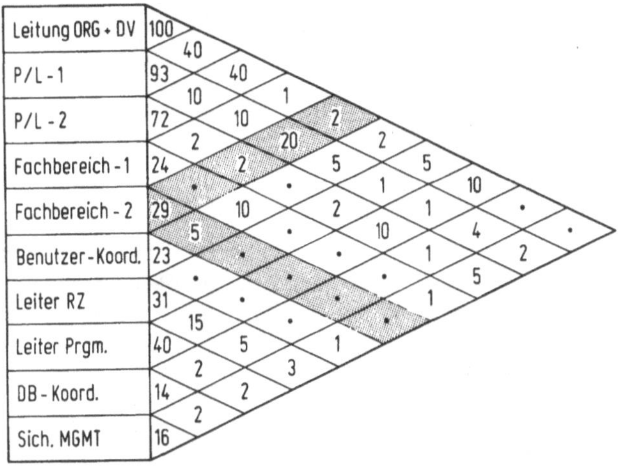

Kommunikationsdiagramm in Dreiecksform; die Zahlen weisen auf die Zeiten für die Kommunikation zwischen den einzelen Personen hin.

Kommunikationsmatrix

Die Darstellung der Kommunikationsbeziehungen zwischen Sendern und Empfängern in Form einer Matrix. In der Horizontalen werden die Sendestellen, in der Vertikalen die Empfangsstellen eingetragen. Die Werte der Matrix können verschiedene *quantitative* Zusammenhänge demonstrieren, z. B.: Kommunikationszeiten und -häufigkeiten. Da derartige Kommunikationsstrukturen von der jeweils geltenden Organisation (speziell: von den Instanzenwegen) abhängig sind, können durch die Aswertung derartiger Matrizen Schlußfolgerungen über die *Effizienz* des bestehenden Kommunikationsnetzes abgeleitet werden, z. B. über die Kommunikationszeit, die Gruppenleistung und die Kommunikationsgeschwindigkeit in Abhängigkeit von den etablierten Formen der Kommunikation.

Empfänger \ Sender	A	B	C	D	E	F
A	0	2	1	3	3	1
B	2	0	1	2	4	2
C	1	3	0	1	1	3
D	3	2	1	0	5	2
E	1	2	2	1	0	2
F	1	1	3	2	1	0

Kommunikationsmatrix; die Werte zeigen die quantitativen Beziehungen zwischen Sendern und Empfängern auf.

(→ Kommunikation, Kommunikationsanalyse)

Kompatibilität

Die Verträglichkeit der Systemkomponenten einer EDV-Anlage (→). Es handelt sich um den Tatbestand eines reibungslosen Zusammenwirkens von Betriebssystem (→), Hardware (→), Peripherie (→) und Programmen (→). Die K. spielt eine bedeutende Rolle bei der Verwendung von Mixed Hardware (→) und ist u. a. Gegenstand bei der Überprüfung und Messung des Leistungsverhaltens einer Konfiguration. (→ Tuning)

Konfiguration

Eine spezielle EDV-Anlage; „speziell“ bedeutet dabei, daß die einzelnen Systemkomponenten – Zentraleinheit (→), Peripherie (→), Betriebssystem (→) und damit verbunden die Betriebsweisen (→) – auf ein bestimmtes benutzer- und unternehmungsorientiertes Lösungspotential ausgerichtet sind. Aus der Vielfalt möglicher Kombinationen der einzelnen Systemkomponenten wird eine spezielle Auswahl getroffen bezüglich der Kernspeichergröße, der Übertragungseinrichtungen, der Datenstationen und der Eingabe- und Ausgabegeräte. Dabei sind – besonders bei Verwendung von Mixed Hardware (→) – Fragen der Kompatibilität (→), des erwarteten späteren Ausbaus und der Gesamtleistungsfähgikeit (→ Tuning) zu berücksichtigen.

Konsole

Die Bedienerstation einer EDV-Anlage (→). In der Regel eine Datenstation, die optische und/oder schriftliche Nachrichten vom System und vom Programm ausgibt. Die K. dient darüber hinaus dem Operator (→) als Eingabemedium für Systemnachrichten und zur Steuerung des Betriebsablaufs (→).

Kontrollbuchstabe

Die Ermittlung von K. stellt ein Verfahren zur Sicherung von Daten (→) dar; speziell handelt es sich um eine Möglichkeit zur Feststellung von Verwechslungen ganzer, gültiger Zahlen. Typische Anwendungen für K. sind die Sicherung von Lieferanten-, Kunden- und Personalnummern. Die einfachste Art ist die Erweiterung der Zahl (z. B. der Kundennummer) um die Anfangsbuchstaben aus Namen und Wohnort. (→ Datensicherung)

Kontrollinformation

Informationen, die ein Entscheidungsbefugter für die Kontrolle der betrieblichen Real- und Informationsprozesse benötigt. In der Regel handelt es sich um Abweichungen zwischen Plan- bzw. Entscheidungsgrößen und Istgrößen. Durch Abweichungsanalysen können die Ursachen festgestellt und Maßnahmen für die zielgerechte Steuerung ergriffen werden. K. werden durch das betriebliche Berichtwesen (→) und/oder durch automatisierte Kontrollsysteme im Rahmen eines Management-Informationssystems (→) generiert. Hauptquelle für K. ist das betriebliche Rechnungswesen.

Kostenanalyse

Die Untersuchung der Kostenarten, wie sie beim Verlauf eines Projekts (→) mit unterschiedlicher Intensität entsprechend der Einsatzplanung (→) entstehen. Ein wichtiges Hilfsmittel ist die Kostenverlaufsanalyse, bei der der Kostenanfall im zeitlichen Ablauf der Phasenfolgen (→ Phasenschema) untersucht wird, um kritische Punkte für Management-Entscheidungen frühzeitig zu erkennen.

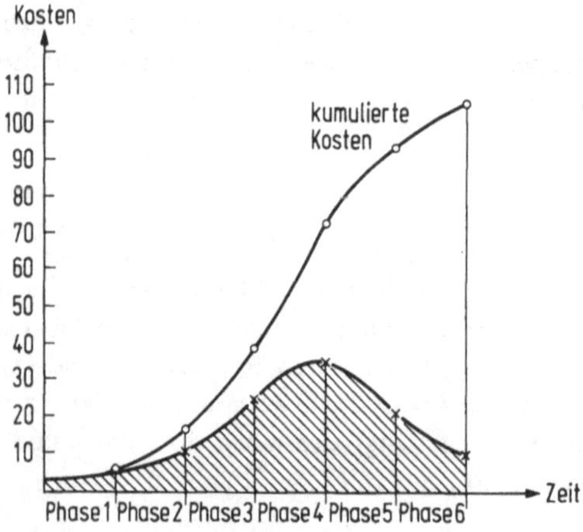

Kostenverlaufsanalyse

(→ Kostenvergleich)

Kostenvergleich

Ein Verfahren zur Ermittlung der Wirtschaftlichkeit eines EDV-Verfahrens. Dabei wird eine Vergleichsrechnung aufgestellt, bei der die kumulierten Kosten des neuen Verfahrens mit denen des alten (bisherigen) Verfahrens verglichen werden. Als Bezugszeit gilt die geplante Nutzungs-(Amortisations-)Periode. Die Gesamtkostenersparnis bis zum Zeitpunkt T_x (i. e. das Ende der rechnerischen Nutzungsperiode) dient als Entscheidungskriterium. Der Nachteil der Kostenvergleichsrechnung besteht darin, daß hierbei nur eine eindimensionale Bewertung vorgenommen wird; Ertragsfaktoren, Nutzen und Gewinn werden nicht berücksichtigt.

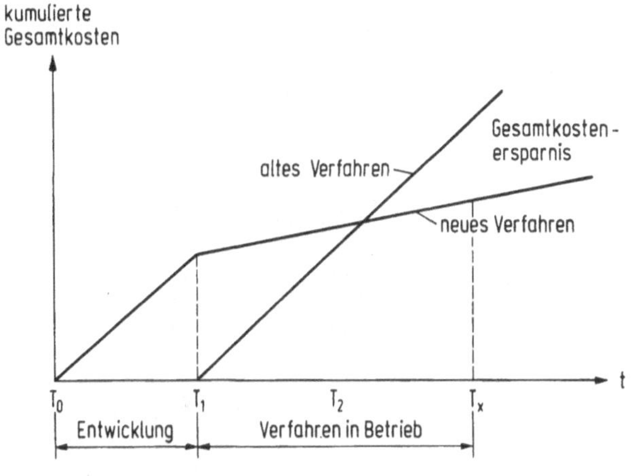

Kostenvergleichsrechnung

(→ Bewertungsverfahren)

Kreismodell

Ein von Paisley entwickeltes Modell zur Darstellung der Einflußfaktoren des Informationsbedarfs (→) eines Individuums.

Das Kreismodell von Paisley stellt den Benutzer als eine Person dar, die in ihrem Verhalten von verschiedenen Umsystemen beeinflußt wird.

Paisley definiert insgesamt sieben derartige Umsysteme:
- Das kulturelle System,
- das politische System,
- die Bezugsgruppe,
- die Mitgliedschaftsgruppe,
- das sogenannte „invisible college",
- die formale Organisation und
- das Arbeitsteam.

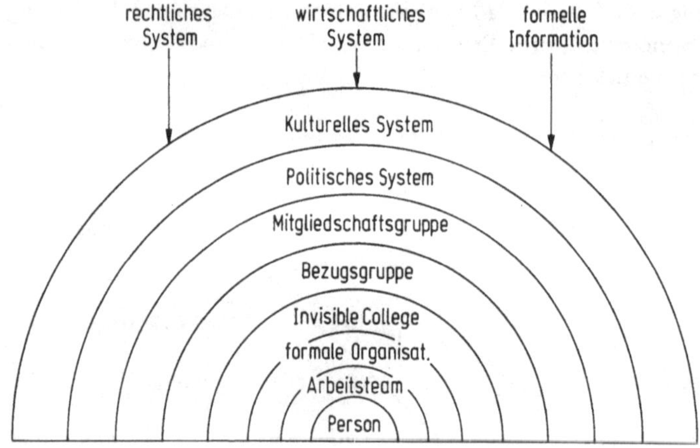

Das Kreismodell von Paisley in einer Darstellung nach Wersig

Als„periphere" Systeme definiert Paisley noch das rechtliche System, das wirtschaftliche System und die formelle Information. Mit diesem Ansatz wird zunächst versucht, die möglichen Einflußfaktoren und Einflußquellen zu klassifizieren, die auf einen Benutzer einwirken und für sein Informationsverhalten bedeutend sind. Man könnte demnach von einer deskriptiv-korrelativen Betrachtungsweise sprechen, da mit diesem Modell noch keine *Erklärung* für ein bestimmtes Benutzerverhalten geliefert wird.
(→ Benutzerforschung)

Kybernetik

Wissenschaftliche Disziplin, deren Erkenntnisobjekt dynamische selbstregulierende (→ Regelkreis) Systeme (→) sind. Dabei ist es gleichgültig, aus welchem Objektbereich diese Systeme stammen; dementsprechend breit ist die Anwendbarkeit kybernetischer Methoden, z. B. in der Physiologie, Technik, Wirtschaftswissenschaft, Biologie, Soziologie. Grundsätzlich geht es dabei um die Erkenntnis von Informationsverarbeitungsprozessen in komplexen Regelsystemen mit dem Ziel, Hypothesen und Gesetzmäßigkeiten abzuleiten, die für die Gestaltung selbstregulierender und damit stabiler Systeme angewandt werden können. Zahlreiche Automationsprozesse sind das Ergebnis kybernetischer Grundlagenforschung.

Label (→ Kennsatz)

Lageanalyse

Teil der Problemanalyse; dabei geht es um folgende Aufgaben:
- Problemabgrenzung, d. h. die Untersuchung der Beeinflussungsintensitäten, die ein Problem auf benachbarte Sachgebiete auszuüben vermag.
- Kausalitätsanalysen, d. h. die Feststellung der Verursacher des Problems.

Die L. ist durch eine umfangreiche Informationssuche (→) gekennzeichnet.
(→ informationelle Analyse)

Leistungstest (→ Tuning)

Lernkurve

Bei der Einführung neuer Verfahren und Informationssysteme (→) entstehen zunächst für einen gewissen Zeitraum höhere Kosten gegenüber dem üblichen bzw. geplanten Kostenanfall. Dies ist bedingt durch: Anpassungsschwierigkeiten der Benutzer (→) an die neuen Gegebenheiten, höhere Fehlerraten durch falsche Dateneingabe oder durch falsches Bedienen der Datenstationen. Man drückt den Kostenverlauf in einer L. aus, die sowohl bezüglich der Höhe der Kosten als auch bezüglich des zeitlichen Verlaufs die Anpassungsschwierigkeiten als Kostenbelastung zum Ausdruck bringt. Durch geeignete Vorbereitungen – Schulung der Benutzer, Test (→) der Verfahren und Training an simulierten Fällen – kann es gelingen, den Verlauf der L. zu beeinflussen. Dazu sind allerdings empirische Werte über das Leistungs- und Umstellungsverhalten der Mitarbeiter erforderlich.

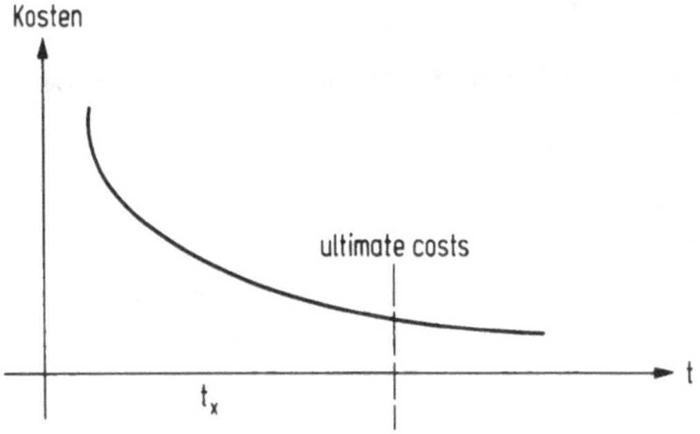

Lernkurve (t_x = Adaptionsphase, ultimate costs = geplante Kosten aufgrund der vorliegenden Erfahrungen)

Lesebefehl

Diejenige Instruktion (→), die das Übertragen der Daten (→) in den Hauptspeicher bewirkt. Dabei wird eine Syntaxprüfung der zu übertragenden Daten vorgenommen. Das Übertragungsmedium ist der Kanal (→).

Line Adapter

Leitungsanschluß; in der Regel das MODEM (→).

Lineare Datenorganisation

Derjenige Bereich der Datenorganisation (→), der sich mit der sequentiellen, index-sequentiellen, untergliederten und wahlfreien Speicherung von Daten (→) befaßt. Im Gegensatz hierzu beschäftigt sich die nichtlineare D. mit Speicherungsformen, wie sie in Datenbanksystemen (→) realisiert sind, d. h. mit hierarchischen und geketteten Formen der Speicherung von Daten.

Line Correction

Fehlerkorrektur; die Fehlererkennung und -beseitigung bei der Datenfernverarbeitung (→).

Linkage Editor

Binder; ein spezielles Programm, das aus dem umgewandelten Programm (→) ein ladefähiges Modul (→) erzeugt.
(→ Umwandlung, Loader)

Loader

Teil des Betriebssystems (→), der die Programme (→) von der Programmbibliothek (→) in den Hauptspeicher der Zentraleinheit (→) überträgt.
(→ Generierung)

Load Module

Eine Untermenge von Instruktionen (→) eines Programms (→), die zur Ausführung von der Programmbibliothek (→) in den Hauptspeicher der Zentraleinheit (→) übertragen werden. Die L. M. sind das Ergebnis des Linkage Editors (→). Die Übertragung wird vom Loader (→) ausgeführt.

Logging

Der Vorgang des Protokollierens bestimmter Vorgänge und Ereignisse, die während eines Programmlaufs auftreten; z. B. Unterbrechungen, Datenabfragen von entfernten Datenstationen (→), Operator- und Systemnachrichten (→ Kommandosprache). Diese Ereignisse werden auf einem besonderen Datenträger, der Log File, festgehalten und sind ein Hilfsmittel für die Kontrolle des Betriebsablaufs (→) und für die Rekonstruktion eines bestimmten Verarbeitungsstatus im Falle eines Systemausfalls.

Logische Installationseinheit

Die Installation entsprechend logischen Installationseinheiten (logical installation units, L.I.U.-Installation) hat das Ziel, eine sequentielle Installation von logischen, verselbständigten Einheiten eines Programmsystems über eine gewisse Zeitperiode hinweg zu ermöglichen. Dadurch erfolgt eine partielle Umstellung (→), die sukzessive solange fortgesetzt wird, bis das Gesamtverfahren vollkommen adaptiert ist. Unter einer logischen Installationseinheit versteht man eine benutzerorientierte Teilaufgabe des Gesamtsystems. Bei dieser Methode ergibt sich ein Zusatzaufwand insofern, als *zusätzliche temporäre Bridge-Programme* (→) zu installieren sind, welche die Verbindung zu dem bestehenden Systemen herstellen. Besteht z. B. ein Programmsystem aus den drei logischen Installationseinheiten „Bestandsrechnung (x_1)“, „Bestandsbewertung (x_2)“ und „Kalkulation (x_3)“, dann wären folgende temporäre Bridge-Programme B_1–B_3 erforderlich:

Neues Verfahren \ Altes Verfahren	x_1	x_2	x_3	Installationsphase
Bestandsrechnung I_1	I_1	B_1	B_2	t_1
Bestands-bewertung I_2		I_2	B_3	t_2
Kalkulation I_3			I_3	t_3

Logische Installationseinheiten

B_1: temporäres Bridge-Programm von I_1 nach x_2

B_2: temporäres Bridge-Programm von I_1 nach x_3

B_3: temporäres Bridge-Programm von I_2 nach x_3

In dem angegebenen Beispiel sind während der Installationsphase t_1 zwei temporäre Bridge-Programme zu etablieren (B_1 und B_2), um die organisatorische Integration des Moduls I_1 mit den Modulen x_2 und x_3 des alten Verfahrens herzustellen. Während der Installationsphase t_2 wird das Modul x_2 durch I_2 ersetzt, d. h. I_1 und I_2 werden „gekoppelt" und stellen die nächst größere logische Installationseinheit dar. Diese muß über das Bridge-Programm B_3 mit dem noch verbleibenden Modul x_3 verbunden werden, um die Operation des gesamten Porzesses zu gewährleisten. Mit der Installation des Moduls I_3 ist der Installationsvorgang abgeschlossen. Diese phasenweise Installation bietet eine Reihe von Vorteilen:

a) Schrittweise Übernahme (Integration→) bestehender Prozesse.
b) Systematische Adaption und Schulung des Anwenders.
c) Geringeres Risiko einer Fehlleistung, da die Gesamtinstallation auf mehrere Teile (Module) verlagert wird.
d) Zeitlich verteilte Kapazitätsauslastung des Rechenzentrums (→).

Der Nachteil dieser Methode ist darin zu erblicken, daß die Gesamtinstallation einen relativ großen Zeitabschnitt erfordert und daß mehrere temporäre Bridge-Programme als Zusatzleistung zu installieren sind.
(→ Installationsmethoden, Installation)

Logische Struktur

Die sich aus der Analyse von Benutzeranforderungen, Programmen und Arbeitsfolgen ergebende Struktur der Datenelemente und ihrer Verbindungen. Die l. S. ist in der Regel nicht ohne weiteres der physischen Struktur, d. h. der den Bedingungen der Datenspeicherungssoftware entsprechenden Form, anzupassen. Dies gilt insbesondere bei Datenbankorganisationen, bei denen beabsichtigt wird, durch *eine* physische Struktur der Datenelemente möglichst viele logische Strukturen abzudecken, um eine redundanzlose Speicherung zu erzielen. Die Umformung logischer in physische Strukturen ist eine Aufgabe der Anwendungsanalyse (→).
(→ Datenbank, Datenbankorganisation, physische Struktur, hierarchische Speicherung)

Logistik

Verfahren und Methoden, die ursprünglich in militärischen Bereich für die Versorgung, Lagerung, Distribution und den Transport von Gütern aller Art zur Unterstützung der Armeeeinheiten eingesetzt wurden.
In Anwendung auf das Unternehmen bedeutet L. die Steuerung des Güterstromes, beginnend bei der Beschaffung, dem innerbetrieblichen Transport und der Lagerung bis zur Distribution und dem Versand = Güterverteilung, Lagerung und Transport. Beispiele für *Aufgabengebiete der L.*: Standortplanung für Lagerhäuser, Verteilungssysteme, Optimierung von Transport- und Versorgungssystemen (z. B. Energie- und Datenübermittlungsnetze), Tourenplanung, Instandhaltungsplanung, vorbeugende Wartung. *Methoden der L.*: Optimierung, lineare Programmierung, Simulation. *Verfahren der L.* (Beispiele): Containerverkehr, Hochregalsteuerung, Drehturmstapler, Automatisierung, Bandsteuerung, Verpackungsmaschinen-Verbund, Recycling, automatisierte Kommissionierung. *Auswirkungen* auf die angewandte Informatik: Entwicklung von horizontal integrierten operativen Informationssystemen, die auf Produktdatenbanken zugreifen; Entwicklung von Methodenbanken (→) für Optimierungs- und Simulationsmodelle.

Loop

Schleife; die Rückverzweigung auf eine Programmfunktion, die solange zu wiederholen ist, bis eine Bedingung erfüllt ist.

Magnetband

Ein Datenträger, der für die sequentielle Speicherung von Daten (→) benutzt wird. Das M. befindet sich auf einer Rolle, der M.-Rolle, ist ca. 1,3 cm breit und 730 m lang; es ist einseitig mit einer Magnetschicht überzogen, die zur Aufnahme der codierten Zeichen dient. Beim Schreiben und Lesen erfolgt ein Vorbeiführen an feststehenden Schreib-Leseköpfen. M. werden satz- oder blockweise beschrieben und gelesen. Je nach verwendetem Code (→) ist die Längsrichtung des M. in 7 oder 9 Spuren für die Aufnahme der Binärzeichen eingeteilt.

Makro-Instruktion

Ursprünglich bestand für jede Maschinenoperation genau eine Instruktion (→). Mit der Weiterentwicklung der Programmiersprachen (→), insbesondere mit dem Übergang von den maschinenorientierten zu den problemorientierten Sprachen, wurde für eine ganze Reihe immer wiederkehrender Instruktionsfolgen (z. B. für das Eröffnen einer Datei) nur noch eine einzige Instruktion, die Makro-Instruktion, geschaffen. Durch die Compilierung wird die M. wieder in die betreffende Folge von Maschinenoperationen (d. h. Einzelinstruktionen) aufgelöst. Jede M. kennzeichnet einen bestimmten Programmteil, den man auch Unterprogramm nennt. Mit Hilfe von M. werden demnach Unterprogramme aufgerufen. Die Verwendung von M. führt zu einer wesentlichen Erleichterung des Programmierens, da die Standardoperationen nicht mehr detailliert zu programmieren sind.

Management

Die Führungskräfte eines Unternehmens bzw. einer Verwaltungsorganisation. In der M.-Theorie unterscheidet man grundsätzlich drei Ebenen des M.:
a) Strategisches M. (Geschäftsleitung)
b) Taktisches M.(Bereichsleitung)
c) Operatives M. (Abteilungsleitung).

Die verschiedenen Ebenen sind durch unterschiedliche Dispositions- und daraus abgeleitet Informationscharakteristika zu kennzeichnen. Diese sind bedeutsam im Hinblick auf informationelle Analysen (→) spezieller M.-Aufgaben.

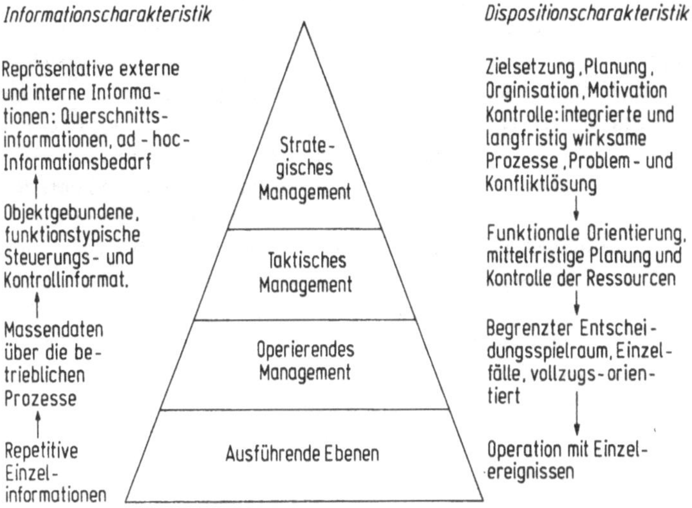

Informations- und Dispositionscharakteristik der Management-Ebenen

(→ Management-Informationssystem)

Management by Exception

Ein Führungsstil, dessen Kennzeichen darin besteht, daß die Führungskraft erst dann aktiv in den Realisationsprozeß eingreift, wenn Abweichungen von einem vorgegebenen Ziel auftreten. Voraussetzung für das Funktionieren dieses Führungsstils ist es, daß mit den mit der Realisierung von Aufgaben betrauten Mitarbeitern Ziele vereinbart werden (→ Management by Objectives), die Ziele operationalisiert sind (Operationalität), die Ziele mit Toleranzgrenzen ausgestattet sind und die

Mitarbeiter einen bestimmten Entscheidungsspielraum für das Erreichen der Ziele und den Einsatz der dazu erforderlichen Mittel besitzen.

Beispiel

Mit einem Vertreterteam wird folgendes Ziel vereinbart:
Erreichen eines Umsatzes in Höhe von X ($\pm \Delta \times$) DM in einem Zeitraum $t_0 - t_x$ auf einem Marktsegment Y. Erst bei Über- oder Unterschreiten der Umsatzhöhe X $\pm \Delta \times$ greift die Führungskraft korrigierend und steuernd ein. Es handelt sich dann um eine Feed Back (→) -Entscheidung. Erfolgt ein Plan/Plan-Vergleich, d. h. ist zum Zeitpunkt $t_0 + \mu t$ ($< t_x$) erkennbar, daß das Ziel nicht erreichbar ist, greift die Führungskraft schon vorher ein. Es handelt sich dann um eine Feed Forward (→) -Entscheidung. Als Grundlage für die Realisierung dieses Führungsstils dient ein Berichtwesen (→), das entsprechend diesen Grundsätzen aufgebaut ist; d. h. laufende bzw. periodische Berichterstattung mit Zielgrößen (Planwerten), Istgrößen und ermittelten Abweichungen. Die Basis für die Korrekturentscheidungen bilden die Ergebnisse der Abweichungsanalyse (→).

Management by Objectives

Ein Führungsstil, dessen wesentlichstes Merkmal darin besteht, daß Vereinbarungen über Zielfunktion und über das Erreichen operationalisierter Ziele (→ Operationalität) getroffen werden. Die Mitarbeiter erhalten für die Realisierung der mit ihnen vereinbarten Ziele einen gewissen Entscheidungsspielraum zugebilligt, um Eigeninitiative und Kreativität entfalten zu können. Erst bei Abweichungen von der Zielsetzung wird die Führungskraft aktiv, um entweder korrigierend und steuernd in den Zielerreichungsprozeß einzugreifen oder aber – bei Unmöglichkeit der Zielerreichung – neue Ziele und Vorgaben zu vereinbaren. Ein Hilfsmittel für die Realisierung dieses Führungsstils ist die Stellenbeschreibung (→).
(→ Management by Exception, Zielbild)

Management-Information

Informationen, die für die speziellen Aufgaben des Managements (→) – Planung, Entscheidung, Führung, Organisation, Kontrolle und Motivation – aufbereitet sind. Es handelt sich in der Regel um verdichtete und/oder verknüpfte Informationen, die im Rahmen eines Management-Informationssystems in der Führungsgrößendatenbank gespeichert, verwaltet und gesichert werden. Die Anforderungen, die an eine M. gestellt werden, beziehen sich auf:

- Aktualität
- Sicherheit/Vertraulichkeit
- Zugriffsmöglichkeit/Verfügbarkeit
- Hohen Informationsgehalt (z. B. in Form einer Querschnittsinformation→)
- Repräsentation (z. B. durch Verdichtung → und Verknüpfung →).

(→ Management-Informationssystem)

Management-Informationssystem (MIS)

Ein Teilinformationssystem, dessen Zielsetzung in der Unterstützung und teilweise in der Automatisierung dispositiver Prozesse des Managements (→) besteht. Als dispositive Prozesse gelten:
Kommunikations-, Entscheidungs-, Planungs-, Problemlösungs-, Steuerungs- und Kontrollaufgaben.
Das MIS repräsentiert sich in seiner Realisierung in der Regel als ein modulares Informationssystem, das aus fünf selbständigen Teilsystemen besteht:

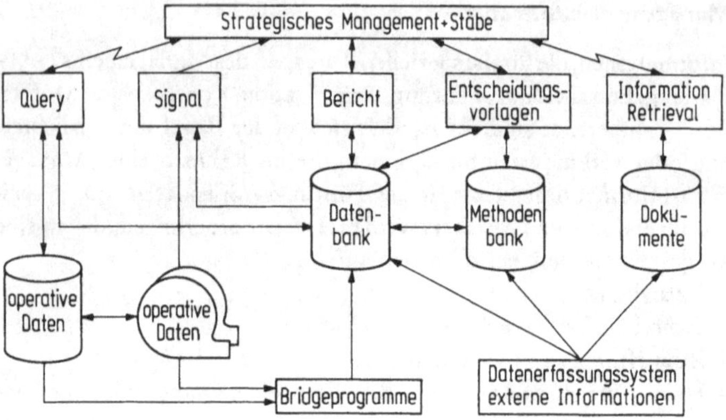

Informationstechnologischer Gestaltungsrahmen des MIS

Dieser informationstechnologische Gestaltungsrahmen ist wie folgt definiert:

1. Kennzeichen der MIS-typischen Dateien (→):

a) Operative Datenbasis:
Die betrieblichen Primärdatenbestände bilden die *operative* Datenbasis für das MIS; sie enthalten die Daten über alle betrieblichen Vorgänge.

b) Führungsgrößendatenbank:
Eine Datenbank, in der die Management-Informationen (→) gespeichert und verwaltet werden.

c) Methodenbank (→):
Speicher für die Verwaltung und Speicherung von Programmen für die Planungsprozesse, Simulation, lineare Programmierung und für andere Programme aus dem Bereich des Operations Research (→) für die Verarbeitung der Führungsgrößen.

d) Dokumentenbank:
Ein Datenspeicher, der für die Speicherung, Pflege, Sicherung und Verwaltung von unformatierten Informationen wie z. B. Texten, Dokumenten, Berichten und Monographien benutzt wird.

2. Kennzeichen der operationellen Systemtypen des MIS:
a) Direkt-Abfragesystem (→)
b) Signalsystem (→)
c) Berichtssystem (→)
d) Entscheidungssystem (→)
e) Information Retrieval System (→)
f) Bridge-System (→)
g) Datenerfassungssystem (→).
Bei der Realisierung eines MIS sind verschiedene Strategien möglich; so unterscheidet man die Bottom-up-Strategie (→) und die Top-to-Down-Strategie (→).
(→ Management-Information, Datenbank, Modularität, Informationssystem, Systemtypen)

Markierungsbeleg

Ein Datenträger, auf den auf vorbestimmte Felder Graphitmarkierungen aufgetragen werden, die von einem besonderen Gerät – dem Markierungsleser – interpretiert und in Daten (→) zur direkten Verarbeitung umgewandelt werden. Neben dem mauellen Ausfüllen eines M. ist auch die Beschriftung mit mechanischen Geräten, z. B. Stempeluhren, möglich. M. stellen ein Hilfsmittel für die direkte Datenerfassung (→) dar.
(→ Belegleser)

Massendatenspeicher

Ein Plattenspeicher (→), der speziell für die Speicherung großer Datenmengen konzipiert ist.

Matrixmanagement

Eine Organisationsform, bei der die Mitarbeiter eines Projekts (→) temporär aus ihren Ursprungsabteilungen herausgelöst werden und einem Projektleiter (→) unterstellt werden.

Dabei sind im wesentlichen zwei Varianten zu unterscheiden:

a) Die Mitarbeiter werden formal nicht dem Projektleiter unterstellt, sondern bleiben unter der personellen Verantwortung des Leiters der Ursprungsabteilung. Der Projektleiter fungiert in diesem Fall als *Koordinator*.

b) Die Mitarbeiter werden direkt dem Projektleiter unterstellt, der damit fachliche und personelle Weisungsbefugnisse besitzt (Managerprinzip). Für die Mitarbeiter stellt sich dann das Problem der Mehrfachunterstellung oder – sofern eine volle Loslösung aus der Ursprungsabteilung für die Dauer des Projekts erfolgt – das der Wiedereingliederung in den ursprünglichen Aufgabenkreis.

Mehrprogrammbetrieb (Multiprogramming)

Die simultane Verarbeitung mehrerer Programme (→) durch eine Zentraleinheit (→). Bei dieser Betriebsweise befinden sich im Hauptspeicher gleichzeitig mehrere Programme, denen bezüglich ihrer Ausführung bestimmte Prioritäten zugeordnet werden.
Ausgehend von der Überlegung, daß es unterschiedliche Programmtypen von der Beanspruchung des Kernspeicheraufwandes (in zeitlicher Hinsicht betrachtet) gibt, ist man dazu übergegangen, mehrere unterschiedliche Programmtypen gleichzeitig dem Computer zur Durchführung zu übergeben. Das Prinzip lautet dabei: Wenn von einem Programm „A“ Eingabe/Ausgabe-Operationen durchgeführt werden müssen (z. B. Karten- oder Bandlesen, Schreiben Band, Schreiben Platte), der Rechenaufwand im Kernspeicher also Null ist, soll diese Zeitspanne ausgenutzt werden, um mit dieser temporär freien Kernspeicherkapazität Rechenoperationen eines Programmes „B“ durchführen zu können. Es handelt sich mithin um eine überlappende Auslastung des Rechners mit unterschiedlichen Programmtypen.

Mengengerüst

Die nach bestimmten statistischen Verfahren aufbereiteten und gewonnenen Informationen über einen Realprozeß. Für den Realprozeß

„Rechnungsprüfung“ ist beispielsweise folgendes M. aufstellbar:
1. Anzahl Rechnungen pro Monat
   a) Ohne Beanstandung zu bearbeiten
   b) Mit Beanstandung:
      - Fehlerhafte Formalangaben (z. B. Rechnungs-Nr.)
      - Falsche Berechnung
      - Rechnung ohne Wareneingang
      - Nicht korrekte Skontierung
2. Anzahl der Zahlungsanweisungen in % der Rechnungen pro Monat
3. Durchschnittliche Skontofristen
4. Rechnungsvolumen
5. Skontoabzüge insgesamt (absolut) und prozentual vom Rechnungsbetrag.

Ein M. hat folgende Angaben:
- Zeitliche Bezugspunkte der Erhebung.
- Quantitative Darstellung der Einzelinformationen; diese können auf exakten Zählungen, auf Panelerhebungen oder sonstigen statistischen Methoden (z. B. Multimomentaufnahmen) beruhen.
- Projektion der Einzelinformationen und ihrer Auswertungen in die Zukunft, z. B. die Entwicklung der Informationsmenge für die nächsten zwei Jahre.
- Angaben von Kennziffern, die eine Verdichtung (→) der Einzelinformationen darstellen, z. B. Koeffizienten, Streuungsbreiten, Verteilungen usw.
- Graphische Darstellung typischer Gruppen von Informationen in Form von Balken- oder Kreisdiagrammen.

Die Ermittlung des Mengengerüstes ist eine Aufgabe der Istanalyse (→) und ist besonders von Bedeutung für die Berechnung der Speicherkapazitäten eines geplanten Informationssystems (→).
(→ Wertgerüst)

Mensch-Computer-Problemlösung

Allgemein das Bemühen, bestimmte Phasen des Problemlösungsprozesses (→) durch den Einsatz einer EDV-Anlage (→) und entsprechender

Programme (→) zu realisieren. Eine Gegenüberstellung einzelner Aktivitäten des menschlichen Problemlösungsprozesses und der durch die EDV-Anlage realisierbaren Aktivitäten zeigt jedoch, daß hier nur beschränkte Möglichkeiten einer Automation bestehen, die sich im wesentlichen auf die Datenspeicherung beziehen:

Menschliche Funktionen im Problemlösungsprozeß	Computerfunktionen im Problemlösungsprozeß
Zielbildung und Modifikation	Speicherung und Wiedergewinnung umfangreicher empirischer Daten
Speicherung und Wiedergewinnung von subjektiven und qualitativen Daten	Deduktiv-analytische Manipulation umfangreicher Datenbestände
Wahrnehmung von Problemen und Problemgrenzen	Schnellere und genauere Speicherung und Verarbeitung von Daten
Bildung von Hypothesen, Mustern, Analogien	
Ergänzen fehlender Informationen (Intuitionen)	
Liefern von Wert- und Normensystem	
Motivieren	
Grenzwahrnehmung	
Prioritätenerkennung	
Unsicherheitstoleranzen	

Mensch-Computer-Problemlösungsprozeß (nach [191])

Mensch-Maschine-Kommunikationssystem

Das Beziehungsnetz zwischen Benutzern (→), Datenstationen (→) und einer EDV-Anlage (→).

Die einfachste Struktur eines M-M-K-Systems ist in Abb. 1 dargestellt. Die Kommunikation zwischen Mensch (z. B. Manager) und Maschine (Computer plus Datenbestand) erfolgt in diesem Fall direkt, d. h. ohne zusätzlichen Eingriff durch ein drittes Element. Als Kommunikationsarten sind denkbar:

- Dialog-Kommunikation (interaktiver Verkehr) insbesondere bei Problemlösungsprozessen.
- Auskunft: Direktzugriff zu Daten, insbesondere zur Deckung des spontanen Informationsbedarfs.
- Bericht: Ausgabe strukturierter, vordefinierter Berichte durch sog. Berichtsgeneratoren.

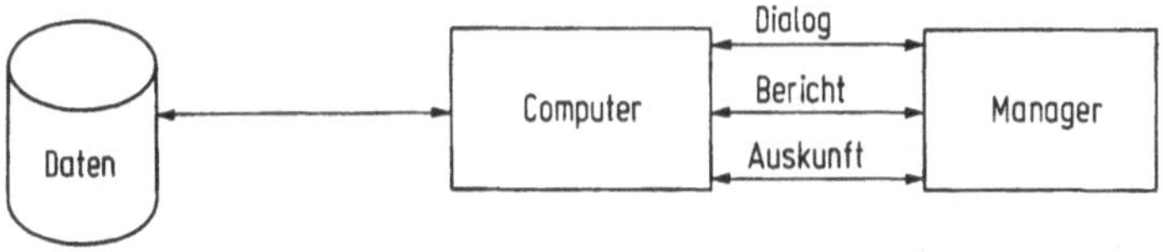

Abb. 1. Direktes M.-M.-Kommunikationssystem

Durch die Einführung einer Informationszentrale erfahren diese Beziehungen eine Erweiterung in folgender Hinsicht (siehe Abb. 2 u. 3):

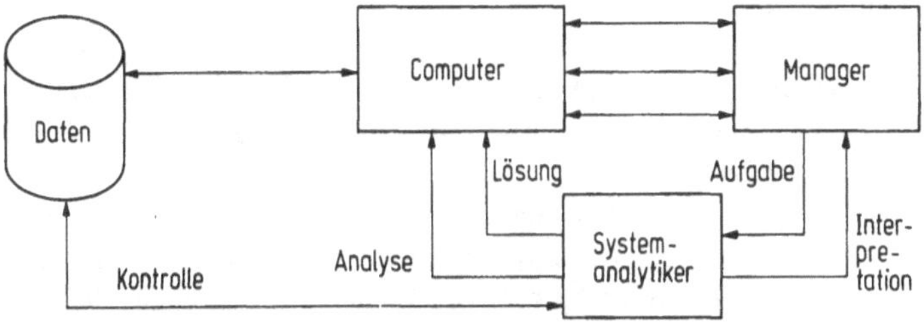

Abb. 2. Erweitertes M.-M.-Kommunikationssystem

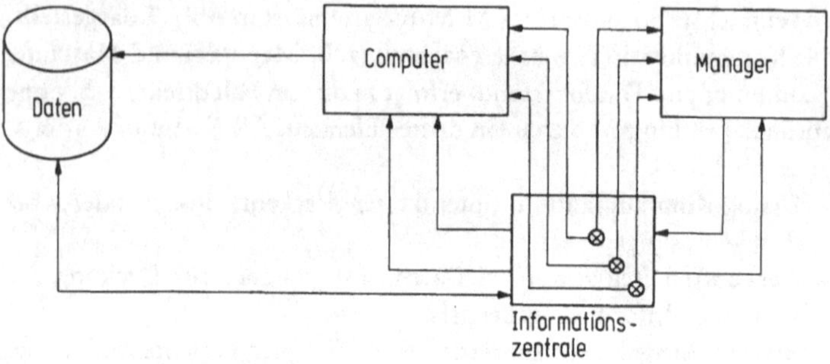

Abb. 3. Indirektes M.-M.-Kommunikationssystem

a) *Interpretationsfunktion*
Die Mitarbeiter der Informationszentrale interpretieren und erläutern im Bedarfsfall dem Benutzer die Ergebnisse, die formale Struktur der Berichte, das statistische Basismaterial, das für umfangreiche Verdichtungen und statistische Auswertungen eingesetzt wurde, die Formeln und Algorithmen sowie auftretende Fehler bzw. Abweichungen von der Norm. Die Interpretationsfunktion kann auch darin bestehen, daß zusätzliche Aufgaben für die Informationssuche (information retrieval →) programmiert werden.

b) *Entwicklungsfunktion*
Die Entwicklungsfunktion besteht in der Entgegennahme, Analyse, Bewertung und Ausarbeitung von Konzepten bei neuen Aufgabenstellungen sowie in der Lösung und Durchführung dieser Aufgaben.

c) *Analysefunktion*
Die Analyse erstreckt sich auf die laufende Kontrolle der eingesetzten Mittel, Datenbestände und Ergebnisse sowie auf die laufende Systemanpassung entsprechend wechselnden Bedingungen der Anwender.

d) *Kontrollfunktion*
Die Kontrollfunktion bezieht sich auf die Sicherheit der Daten und Programme, die Einführung von Richtlinien für den Datenschutz (→) (Zugriffsberechtigung) und auf die Dokumentation und Archivierung der Datenbestände.

(→ Dialog, Berichtsorganisation, Generator, Kommunikation, Informationszentrale)

Merge

Mischen; das Zusammenführen mehrerer Datenbestände zu einem neuen Datenbestand unter einem speziellen Sortierbegriff bzw. Hauptordnungskriterium (→).

Methodenbank

Eine Programmbibliothek (→), in der Programme (→) für komplexe Aufgabenstellungen im Rahmen eines Management-Informationssystems (→) gespeichert sind. Der Inhalt einer M. kann nach Haberlandt [82] wie folgt systematisiert werden:

1. Programme zur Datentransformation
2. Anwendungsprogramme im direkten Zugriff als Korrelat zur Datenbank
3. Programme für komplexe Datentransformationen als Entscheidungshilfen
4. Sprachkompiler für Benutzersprachen
5. Programme für mathematische und statistische Verfahren

Inhalt der Methodenbank

Methoden-Mix

Im allgemeinen reicht für eine vollständige Informationsbedarfsanalyse (→) eine einzige Methode allein nicht aus. Vielmehr sind für die verschiedenen Objektbereiche – Prozeß-, Benutzer- und Datenanalysen – mehrere Methoden anzuwenden, um ein vollständiges Bild der Wirklichkeit zu erhalten. Aus diesem Grunde werden verschiedene Methoden der Informationsbedarfsanalyse kombiniert und eine solche Zusammenstellung nennt man „Methoden-Mix". Unterscheidet man bei der Informationsbedarfsanalyse die Phasen Datenerfassung, Datenbewertung und Datenstrukturierung und unterteilt man darüber hinaus die Aufgaben in strukturierte und in unstrukturierte bzw. teilstrukturierte Prozesse, dann ergibt sich als Totalkonzeption eines M. die auf S. 183 dargestellte Übersicht.

In der praktischen Organisationsarbeit ist es allerdings nicht erforderlich, alle in dieser Abb. dargestellten Methoden einzusetzen.

Die Auswahl für den konkreten Fall orientiert sich an folgenden Kriterien:

- Einfachheit
- Adaptionsfähigkeit durch die Benutzer
- Vollständigkeit bezüglich der zu erarbeitenden Ergebnisse
- Interpretationsfähigkeit
- Wirtschaftlichkeit und
- Anpassungsmöglichkeit an gegebene Verfahren und Methoden.

(→Informationsbedarfsanalyse)

	Strukturierte Prozesse	Teil- bzw. unstrukturierte Prozesse
Datenerfassung	– Entscheidungs-tabellen – Statistische Messung und Beobachtung – MIDAS-Technik – Quantitative Kommunikations-analyse – Empirische Er-hebungen – Integrationsmodelle	– Bedarfsgruppen-analysen – Benutzerforschung – Interview und Frage-bogen – Aktive Mitarbeit – Informationskosten- und -nutzungs-analysen – Analyse des Berichts-wesens – Kataloge
Datenbe-wertung	Computergestützte Verfahren - - - - - - - - - - Input-Output- und Prozeßanalyse	
Datenstruk-turierung	Anwendungsanalyse und Datenbankdiagramme	

Systemgestaltung

~ ~ ~ ~ ~

Methoden-Mix

MIDAS-Technik

Ein Verfahren zur Darstellung des Informationsflusses (→) und der Arbeitsfolgen einer EDV-Organisation. Es besteht aus dem MIDAS-

Diagramm, der MIDAS-Datenbankbeschreibung und ergänzenden Hilfsdokumenten. Es dient dazu, die systembezogenen Eingabedaten, die Verarbeitungsprozesse durch die Datenverarbeitungsanlage und die systembezogene Datenausgabe zu analysieren:

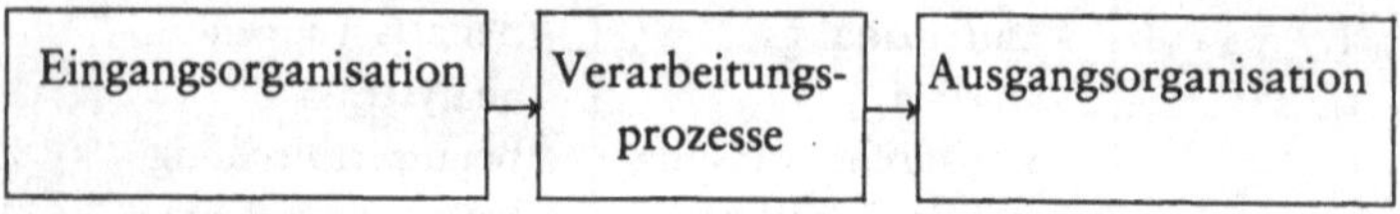

Schema des MIDAS-Verfahren zur Analyse von Informationsströmen und der Verarbeitung

Mikrofilmkarte

Eine Lochkarte, die zugleich Träger von Mikrofilmbildern ist. Diese Bilder sind ein Bestandteil der Lochkarte, die darüber hinaus auch alle das Bild kennzeichnenden Daten (→) enthält. Dadurch ist es möglich, „Bilder“ und deren Daten maschinell zu verarbeiten, z. B. zu sortieren, mischen und auswählen.

Mikro-Programmierung

Allgemein: Die Programmierung (→) auf der Basis von Mikro-Instruktionen. Mikro-Programme sind festverdrahtete Schaltwerke des Rechenwerks der Zentraleinheit (→), die jeweils einzelne, auf der letzten Stufe der Auflösung stehende echte Maschinenoperationen (z. B. Register-Register-Transport) ausführen. Jede Instruktion (→) besteht aus einer Reihe maschineninterner Mikro-Operationen. Das Steuerwerk des Rechners bestimmt, welche Operationen jeweils auszuführen sind – entsprechend dem zeitlichen Anfall der zu bearbeitenden Instruktionen. Das Konzept der M. kann nach Klar [115, S. 215] wie folgt beschrieben werden:

1. Mikro-Operationen, die in der gleichen Zykluszeit (→) ablaufen, werden zu einem Mikrobefehl zusammengefaßt.
2. Jeder Befehl (Instruktion) wird aus einer Folge von Mikrobefehlen aufgebaut. Der Befehl ist dann identisch mit einem Mikroprogramm.

3. Ein Register (→) kontrolliert den Ausführungsstatus der Mikrobefehle.
4. Mikroprogramme werden fest verdrahtet und sind damit ein Bauelement des Computers (→).
5. Mikroprogramme können bedingte Verzweigungen (→ Loop) haben; dadurch ist es möglich, wiederholende Funktionen innerhalb der Mikroprogramme zu bilden.

Der Vorteil der M. besteht in der dadurch erzielbaren Flexibilität für den Entwurf und die Entwicklung eines Rechners. Darüber hinaus kann das M. den unterschieldichen Benutzer-(Sprach-)Erfordernissen angepaßt werden. Moderne Rechnersysteme sind auf der Basis der M. aufgebaut.

Mittlere Datentechnik

Derjenige Bereich der angewandten Informatik (→), der sich vorwiegend mit den Methoden und Verfahren der Nutzung und des Einsatzes von Datenverarbeitungsanlagen kleinerer und mittlerer Größe befaßt. Als Maßstab für die Größe einer Anlage gilt dabei allgemein die Kernspeichergröße; EDV-Anlagen (→) mit einer Kernspeichergröße von kleiner 50000 Stellen zählt man zur mittleren Datentechnik. Die M. D. befaßt sich auch darüber hinaus mit den Methoden und Verfahren der Nutzung nichtelektronischer Maschinen, wie z. B. Buchungsautomaten, Magnetkontenmaschinen, Kopiergeräten, Datentransportsystemen und Textverarbeitungsmaschinen.

Mix

Eine Kennziffer (→) für den Vergleich verschiedener EDV-Anlagen (→). Dabei wird die Ausführungszeit einiger typischer Instruktionen (→) gemessen, die unterschiedlich gewichtet werden.

Mix-I:

Eine Kennziffer mit der Dimension μs. Die Gewichtungsfaktoren der Instruktionen sind wie folgt festgelegt:

Instruktionen	Gewichtungsfaktor
Logischer Vergleich 1 Byte	9
Logischer Vergleich 2 Bytes	5
Logischer Vergleich 3 Bytes	7
Logischer Vergleich 6 Bytes	1
Logischer Vergleich 10 Bytes	1
Logischer Vergleich 12 Bytes	3
Verschieben 1 Byte	1
Verschieben 10 Bytes	1
Verschieben 60 Bytes	2
Sprung ausgeführt	15
Sprung nicht ausgeführt	13
Addition 3 Bytes	1
Indizierung (→)	40

Gibson-Mix (→)
Eine Kennziffer für die Berechnung des Zeitbedarfs, die sich aus einer Mischung aus verschiedenen Orperationen zusammensetzt, deren Zeitbedarf für die Ausführung von insgesamt 12 Befehlen errechnet wird.
Gamm-Mix (→).
Der Wert von Mix-Kennziffern ist nicht unumstritten; so wird eine ganze Reihe wichtiger Faktoren vernachlässigt, die die Leistungsstärke einer EDV-Anlage ausmachen, wie z. B.:
Pufferungsfähigkeit (→ Puffer), Geschwindigkeit für externe Operationen (Lesen und Schreiben), Hauptspeichergröße und -belegbarkeit, Parallelverarbeitung, Daten- und Betriebsablaufsicherung, Eingriffsmöglichkeiten in den laufenden Betrieb durch den Operator (→), Kanalsteuerung usw.
Die Leistungsfähigkeit einer EDV-Anlage resultiert aus dem Zusammenspiel einer Vielzahl von Komponenten, insbesondere des Betriebssystems (→), der Hardware (→) und der Programme (→). Um sich ein Urteil über die Leistungsfähigkeit einer Anlage zu verschaffen, ist es da-

her sinnvoll, ein *Anforderungsprofil* zu entwerfen, das die zu lösenden Aufgaben in einer repräsentativen Verdichtung widerspiegelt: z. B.: Aufbau eines Testprogrammes und einer Testdatenbank (→ Test), die repräsentativ für die Anforderungen und die geplante Benutzung der Anlage sind. Dieses „Testpaket" kann dann in Vergleichsläufen auf verschiedenen Anlagen bezüglich der vom Benutzer (→) gestellten Anforderungen überprüft werden (→ Benchmark-Test).
Damit gewinnt man eine „relative" (subjektive) Bewertungsgrundlage, die sich an den Anforderungen des Benutzers orientiert, im Gegensatz zur objektiven Messung der Leistungsfähigkeit, die man mit den Mix-Kennzahlen zu erarbeiten sucht.
(→ Bewertung)

Mixed Hardware

Eine Konfiguration (→), bei der einzelne Komponenten von verschiedenen EDV-Herstellern stammen. Voraussetzung für die M. H. ist die Kompatibilität (→) der verschiedenen Aggregate einer EDV-Anlage (→). Das Ziel besteht in einer Reduzierung der Gesamtkosten für eine bestimmte Konfiguration. Probleme ergeben sich oftmals hinsichtlich der Wartung (→) der einzelnen Komponenten durch die verschiedenen Hersteller bzw. durch *einen* bestimmten Hersteller.

Mode of Operation (→ Betriebsweise)

MODEM

Zusammengesetztes Wort aus MOdulator und DEModulator: Eine Datenübertragungseinrichtung für Fernsprech- und Breitbandübertragungskanäle. Da auf diesen Kanälen nur Wechselstrom übertragen werden kann, besteht die Aufgabe des M. in der Veränderung dieser Trägerschwingung in der Weise, daß digitale Zeichen (Daten) übermittelt werden können.

Modul

Ein gemäß der Logik eines Programms (→) abgrenzbarer Teil, der eine bestimmte eindeutige Aufgabe wahrnimmt; z. B. die Dateieröffnung, der Verarbeitungsteil, die Endroutine und der Dateiabschluß. Die Gliederung eines Programms in einzelne M. kann nach hierarchischen Gesichtspunkten erfolgen (→ HIPO); bei Verfahren, die aus mehreren Programmen bestehen, liegt eine modulare Struktur dann vor, wenn jedes einzelne Programm eine selbständige, isoliert betrachtbare Funktion übernimmt.
(→ Modularität)

Modularität

Allgemein die Gliederung von Systemen (→) in Teil- oder Subsysteme (Module). Ein Anwendungsprogramm kann beispielsweise aus folgenden Modulen aufgebaut sein: Datenerfassung (→), Datenprüfung, Verarbeitungsteil, Aufbereiten der Datenausgabe und Ausgabe der Ergebnisse.
Die M. kann sich auch auf Gesamtinformationssysteme beziehen, wobei dann jedes Teilinformationssystem ein Modul darstellt. Die Notwendigkeit für eine M. resultiert aus gestaltungspragmatischen Gründen:

a) Die Konstruktion eines Gesamtinformationssystems ist i. d. R. mit einem hohen Zeitaufwand verbunden. Dadurch besteht die Gefahr, daß sich während der Phasen der Entwicklung und Realisierung des Informationssystems die Realprozesse in ihrer Struktur so verändern, daß sich das Ergebnis der Gestaltungsbemühungen als nicht adäquat für die Steuerung derselben erweist: Das Risiko der Fehlentwicklung nimmt mit wachsender Zeitdauer der Gestaltung zu, so daß aus Gründen der Risikoverminderung eine „schrittweise" Realisation von Teilsystemen angestrebt wird.
b) Die Bildung „kleinerer Einheiten" (Teilsysteme) führt zu einer besseren Kontrollierbarkeit der Entwicklungstätigkeiten.
c) Die schrittweise *Einführung* eines Informationssystems schafft gün-

stigere Voraussetzungen für die Schulung und Ausbildung der Systembenutzer und damit u. U. bessere Möglichkeiten für die Akzeptanz (der „Lernaufwand" kann reduziert werden).

Die Bildung von Teilsystemen kann jedoch nicht willkürlich erfolgen; vielmehr sind bestimmte Kriterien und Anforderungen zu beachten, die wie folgt charakterisiert werden können:

a) Aufgabenbezogenheit: Jede Abgrenzung eines Teilsystems muß weitgehend mit der Aufgabenstruktur der betreffenden Benutzer und/oder den praktizierten Prozessen übereinstimmen.
b) Konsistenz: Die für die Abgrenzung von Teilsystemen benutzten Kriterien müssen langfristig gültig sein. Ihre Gültigkeit muß mindestens solange gewährleistet sein, bis das geplante Gesamtsystem, d. h. die Summe aller das Gesamtsystem bestimmenden Teilsysteme, realisiert ist.
c) Neutralität: Die Abgrenzung von Teilsystemen erfolgt unabhängig von einem bestimmten Lösungskonzept und vom informationstechnologischen Potential (Hardware/Software).
d) Integration: Die Bildung von Teilinformationssystemen darf eine grundsätzliche Integrationsmöglichkeit nicht ausschließen. Dies folgt aus der Zielsetzung des Gesamtinformationssystems.

(→ Informationssystem, Integration)

Monitor

Überwachungs- und Steuerungsprogramm; ein Teil des Betriebssystems (→), der koordinierende Aufgaben für die zeitlich und funktionell richtige Arbeitsweise der einzelnen Komponenten des Betriebssystems übernimmt.

Morphologie

Grundsätzlich: Gestalt- und Formenlehre. Eine Methode kreativen Denkens, die auf eine Ordnung kreativer und intuitiver Gedanken, Ideen und Pläne abzielt, um so neue Ansatzpunkte für die Gestaltung der Wirklichkeit zu finden. Als Tecnik wird eine Matrix benutzt, die als

„morphologischer Kasten" bezeichnet wird. Für die Lösung eines Problems werden den Kenngrößen (Beschreibungsmerkmalen) desselben die überhaupt denkbaren Lösungskomponenten (Ausprägungen) gegenübergestellt. Diese sind zunächst wertfrei. Jede Kombination der Ausprägungen stellt eine mögliche Lösung dar. Dadurch wird der Lösungsbereich erweitert, und es erfolgt eine Loslösung von eingeprägten („betriebsblinden") vordefinierten Vorstellungen und Absichten. Welche Lösung tatsächlich zu einer Realisierung führt, ist Aufgabe der sich anschließenden Bewertung (→). Die primäre Absicht morphologischer Analysen besteht in der Entdeckung neuer Möglichkeiten für die Lösung von Problemen und die Gestaltung der Wirklichkeit.

Multifaktorenmethode

Ein Verfahren für den Vergleich alternativer Projekte (→). Über eine Aufstellung von Kriterien wird die Erfüllbarkeit mit einer Punkteskala gemessen und verglichen.
Beispiel:
± 3 = erhebliche Verbesserung (Verschlechterung)
± 2 = deutliche Verbesserung (Verschlechterung)
± 1 = geringfügige Verbesserung (Verschlechterung)
0 = keine Verbesserung (Verschlechterung)
Die zugeordneten Werte dieser Punkteskala werden mit Gewichtungsfaktoren (GW) multipliziert: 1 = kaum bedeutend, 2 = bedeutend, 3 = sehr bedeutend.
Für den Vergleich eines gegebenen Projektes A mit einem neuen Projekt B möge gelten: B wird bezüglich der Erfüllbarkeit der Kriterien gegenüber A gemessen!
Entsprechend dem auf S. 191 dargestellten Beispiel folgt:
Vergleichswert: Summe W_3 : Summe W_2 = 16 : 16 = + 1
Ergebnis:
Das Projekt B zeigt gegenüber dem Projekt A nur eine geringfügige Verbesserung.

	W_1	W_2	W_3
KRITERIEN	PUNKTE (P)	GW	WERT
Beschleunigter Informationsfluß	2	1	2
Bessere Arbeitsunterlagen	–1	2	–2
Bedienungs- und wartungsfreundlich	3	1	3
Sicherheit	2	3	6
Kompatibilität	–2	2	–4
Benutzerfreundlichkeit	3	3	9
Ausbaufähigkeit	2	2	4
Aktualität der Informationen	–1	2	–2
Summe:		16	16

Multimomentaufnahme

Eine Methode der statistischen Messung und Beobachtung von Arbeitsprozessen. Der zu untersuchende Bereich wird in Beobachtungsstationen gegliedert; in bestimmten Zeitintervallen wird vom Beobachter die Tätigkeit an der jeweiligen Beobachtungsstation notiert. Dadurch gelangt man zu einer statistisch hinreichend genauen Übersicht über die Art der Tätigkeiten, ihre Dauer und ihre Verteilung innerhalb einer Arbeitsperiode. Die M. zeichnet sich dadurch aus, daß der Zeitaufwand für die Beobachtung reduziert wird und daß demzufolge innerhalb einer bestimmten Beobachtungsperiode mehrere Arbeitsprozesse gleichzeitig statistisch erfaßt werden können. Die M. ist ein wichtiges Hilfsmittel für die Istanalyse (→).

Multiplexkanal

Ein Kanal (→), der gleichzeitig mehrere Datenstationen (→) bzw. Eingabe- und Ausgabeeinheiten bedient.

Multiprocessing (→ Verbundsystem)

Multiprogramming (→ Mehrprogrammbetrieb)

Network

Netz; allgemein die Summe der für die Datenverarbeitung (→) eingesetzten Kanäle (→), Leitungen und Knotenpunkte (→ Datenstionen, Steuereinheit).

Netzplantechnik

Verfahren zur Planung, Steuerung und Kontrolle von Projekten (→). Dabei werden die einzelnen Teilaktivitäten in ihrer logischen Interdependenz als ein Netzwerk dargestellt, das aus Kanten und Knoten besteht, wobei die Kanten oder die Knoten als Tätigkeiten interpretiert werden. Durch die Angabe der Zeitdauer je Aktivität ist es möglich, den „kritischen Weg", d.h. die längste Folge von Teilaktivitäten, zu berechnen und damit Anhaltspunkte für die Gesamtdauer eines Projektes zu gewinnen. Dabei kann eine *Vorrechnung* erfolgen, bei der ausgehend von einem fixierten Anfangstermin der Endtermin des Projektes ermittelt wird oder eine *Nachrechnung*, bei der von einem fixierten Endtermin aus der Starttermin des Projektes errechnet wird. Außerdem ist es möglich, Kostenschätzungen und Kostenplanungsgrundlagen dadurch zu ermitteln, daß jede Tätigkeit mit ihren Kosten bewertet wird.
(→ Critical Path Method, Pert-Planungsmethode)

Nichtformatierte Daten

Fortlaufende Textdaten, die nicht speziellen Feldern zugeordnet werden können. Bei Dokumentationssystemen (→) die Texte eines Dokuments (→).Für das Wiederauffinden gespeicherter Texte werden bestimmten Textteilen Schlüssel zugeordnet.

Beispiel::

3 110065401	Von Dieter S. Koreimann erschien im Jahr 1976
	das Buch „Methoden der Informationsbedarfsanalyse“
	im Verlag de Gruyter
↑ Schlüssel (z. B. hier die ISBN*)	↑ Daten

* International Standard Book Number

Nichtnumerische Datenverarbeitung

Ein Teilgebiet der angewandten Informatik (→), bei dem Anwendungsprobleme aus dem Bereich der Verarbeitung sprachlicher und graphischer Daten behandelt werden, z. B. der Einsatz von Dokumentationssystemen (→) in Bibliotheken oder zur Befunddokumentation in Krankenhäusern.

Noise (Ballast)

Dokumente (→), die sich aufgrund einer Anfrage qualifizieren, für den Anfragenden jedoch nicht relevant sind.
(→ Gütegrad)

Normierte Programmierung

Eine Methode für die einheitliche Strukturierung von Programmen (→). Das Ziel besteht in einer einfacheren Erlernbarkeit des Programmierens, in der Standardisierung bestimmter, wiederkehrender Programmfunktionen und damit verbunden in einer Erhöhung der Programmierleistung, einer Reduzierung des Wartungsaufwandes und in einer vereinfachten, standardisierbaren Programmdokumentation (→).

Bei der n. P. werden bestimmte, in jedem Programm auftretende Funktionen zu selbständigen Blöcken (Programmbereichen) zusammengefaßt. Jeder Block hat nur einen Ausgang und einen Eingang, womit sich ein linearer Aufbau des Flußdiagramms (→) ergibt. Spezielle Aufgaben werden als Unterblöcke (Unterprogramme) ausgegliedert und separat bahandelt. Grundsätzlich hat ein Programm, das nach den Regeln der n. P. geschrieben wird, folgenden Aufbau:

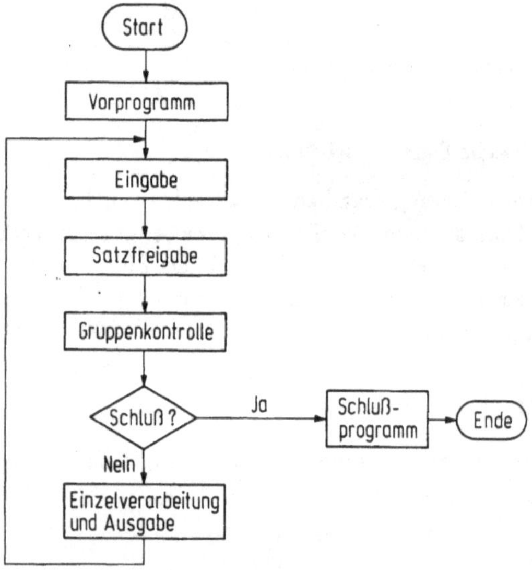

Programmaufbau nach den Regeln der normierten Programmierung (Quelle: [184])

(→ Programmiertechnik)

Nutzwertanalyse

Eine Methode der mehrdimensionalen Bewertung (→) von Alternativen. Sie basiert auf folgender Vorgehensweise:

1. Aufstellen eines Zielkatalogs (→).
2. Bewertung dieser Ziele: Dabei handelt es sich um eine relative Bewertung, indem die Summe der Zielwerte einen konstanten Betrag (z. B. 100) ergeben muß.
3. Auswahl der Alternativen.
4. Bewertung der Alternativen nach Maßgabe ihrer Zielerfüllung: entweder in Form einer prozentualen Zielerfüllungswahrscheinlichkeit je Ziel oder als Vergleich aller Alternativen, wobei dann die Summe der Zielerfüllungsgrade jeweils einen konstanten Wert ergeben muß.
5. Messende Bewertung: Zielwert, multipliziert mit dem Zielerfüllungsgrad, ergibt den Wert je Ziel, die Summe der Werte für alle Ziele den Wert der Alternative.

		ALTERNATIVEN					
ZIELE	Zielwert	A_1		A_2		A_3	
		Z.-Erf.	Wert	Z.-Erf.	Wert	Z.-Erf.	Wert
Sicherheit	20	20	400	10	200	40	800
Integration	10	30	300	40	400	10	100
Wirtschaftlichkeit	15	60	900	40	600	20	300
Vollständigkeit	5	20	100	50	250	30	150
Benutzungsfreundlichkeit	50	10	500	20	1000	30	1500
	100		2200		2450		2850

Ergebnis: $A_3 > A_2 > A_1$.
Schema einer Nutzwertanalyse

(→ Bewertung)

Object Program

Objekt- oder Zielprogramm; das in den Maschinencode umgewandelte echte Programm (→). Es bildet die Eingabe für den Linkage Editor (→).
(→ Umwandlung, Programmiersprache)

OCR

Optical Character Recognition (→ Schriftarten).

Off-Line-Verarbeitung

Bei dieser Betriebsweise (→) erfolgt vor der eigentlichen Verarbeitung der Daten resp. Programme eine Arbeitsvorbereitung: Die zu verarbeitenden Daten (→)und Programme (→) werden gesammelt und geordnet und anschließend vom Rechenzentrum (→) zur Disposition und Arbeitsausführung übernommen. Ein unmittelbarer Kontakt des Benutzers bzw. des Programmierers mit der EDV-Anlage (→) besteht nicht.

On-Line-Programmierung

Die Programmierung (→) im Dialog mit einer EDV-Anlage (→). Programme werden über eine Datenstation (→) direkt eingegeben; es erfolgt eine unmittelbare Umwandlung (→) und die Ausgabe der entsprechenden Fehlernachrichten und Warnungen. Der Programmierer ändert das Programm entsprechend ab und gibt die neuen Instruktionen (→) solange ein, bis das Programm als syntaktisch richtig akzeptiert wird. Die O. führt zu einer Erhöhung der Programmierproduktivität. Hochentwickelte Systeme lassen die simultane Verarbeitung mehrerer Programme im Dialog zu. Die O. wird besonders dann benutzt, wenn mit benutzerfreundlichen Sprachen, die einen übersichtlichen und leicht verständlichen Instruktionsvorrat besitzen, gearbeitet wird.

On-Line-Verarbeitung

Sammelbegriff für diejenigen Betriebsweisen (→) einer EDV-Anlage (→), bei denen mehrere Benutzer (→) über Datenstationen (→) im direkten Kontakt mit der Zentraleinheit und den angeschlossenen Dateien (→) stehen. Bei der On-Line-Datenerfassung (→) erfolgt die direkte Eingabe der Daten (→) an die Zentraleinheit und von dort an die entsprechenden Dateien über Datenstationen am Ort ihrer Entstehung. Bei der On-Line-Programmierung (→) gibt ein Programmierer ein Programm direkt zur Umwandlung bzw. für den Test (→) über eine Datenstation ein. Die eingegebenen Daten/Programme werden entweder zwischengespeichert und zu bestimmten – vom Betriebssystem (→) bzw. vom Operator (→) disponierten– Zeitpunkten verarbeitet oder direkt, d. h. unmittelbar nach erfolgter Eingabe, ausgeführt. Die Vorraussetzung für eine wirkungsvolle O. ist der Mehrprogrammbetrieb (→).

Open Shop-Betrieb

Eine Organisationsform des Rechenzentrums (→), bei der die Anwendungsprogrammierer die von ihnen geschriebenen Programme selbst umwandeln (→ Umwandlung) und testen (→ Test); die EDV-Anlage (→)steht hierfür nach vereinbarten Zeitpunkten den Programmierern zur Verfügung.
(→ Closed Shop)

Operating System (→ Betriebssystem)

Operation (→ Instruktion)

Operationalität

Die quantitative Beschreibung von Zielen. Die O. ist eine Voraussetzung für die Meßbarkeit (und damit auch für die Kontrolle) und für die Erreichbarkeit der Ziele. Als Operationalitätsbedingungen gelten:
a) *Verfolgbarkeit:* Die Ziele müssen durch die Unternehmung über-

haupt verfolgbar, d. h. *erfüllbar* sein. Die Forderung nach Verfolgbarkeit bezieht sich dabei auf die Zielerreichungsentscheidungen und dabei insbesondere auf die Wahl der einzusetzenden Mittel. Das bedeutet, daß die Ziele stets im konkreten Bezug zum verfügbaren und ökonomisch nutzbaren Instrumentarium ihrer Realisation zu bestimmen sind.

b) *Meßbarkeit:* „Zieloperationalität bedingt...die Erfaßbarkeit gesetzter Teilziele in Größenordnungen, d. h. sie erfordern Meßbarkeit“ [196, S. 125]. Die Meßbarkeit hat zur Vorraussetzung, daß Regeln über die Maßeinheiten existieren bzw. aufgestellt werden; dies können kardinale und/oder ordinale Skalierungen sein, mit deren Hilfe die Teilziele quantitativ bestimmt werden.

c) *Zeitbezug:* Zeitbezug bedeutet, daß die Ziele zeitlich fixiert werden, d. h. die Zeitspanne ihrer Gültigkeit bzw. Erfüllbarkeit ist jeweils zu bestimmen.

Operation Scheduling

Die Arbeitsvorbereitung und -planung des Rechenzentrums (→) als Teil des Betriebsablaufs (→).

Operator

Der Bediener einer EDV-Anlage (→). Er nimmt folgende Aufgaben wahr:

- Planung der Arbeitsfolgen (Arbeitsvorbereitung)
- Systemgenerierung (→ Generierung)
- Durchführung von Umwandlungs- und Testläufen (→ Umwandlung, Test)
- Bereitstellung der für die Durchführung von Programmen erforderlichen Hilfsmittel (Hilfsprogramme, Datenträger, Eingabe- und Ausgabegeräte)
- Zuordnung von Rechenzeiten und Kapazitäten zu den einzelnen Aufgaben
- Überwachung der Ausführung

- Kontrolle und Interpretation der Systemnachrichten
- Steuerung des Betriebsablaufs (→), u. U. durch direkte Beeinflussung des Systems mit Hilfe der Kommandosprache (→) über die Konsole (→)
- Durchführung von Maßnahmen zur Systemsicherung, insbesondere die Veranlassung und Steuerung der Wiederanlaufverfahren (→) im Falle eines Systemausfalls.

Operator Command

Operator-Kommando (→ Kommandosprache).

Operator Control Panel (→ Konsole)

Organigramm

Die graphische Darstellung der Struktur(aufbau)organisation eines Unternehmens. Als gebräuchlichste Formen gelten:

a) Blockform

O. sind im Rahmen der Organisationsanalyse (→) ein Hilfsmittel für die übersichtliche Darstellung der Funktionsabgrenzungen, des Instanzenaufbaus, der Weisungswege und der Verantwortungsbereiche eines Unternehmens. Durch die Verwendung bestimmter Symbole zur Kennzeichnung von Stabs- und Linienfunktionen können sie verfeinert werden. In Verbindung mit Stellenbeschreibungen (→) bietet das O. ein Instrument für gezielte Informationsbedarfsanalysen (→) und Istanalysen (→).

b) Kreisform

c) Hierarchie

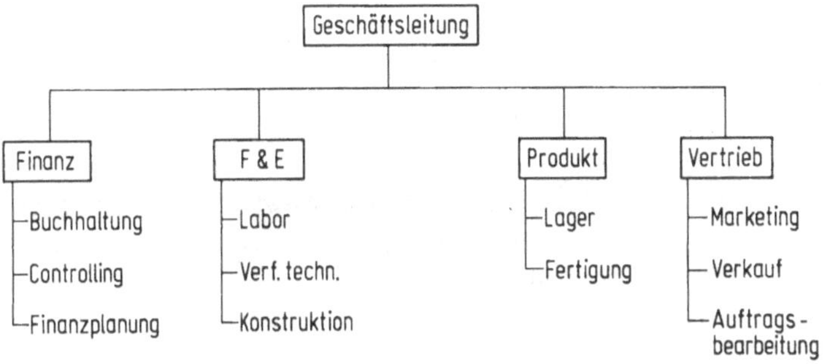

Organisationsanalyse

Methoden und Verfahren für die informationelle Analyse einer Organisationseinheit. Das Ziel der O. besteht in der Sammlung und Aufbereitung repräsentativer Informationen, um eine Basis für die Gestaltung zu gewinnen.

Man unterscheidet:

1. *Totale O.:* Hierbei werden alle Ereignisse und alle Komponenten des betrieblichen Aktionsgefüges (→) zum Gegenstand der Analyse erhoben. Diese Methode ist für die Gestaltung eines Informationssystems (→) nur dann anwendbar, wenn eine relative Konstanz und Stabilität des Aktionsgefüges nachweisbar ist, d. h. wenn die Aktualität der Ergebnisse auch dann gewährleistet ist, wenn ein erheblicher Zeitaufwand für die Analyse erforderlich ist.
2. *Partielle Analysen:* In diesem Falle werden ausgewählte Bereiche des Aktionsgefüges (z. B. eine bestimmte Funktion) und/oder ausgewählte Ereignisse (z. B. Entscheidungsprozesse einer bestimmten Management-Ebene) analysiert.

Beide Methoden können offen oder geschlossen (isolierend) sein, d. h. mit oder ohne Berücksichtigung der Beziehungen zu den Umsystemen. Nach der zeitlichen Folge unterscheidet man:

a) *Statische Analysen:* Das Aktionsgefüge und/oder die Ereignisse werden *einmalig*, zumeist zu Beginn der Entwurfsphase (→ Phasenschema) eines Informationssystems erfaßt.

b) *Dynamische Analysen:*

ba) Permanente Analysen: Mit dieser Methode wird beabsichtigt, während des Gestalltungsprozesses die Überprüfung und Analyse der Realität aufrechtzuerhalten, um Fehlkonstruktionen des geplanten Systems zu vermeiden.

bb) Periodische Analysen: Nach dem Abschluß gewisser Phasen (→) wird jeweils eine weitere, detailliertere Analyse der Wirklichkeit vorgenommen.

(→ Istanalyse)

Organisationskybernetik

Die Übertragung der durch die Kybernetik (→) ableitbaren Erkentnisse und Methoden auf die Organisation des Unternehmens. Dabei sind verschiedene Ansätze zu integrieren, wie:

– Die Interpretation des Unternehmens als ein System interdependenter Regelkreise (→).

- Die Analyse der Elemente (Stellen, Instanzen, Personen) unter informationstechnologischen Gesichtspunkten (→ Informationsgenerator).
- Die Nutzbarmachung der Erkenntnisse der Kommunikationstheorie und ihrer Methoden zum Zwecke der Analyse von Informationsströmen in Unternehmen (→ Kommunikationsanalyse).
- Die Analyse des des Informationsverhaltens der Elemente (→ Soziogramm).

Als Ziel der O. gilt das Bemühen um eine „optimale" Gestaltung des Gesamtunternehmens in dem Sinne, daß die Stabilität gesichert werden kann und die einzelnen Prozesse mit minimalen Störungen vollzogen werde.

Organisationsverhaltensmodell

Mit einem O. versucht man eine kausale Betrachtung des Verhaltens der Mitglieder einer Organisation gegenüber den von ihnen durchgeführten Aufgaben darzustellen. Man unterscheidet dabei folgende Komponenten:

a) Unmittelbar verursachende Variablen: Führungsstil, Motivation, Konflikt- und Problemlösung, Interaktion, Zielbildung und Durchsetzungsprozesse von Entscheidungen.
b) Mittelbar verursachende Variablen: Einstellung der Mitarbeiter zum Unternehmen, zum Vorgesetzten und zur Aufgabe, Kooperationsbereitschaft und Identifikation.
c) Resultierende Variablen: Gewinn, Zielerreichungsgrad, Fluktuation, Leistungspotential, Marktstellung.

Mit dieser Abgrenzung wird die Basis für eine Klassifizierung unterschiedlicher Problemtypen und Problembereiche geschaffen, mit dem Ziel, die aus dem Organisationsverhalten resultierenden Problemstellungen systematisch mit Hilfe computergestützter Subsysteme zu lösen bzw. unterstützend in den Problemlösungsprozeß einzugreifen. Dementsprechend unterscheidet man zwischen strategischen, dispositiven und operativen Problemtypen. Diese unterscheiden sich nicht nur bezüglich ihrer Auswirkung auf das Unternehmen, sondern auch im Hinblick auf den Informationsbedarf (→) und die Eigenschaften der Informationen, die für die Lösung dieser Probleme erforderlich sind. (→ Problemlösungsprozeß)

Org-Ware

Sammelbegriff für Methoden, Techniken und Verfahren, die für die Planung, den Entwurf, die Realisierung, die Installation, die Wartung und den Betrieb von Organisationsprojekten, speziell für Informations- und Betriebssysteme, eingesetzt werden können. Der Ausdruck ist gesetzlich geschützt.

Orientierungsinformation

Neben den Informationen, die unmittelbar der Entscheidung dienen, benötigt der Entscheidende *zusätzliche* Informationen, die nur mittelbar für seine Entscheidung relevant sind, sog. Orientierungsinformationen.

Diese

- vermitteln eine Vorstellung über das Gesamtgeschehen und verhindern so isolierte Betrachtungsweisen mit der Gefahr der Überschätzung,
- zeigen Verbindungen zu benachbarten oder ähnlichen Aufgabengebieten auf,
- zeigen ähnlich gelagerte Situationen und die Art ihrer Lösung,
- geben u. U. Anregungen für neue Handlungsalternativen,
- zeigen Möglichkeiten für Änderungen oder Vervollständigungen von programmierten Entscheidungen (z. B. Parameter der gleitenden Losgrößenformel).

Im Einzelfall ist eine Abgrenzung zwischen Entscheidungs- (→) und Orientierungsinformation nicht immer eindeutig durchzuführen, sie ist jedoch auf das gesamte Informationswesen bezogen sinnvoll, da u. U. verschiedene Informationsquellen, Informationsformen und verschiedene Informationszeiten berücksichtigt werden müssen. Insbesondere externe Prognoseinformationen sind als Orientierungsinformationen zu klassifizieren, da sie eine Vorstellung über gesamtmarktliche Tendenzen abgeben können und damit isolierte Betrachtungsweisen verhindern.

Output Device

Datenausgabegerät; (→ Peripherie, Datenstation).

Overflow Area

Bei der index-sequentiellen Speicherungsform (→) der Überlauf- oder Folgebereich.

Paarvergleich

Eine Methode zur Bestimmung der Rangfolge oder Präferenzordnung von Alternativen.
Stehen sehr viele Alternativen zur Diskussion, dann eignet sich für die Aufstellung einer Präferenzordnung die Methode des „vollständigen Paarvergleichs“, die als eine Abwandlung des Rangordnungsverfahrens (→) zu verstehen ist:

Aus n Alternativen lassen sich genau $\frac{n(n-1)}{2}$ Paare

bilden. Im direkten Vergleich wird die jeweilige Präferenz innerhalb eines Paares gebildet. Das Ergebnis wird in eine Dominanzenmatrix eingetragen. Diejenige Alternative, die die häufigsten Dominanzen aufweist, erhält Rang 1 usw.
Beispiel:
Alternativen A, B, C und D sind in eine Rangordnung zu bringen.

Es lassen sich $\frac{4(4-1)}{2} = 6$ Paare bilden, nämlich:

AB, AC, AD, BC, BD, CD. Im direkten Vergleich der Paare erhält der jeweils Dominierende eine 1, der Unterlegene eine 0.

Es möge gelten:

$A < B$
$A > C$
$A > D$ daraus
$B > C$ folgt:
$B > D$
$C < D$

	A	B	C	D	$\sum$	Rang
A	–	0	1	1	2	2
B	1	–	1	1	3	1
C	0	0	–	0	0	4
D	0	0	1	–	1	3

Dominanzenmatrix

(→ Bewertung)

Parallel-Installation

Die P. ist dadurch gekennzeichnet, daß eine vollständige Systeminstallation vorgenommen wird, die simultan neben den praktizierten Verfahren und Systemen abläuft. Diese Vorgehensweise wird in der Praxis sehr häufig angewandt, obwohl sie prinzipiell mit folgenden Problemen behaftet ist:

a) Geht man davon aus, daß sich ein neues System qualitativ und substanziell von den praktizierten Systemen unterscheidet, dann ist im konkreten Falll *keine echte Parallelität* gegeben. Dadurch entfällt die Möglichkeit einer exakten Effizienzanalyse, da die Basis des Vergleichs – das bisher praktizierte System – nicht repräsentativ für die Beurteilung des neuen Systems ist. Lediglich bei isomorphen Übertragungen bestehender Prozesse auf eine EDV-Anlage (→) ist die P. angebracht.
b) Die P. ist eine *kostenintensive* Installationsmethode. Diese Methode führt sowohl zu zusätzlichen Belastungen des Anwenders als auch zu hohen Kapazitätsbelastungen des Rechenzentrums (→).

Die P. kann daher nur dann empfohlen werden, wenn
- die personellen Voraussetzungen für die zusätzliche Arbeitsbelastung geschaffen sind,
- ausreichende Maschinenkapazität zu Verfügung steht und
- das neue Informationssystem (→) weitgehend mit dem praktizierten System (→) übereinstimmt.

(→ Installationsmethoden, Installation)

Peripherie

Die Summe der an eine Zentraleinheit (→) angeschlossenen Eingabe- und Ausgabegeräte; hinzu kommen die Steuer- und Kanaleinheiten und die Datenfernverarbeitungseinrichtungen.

Personalplanung

Die Planung des Gesamtaufwandes an menschlicher Arbeitskraft, die üblicherweise in Mann/Monaten oder Mann/Jahren ausgedrückt wird;

Zuordnung dieses Aufwandes zu den einzelnen Phasen (→) und Aufgaben des Projektes (→); Ermittlung der erforderlichen Personalqualifikation (Programmierleistung, Kodierleistung, Organisationsleistung, Benutzerleistung) und der zeitlichen Einsatzpunkte; Darstellung und Planung des erforderlichen projektspezifischen Schulungsaufwandes für das Personal. Der Personalplan ist zu untergliedern in einen *Personalbedarfsplan* und in einen *Personalbeschaffungsplan*.
Der Personalbeschaffungsplan kann dann aufgestellt werden, wenn durch einen Vergleich zwischen Personalbedarfsplan und tatsächlich verfügbarem Personalstand in quantitativer, zeitlicher und qualitativer Hinsicht Differenzen auftreten. Zum Personalbeschaffungsplan gehört u. a. die Planung von Schulung, externer Ausbildung, Einstellung bzw. Freistellung aus anderen Bereichen bzw. Projekten.
Für die Personalplanung sind folgende Fragen zu klären:
- Wieviele Mitarbeiter (ausgedrückt in Mann/Monaten) sind für das Gesamtprojekt erforderlich?
- Wie muß das qualitative Niveau der zukünftigen Mitarbeiter beschaffen sein?
- Wann müssen die einzelnen Mitarbeiter einsatzbereit sein bzw. wann können die betreffenden Mitarbeiter bereitgestellt werden?
- Wie lange werden sie jeweils am Projekt engagiert sein und welche Aufgaben werden sie anschließend übernehmen (Karriereplanung)?
- Wie groß ist der Schulungsbedarf pro Mitarbeiter und pro Tätigkeitsgruppe?
- Welche organisatorische Stellung sollen die einzelnen Mitarbeiter einnehmen?
- Wie ist die Kompetenz der einzelnen Aufgaben geregelt?

(→Projektplan)

PERT-Planungsmethode

PERT (Program Evaluation and Review Technique) stellt eine Weiterentwicklung des CPM (→ Critical Path Method) dar. Während beim CPM der Vorgang, d. h. die Aktivität (Tätigkeit) durch jeweils einen Knoten im Netzplan dargestellt wird, wobei jeweils die Anfang-

Ende-Bedingungen dieses Knotens bewertet werden müssen, wird bei der PERT-Methode die Aktivität durch eine Kante dargestellt; die Zeitangabe der Kante bestimmt den zeitlichen Aufwand für die Durchführung der Aktivität. Eine Tätigkeit verbindet demnach zwei aufeinanderfolgende *Ereignisse* durch eine Kante. Auch beim PERT wird der kritische Weg entweder durch eine Nachrechnug (Ausgangspunkt ist der fixierte Endtermin des Projektes) oder durch eine Vorrechnung (ausgehend von einem fixierten Anfangstermin und Ermittlung des Endtermins) bestimmt. Dabei geht man davon aus, daß alle Zeiten im Netzplan *geschätzte* Zeiten sind (d. h. echte Planwerte) und daß dementsprechend eine gewisse Unsicherheit bezüglich der zeitlichen Dauer des Gesamtprojektes besteht, die einen Einfluß auf die Wahrscheinlichkeit des Endtermins oder des Anfangstermins hat. Bei PERT wird angenommen, daß die Zeitschätzungen einer Beta-Verteilung entsprechen. Der Mittelwert für diese Verteilung errechnet sich aus drei Angaben:

a) Optimale Schätzung (o): Angabe derjenigen Zeiten, die beim Zutreffen aller gesetzten Planungshypothesen erwartet werden.
b) Pessimistische Schätzung (p): Angabe derjenigen Zeiten, die bei ungünstiger Konstellation erwartet werden müssen.
c) Eine wahrscheinliche Schätzung (w), die zwischen p und o liegt (most likely) und die durch das Abschätzen positiver und negativer Einflußfaktoren auf die Zeitschätzungen zustande kommt.

Den Mittelwert m errechnet PERT nach folgender vereinfachter Formel:

$$m = \frac{o + 4w + p}{6}$$

Die Streuung wird wie folgt ermittelt:

$$\sigma^2 = \left(\frac{p-o}{6}\right)$$

Durch die Angabe von drei Werten für jede Aktivität und durch die Errechnung der Streuung besteht bei diesem Planungsverfahren die Möglichkeit, die Quadrate der Streuung entlang des kritischen Weges zu addieren, um mit Hilfe der Gesamtstreuung Aussagen über den Sicherheitsgrad bezüglich des Anfangs- und Endtermins eines Projektes zu treffen.

Phase

Eine Projektphase stellt eine Menge logisch zusammenhängender Teilaufgaben dar, deren zielentsprechende Erledigung zu einem Entscheidungsreifen Ergebnis (Zwischenergebnis) führt. Der Beginn einer P. wird durch eine Entscheidung ausgelöst, ebenso wie das Ende der P. einen Entscheidungspunkt darstellt.
Die Entscheidung, die den Beginn einer P. auslöst, wird als *Zielentscheidung* bezeichnet, jene, die das Ende bestimmt, als *Kontrollentscheidung*.
Ein Rücksprung in vorangegangene Phasen (Wiederholungsaktivitäten) ist nur dann statthaft, wenn durch die Kontrollentscheidung *erhebliche Abweichungen* gegenüber der Zielentscheidung festgestellt werden.
Die Einteilung eines Projektes (→) in verschiedene Phasen (Teilabschnitte) kann prinzipiell nach zwei Kriterien erfolgen: Nach *zeitlichen* oder nach *aufgabenspezifischen* Kriterien.
In der Regel wird man versuchen, eine Kombination beider Kriterien dadurch herbeizuführen, daß eine bestimmte Menge von zu erledigenden Aufgaben einem bestimmten Zeitabschnitt zugeordnet wird.
(→ Phasenschema)

Phasenschema

Die systematische Ordnung von Teilaufgaben eines EDV-Projektes (→). Durch ein P. wird erreicht, daß eine Parallelität zwischen Phase (→), Aufgaben und Entscheidungen herbeigeführt werden kann. Das bedeutet, daß der Projektverlauf in den unternehmerischen Entscheidungsprozeß eingebettet wird.

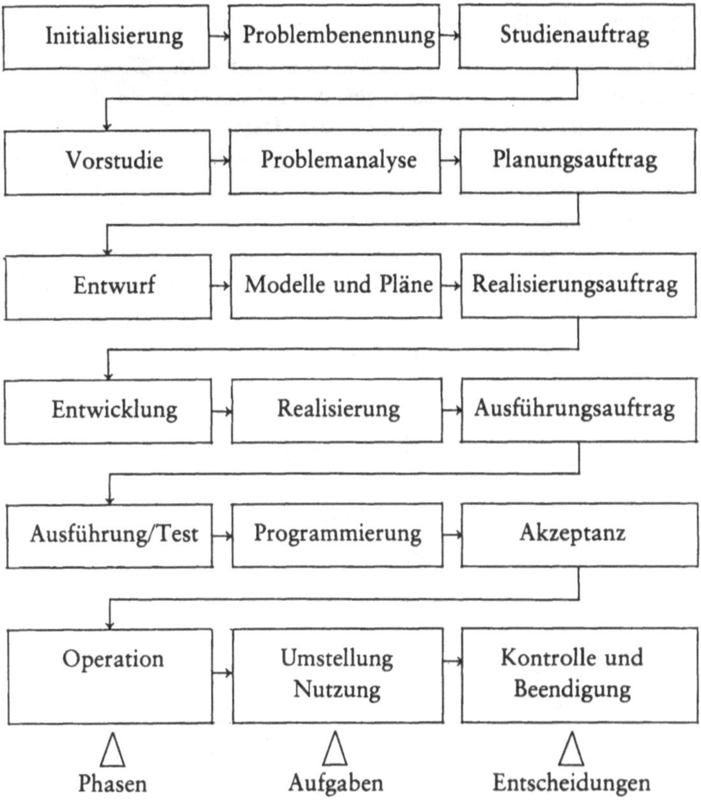

Beispiel eines Phasenschemas

Die Gliederung eines Projektes in derartige Phasen läßt prinzipiell die Möglichkeit offen, an einem beliebigen Entscheidungspunkt den weiteren Verlauf zu unterbrechen bzw. die nachfolgenden Aufgaben (Phasen) korrigierend zu steuern. Letzteres wird immer dann der Fall sein, wenn sich gravierende Veränderungen in den Zielsetzungen oder in den Umweltbedingungen des Systems (→) ergeben.

Physische Struktur

Die entsprechend der Datenbanksoftware auf einem Datenspeicher manifestierte Anordnung der Segmente (→) mit ihren durch Pointer (→) hergestellten Verknüpfungen. Beim Datenbanksystem IMS (Information Management System) der Fa. IBM sind u. a. sogenannte logische und physische Pointer unterschieden, welche das Beziehungsgefüge der Segmente eines Datenbestandes und der einzelnen Sätze im Rahmen der Datenbank bestimmen. Physische Pointer organisieren die Beziehungen innerhalb einer Datei, logische Pointer die zwischen mehreren Dateien. Grundsätzlich sind folgende Pointer im IMS vorgesehen:

a) Physical Parent (PP) und Physical Child (PC):

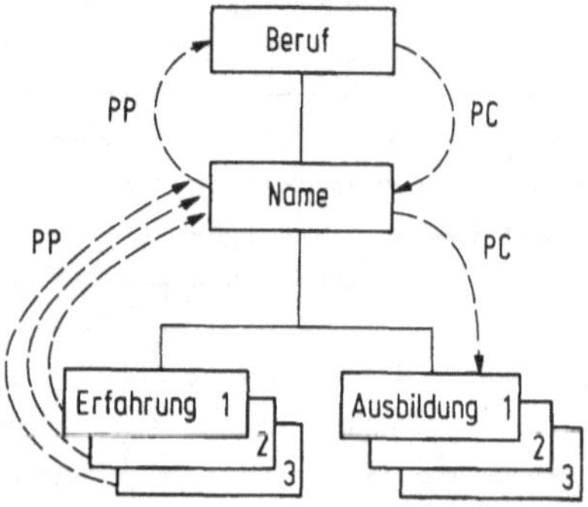

Physische Parent- und physische Child-Pointer

Das Segment „Erfahrung 1“ wird durch die PP-Pointer eindeutig zum nächst höheren Segment „Name 1“ zugeordnet und dieses Segment wiederum zum Root-Segment (Kopfsegment) „Beruf“.
Physische Parent Pointer werden dann banutzt, wenn von einem Segment einer niedrigen hierarchischen Stufe aus ein Durchsuchen der gesamten Hierarchie „nach oben“ erforderlich ist. Beim PC Pointer ist die Richtung des hierarchischen Suchens umgekehrt:

Von der höchsten Stufe einer hierarchisch geordneten Datenstruktur wird jeweils zu Segmenten niedriger Stufen verwiesen. Beim Physical Child Pointer sind zwei Unterscheidungen möglich:

Physical Child First (PCF) und Physical Child Last (PCL): Diese Pointer regeln die Reihenfolge, in der die Segmente bearbeitet werden sollen.

b) Logical Parent (LP) und Logical Child (LC):

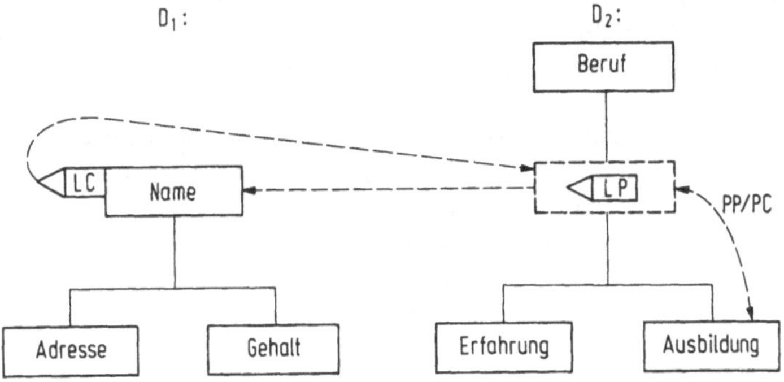

Logische Child- und logische Parent-Pointer

Hierbei wird die Verbindung zwischen 2 Dateien hergestellt.
Das Segment „Name" ist in diesem Fall in D_2 nicht gespeichert; vielmehr verweist LP auf den Namen in D_1, in der das Segment Name physisch gespeichert ist. Sind umgekehrt einem Namen (D_1) Segmente der Datei D_2 zugeordnet, dann wird die Verbindung über LC zu D_2 hergestellt und über PP/PC innerhalb D_2 das entsprechende Segment gefunden.
(→ Hierarchische Speicherung)

Pilot-Installation

Bei einer P. hat das neue Verfahren zunächst den Charakter eines Modells. Bei umfangreichen Verfahren werden zunächst nur jene Module installiert, die einen repräsentativen Ausschnitt des Gesamtverfahrens

darstellen. Man verzichtet beispielsweise auf die Syntaxprüfung (→) und auf die Plausibilitätskontrollen sowie auf die Formatierung des Outputs. Bei einem Bestellrechnungsmodell würde beispielsweise in diesem Fall nur das Modul für die Berechnung der optimalen Losgröße und für die Terminierung der Bestellvorschläge installiert; das Verfahren arbeitet mit Testdaten und mit Realdaten, die als Bestand vergangener Perioden verfügbar sind. Insofern hat die P. den Charakter einer Übergangsphase zwischen Test (→) und Installation. Es ist das primäre Ziel der P., den Benutzer (→) mit dem Verfahren vertraut zu machen und als Schulungsunterlage die eigentliche Installation zu erleichtern. Eine Form der P. stellt die probeweise, zeitlich begrenzte Installation des Verfahrens in einem externen Rechenzentrum (→) dar. Dort wird der Realprozeß quasi simuliert, und lediglich die Ergebnisse werden dem Benutzer übermittelt, der die Aufgaben der Prüfung, der Dateneingabe und der Systemsteuerung übernimmt. Das Verfahren steht solange außerhalb der betrieblichen Umwelt, bis die Ausbildung des Anwenders (→) abgeschlossen und die fehlerfreie Operation garantiert ist.
(→ Installationsmethoden, Installation)

Pilot-Projekt

Ein EDV-Projekt (→), das erstmals entwickelt wird und primär der Überprüfung und dem Test (→) auf generelle Anwendbarkeit dient. Pilot-Projekte werden insbesondere bei der Entwicklung von Anwendungssoftware (→) entwickelt, wobei man zunächst einen Test des entwickelten Informationssystems (→) unter den realen Bedingungen der betreffenden Organisation durchführt, bevor die generelle Freigabe zur Vermarktung gegeben wird.

PL/1

Programming Language / One, eine höhere Programmiersprache (→), die auf Elemente von COBOL (→) und FORTRAN (→) zurückgreift und für die Programmierung von sowohl kommerziellen als auch technisch-wissenschaftlichen Aufgaben geeignet ist; insofern kann sie auch als eine universelle Programmiersprache bezeichnet werden. Basiselemente von PL/1 sind sog. Statements (Anweisungen oder Vereinbarungen), das Programm selbst wird aus Statement-Blöcken aufgebaut. PL/1-Programme können Daten (→) jeglicher Art verarbeiten, sofern die Datenbeschreibung explizit definiert ist. Fehlende Spezifikationen werden vom Compiler (→) durch festlegbare Standardvereinbarungen ergänzt. Aus dem gesamten Instruktionsvorrat der Sprache können Teilmengen als sog. Subsets definiert werden, die für ein spezielles Anwendungsgebiet Gültigkeit besitzen.

Plannet-Methode

Die Plannet-Methode (Planning Networks) stellt eine Weiterentwicklung der Ganttschen Methode (→) dar, indem die Arbeitsfolgen und die zwischen ihnen bestehenden Abhängigkeiten dargestellt werden. Dadurch sind u. a. die sog. „Puffer- oder Wartezeiten" erkennbar. Der Nachteil dieser Methode besteht darin, daß sie nur für eine begrenzte Anzahl von Aktivitäten eines Projektes eingesetzt werden kann.

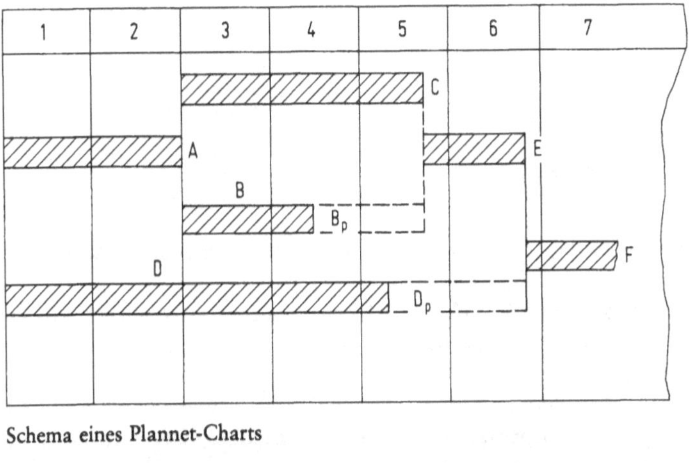

Schema eines Plannet-Charts

B_p = Pufferzeit für Aktivität B
D_p = Pufferzeit für Aktivität D

Planungssystematik

Die systematische Abstimmung von Plan-Plan-Vergleich und Plan-Ist-Vergleich während des Verlaufs eines Projektes (→). Als Grundlage dient dabei das Phasenschema (→):
Je Phase wird verlangt, daß ein revidierter Plan für das Gesamtprojekt (i. e. die nachfolgenden Phasen) und ein Detailplan für die unmittelbar folgende Pase erstellt wird.
Es handelt sich dabei um das Prinzip der dynamischen Vorlaufplanung, das wie folgt veranschaulicht werden kann:

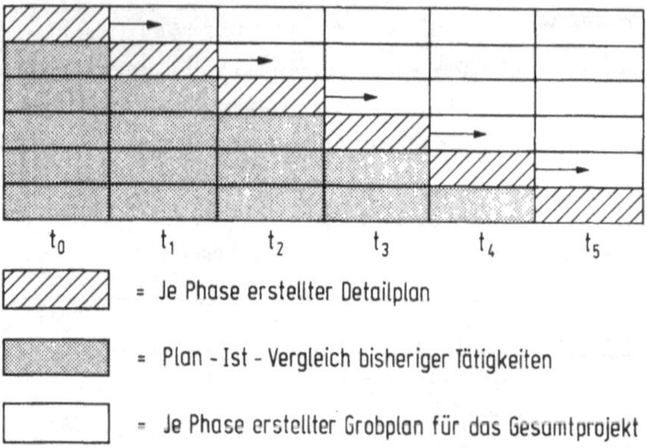

Planungssystematik

Diese Planungssystematik bietet zwei unterschiedliche Kontrollmöglichkeiten:
- Plan-Ist-Vergleich: Messung der *realen* Leistungsergebnisse an den *geplanten* Ergebnissen der vorangegangenen Phase (bzw. Periode): Feed back.
- Plan-Plan-Vergleich: Vergleich der jeweils neu erstellten Pläne mit jenen der Vorperiode bzw. Phase, insbesondere Gegenüberstellung der „alten" Gesamtpläne mit den „neuen" Gesamtplänen: Feed forward.

Durch diese Planungssystematik wird eine Basis für Managment-Entscheidungen, Abweichungsanalysen und Fehlerbeurteilungen geschaffen. Die Ergebnisse dieser Kontrollvergleiche bilden die Grunglage für die Entscheidung bezüglich des weiteren Projektverlaufs, insbesondere für die Freigabe von finanziellen Mitteln (Budgetierung).

Planungstechnik

Die Anwendung von bestimmten Planungsverfahren auf die Projektplanungen. Infrage kommen dabei grundsätzlich:
– Netzwerkplanungen und
– lineare Planungsmethoden.
Beide Techniken schließen einander nicht aus. Bei einfachen Planungen, bei denen es sich lediglich um Fortschreibungen und lineare Projektionen handelt (z. b. Personaleinsatzpläne), genügt oftmals die lineare Darstellung nach Gantt oder Plannet. Dagegen muß bei interdependenten Aktivitäten, die teilweise parallel durchgeführt werden, mit Hilfe der Netzplantechnik operiert werden.
(→ Critical Path Method, Ganttsche Planungsmathode, PERT-Planungsmethoden, wie sie auf S. 218 dargestellt sind.

Planungsverfahren

Die für die Planung und Steuerung von Projekten (→) einsetzbaren Planungsmethoden, wie sie auf S. 218 dargestellt sind.

Als Auswahlkriterien für eine bestimmte Planungsmethode gelten:

1. *Qualitatives Niveau und Ausbildungsstand der Planungsbeauftragten*
   Die Einführung und Handhabung eines Planungsverfahrens oder Planungsmodells stellt ein eigenes Projekt dar. Daher ist es erforderlich, daß zunächst eine Schulung aller Beteiligten dieses speziellen Projektes durchgeführt wird; prinzipiell sollte der Grundsatz beachtet werden, daß gerade bei Planungsmodellen zunächst mit einfachen Methoden ein Erfahrungsschatz aufgebaut wird, bevor komplexe

- TERMINPLANUNGS-VERFAHREN
  - Ganttsche Methode (→)
  - Plannet-Methode (→)
  - Netzplantechniken (→)
    - CPM (Critical Path Method) (→)
    - PERT (Program Evaluation and Research Technique →)
    - MPM (Metra-Potential-Methode)
    - Precedence Methoden
- KOSTENPLANUNGS-MODELLE
  - PERT/COST
  - LESS (Least Cost Estimation and Scheduling)
- KAPAZITÄTSPLANUNGSMODELLE
  - ECS (Engineering Cost System)
- KOMBINIERTE MODELLE

Planungsverfahren

(kombinierte) Modelle etabliert werden. Insbesondere die organisatorische Struktur sollte gelöst sein (Netzwerk-Koordinator, User-Gruppen und Projektplaner).

2. *Verfügbare Hardware/Software*
Komplexe Planungsmodelle erfordern eine bestimmte Kernspeichergröße für deren automatischen Betrieb. Die Verträglichkeit und der Aufwand für die Installation sind zusätzliche Kriterien für die Auswahl.

3. *Dimension des zu planenden Projekts und technisches Leistungspotential der Planungsmethode*
Die Größe des Projektes kann durch die Anzahl der zu planenden Einzelaktivitäten, des erwarteten Outputs (Ressource-Levelling, Kapazitätslisten, Zeitpläne, Management-Berichte) und der Dauer des Projektes bestimmt werden.

4. *Planungsziele*
Es muß eindeutig definiert werden, welches die speziellen Planungsziele einer umfangreichen Projektplanung sind: reine Zeitplanung, Kostenplanung, Kostenvergleich, Ressource-Allocation.

5. *Wirtschaftlichkeit des Planungsverfahrens*
Bei der Analyse der Wirtschaftlichkeit muß eine Gegenüberstellung des Aufwandes für die Planungsverfahren (einschließlich der laufenden Kosten durch die personelle Organisation) mit den geschätzten Kosten evtl. Terminverzögerungen, die ohne umfangreiche Planung entstehen können, erfolgen. Oder: der Ertrag eines Planungsverfahrens ergibt sich aus den Vorteilen des geschätzten früheren Eintritts des Produktionsabschlusses minus dem Aufwand für die Planung.

6. *Mehrfachverwendung*
Hierbei ist zu klären, inwieweit dem Planungssystem der Charakter einer anwendungsindifferenten universellen Methode zukommt; in der Regel kann ein gegebenes Planungssystem für mehrere, unterschiedliche Projekte verwendet werden.

(→ Planungssystematik)

Plattenspeicher

Ein Datenträger, der für die schnelle und direkte Verarbeitung von Daten (→) benutzt wird. Grundsätzlich besteht ein P. aus mehreren Platten, die in Spuren eingeteilt und zylinderweise angeordnet sind.Ein Zugriffskamm, der mit Schreib-Lese-Köpfen ausgestattet ist, bewegt sich in horizontaler Richtung zwischen den Plattenoberflächen, die sich um eine Achse drehen. Sätze werden auf Spuren gespeichert.

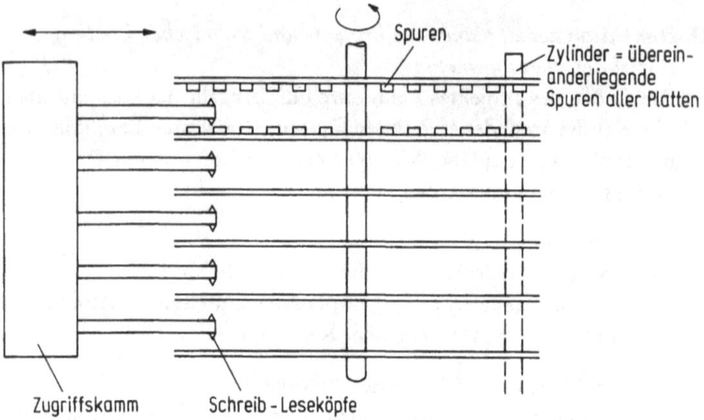

Schema eines Plattenspeichers

Plotter

Eine Datenstation (→) für die Ausgabe von Daten (→) in graphischer Form (Kurven, Diagramme usw.).

Pointer

Adreßhinweise, die der Verknüpfung von Datenelementen eines Bestandes dienen.
(→ Datenbank, physische und logische Struktur, Index)

Primär-Index

Die Zuordnung einer physischen Adresse (→ Adressierung) zum Hauptordnungskriterium eines Satzes (→). P. dienen dem direkten Zugriff (→) zu Datenelementen (→) und Sätzen eines Datenbestandes.

Printer (→ Drucker)

Problem

Allgemein die Abweichung vom „Normalen". Als normal gilt, was sich innerhalb geplanter und machbarer Grenzen bewegt. Vom Standpunkt einer verhaltensorientierten Betrachtungsweise liegt ein P. immer dann vor, wenn ein Individuum mit einer Situation konfrontiert wird, für deren Bewältigung (i. e. Treffen einer Entscheidung, Ausweichen oder Anpassung an die Situation) weder gewohnheitsmäßig (erfahrungsbedingt) noch innovativ/kreativ irgendwelche Handlungs- oder Beeinflussungsparameter *unmittelbar* verfügbar sind. Zur Lösung eines P. sind verschiedene Phasen – die insgesamt einen Problemlösungsprozeß (→) kennzeichnen – zu durchlaufen. Ein wichtiges Hilfsmittel der Problemlösung stellt die informationelle Analyse (→) dar.

Problemindikator

Die Problemwahrnehmung und damit zugleich die Problembewertung werden durch die Umwelt, die quasi ein „Problempotential" zur Verfügung stellt, und von der Struktur des inneren Modells eines Entscheidungsträgers bestimmt. Die Verbindung zwischen der Umwelt und der Phase der Problemwahrnehmung wird durch P. hergestellt. Dabei unterscheidet man:

a) *P. vom Typ I* = Kontrollinformationen:
Hierbei handelt es sich um Informationen, die Abweichungen zwischen den laufenden Aktivitäten und den Plänen des Unternehmems aufzeigen.

b) *P. vom Typ II* = Trendinformationen:
Es sind dies sog. „Feed-Forward-Informationen“: Sie entstehen durch einen Vergleich zwischen Zielprojektionen und jeweiligem Informationsstand (→); sog. Plan-Plan-Abweichungen.

c) *P. vom Typ III* = Zielinformationen:
Dieser Indikator zeigt Möglichkeiten auf, um die bestehenden Pläne zu korrigieren, Anpassungen an veränderte Bedingungen der Umwelt vorzunehmen und die geplanten Aktivitäten grundsätzlich zu ändern (Plankorrekturen).

Kontroll-, Trend- und Zielinformationen sind Gegenstand automatisierter Management-Informationssysteme (→), die möglichst automatisch derartige Informationen generieren sollen.
(→ Problemlösungsprozeß)

Problemlösungsprozeß

Die Gesamtheit der Teilaktivitäten, die ein Individuum bewußt und teils unbewußt ausführt, um ein gegebenes Problem (→) zu lösen. Grundsätzlich unterscheidet man folgende Phasen:

1. Identifizierung des Problems (Problemwahrnehmung).
2. Erlangung zusätzlicher Informationen (Informationssuche →, Analyse der Problemindikationen →)
3. Entwicklung möglicher Lösungen
4. Bewertung dieser Lösungen
5. Auswahl einer Strategie für die Realisierung
6. Tatsächliche Durchführung einer Handlung sowie
7. nachfolgendes Lernen und Revision.

(→ informationelle Analyse, TOTE-Einheit)

Procedure

Eine Folge von Instruktionen (→), die insgesamt ein Unterprogramm bilden (→ Makro-Instruktion).

Processing Mode (→ Betriebsweise)

Prognosesystem

P. haben das Ziel, die möglichen Auswirkungen von alternativen Entscheidungen innerhalb kurzer Zeit zu berechnen. Insbesondere als Planungssysteme dienen sie dazu, den gesamtbetrieblichen Planungsprozeß zu rationalisieren: Sie können sowohl als *interne P.* für spezielle Funktionsbereiche (z. B. Investitionsentwicklung, langfristige Personalentwicklung, langfristige Finanzplanung) bzw. für betriebliche Gesamtpläne (z. B. prospektive Bilanzen) als auch für *externe Marktprognosen* entwickelt werden. Prognosemodelle basieren weitgehend auf mathematisch-statistischen Erkenntnissen und Methoden.

Program Flow (→ Programmablauf)

Programm

Eine Menge von Instruktionen (→), die für die Lösung einer bestimmten Aufgabe von einem Rechner ausgeführt werden. Der formale Aufbau des P. ist von der Programmiersprache (→) abhängig. So gliedert sich bespielsweise ein P., das in COBOL (→) geschrieben wird, in vier Bereiche (Divisions):

- *Identification Division:* Enthält P. -Name, Name des Programmierers und sonstige Bemerkungen (remarks).
- *Environment Division:* Im wesentlichen die Beschreibung und Zuordnung der für die Ausführung des Programmes erforderlichen Peripherie (→).
- *Data Division:* Dataillierte Beschreibung der Dateneingabe- und Datenausgabeformate, der Felder und Notationen.
- *Procedure Division:* Instruktionen (→) für die Verarbeitung und Steuerung der Daten.

Während der Ausführung befindet sich das P. oder Teile desselben im Hauptspeicher (→). Zur Lösung einer Aufgabe werden die Instruktionen vom Rechenwerk nacheinander abgerufen und ausgeführt.
(→ EDV-Anlage, Programmerstellung)

Programmablauf

Nach DIN 44300, Nr. 74 „die zeitlichen Beziehungen zwischen Teilvorgängen, aus denen sich die folgerichtige Ausführung eines Programms (→) zusammensetzt".

Programmbibliothek

Die für eine Verarbeitung notwendigen Programme bzw. Programmteile (Module) werden üblicherweise auf einem Speicher mit direktem Zugriff verwaltet. Sie sind dadurch in ständiger Betriebsbereitschaft. Daraus resultieren folgende Vorteile:

- Reduzierung des Hauptspeicherbedarfs, da immer nur diejenigen Programmteile geladen werden, die gerade für die Bearbeitung benötigt werden.
- Verkürzung der Rüstzeiten des Operators (→), da sich seine Arbeit dann hauptsächlich auf die Bereitstellung der Eingabe- und Ausgabeeinheiten sowie auf die Kontrolle der Konsole (→) und deren Bedienung beschränkt.
- Ermöglichung einer modularen Struktur der Programme (→).

Programmdokumentation

Die P. hat den Zweck, eine reibungslose Durchführung der Produktionsläufe eines Systems ohne Unterstützung durch Programmierer, Organisatoren und Systemanalytiker zu ermöglichen. Sie muß daher so abgefaßt sein, daß das betriebliche Rechenzentrum (→) in eigener Verantwortung die Produktionsläufe vorbereiten, durchführen und kontrollieren kann. Die Programmdokumentation enthält somit Elemente einer Arbeitsanweisung und Arbeitsvorbereitung sowie spezielle Anweisungen für Ausnahmesituationen (z. B. programmgesteuerter Abbruch des Systems). Eine Programmdokumentation besteht aus folgenden Dokumenten:

– *Prüf- und Freigabeformular*

Bestätigung eines ordnungsgemäßen Programmabschlusses, Abnahme durch das Rechenzentrum (RZ), Übernahme der Programme in die Verantwortung und den Betrieb des RZ, Aufnahme in die Programmbibliothek.

– *Arbeitsanweisung an den Operator*
Definition der Konfiguration (Anzahl der Platten- und Bandeinheiten, Angabe des jeweiligen Speicherbedarfe für die Disposition), Termine (Laufzeit und Rhythmus), Angabe der Unverträglichkeiten (Hinweis auf Programme, die mit dem dokumentierten Programm nicht gleichzeitig durchgeführt werden dürfen).

– *Datenübersicht*
Tabellarische Übersicht über alle benötigten Datenbestände, Angabe der systemresidenten Speichereinheiten, der Input- und Output-Karten, Beschreibung der Multi-Data-Sets (Angaben über unterschiedliche Datenbestände auf demselben Medium).

– *Ablaufübersicht*
Schematische Darstellung des Informationsflusses zwischen den Datenbeständen, Definition des „Woher" (Archiv, System, Anwender) und des „Wohin" der Daten.

– *Definition des System-Inputs*
Die Darstellung des System-Inputs ist erforderlich, um evtl. Eingriffe in den Programmablauf durch den Operator zu erleichtern; darüberhinaus ist ein Dublikatsatz sämtlicher Steuerkarten, Tabellenkarten und der Job Control Language notwendig.

– *Nachrichtenverzeichnis*
Beschreibung sämtlicher Nachrichten, die während der Ausführung des Programmsystems über die Konsole für den Operator ausgegeben werden. Das Nachrichtenverzeichmis muß enthalten: Ursprung der Nachricht (Programm-Nr., Step), Bedeutung der Nachricht (Text), Anweisung (welche Maßnahmen sind zu ergreifen?).

– *Restart Procedure (→ Wiederanlauf)*
Diese enthält eine Beschreibung möglicher programmgesteuerter Systemabbrüche und die Aufzählung aller Maßnahmen, die in diesem

Falle vom Rechenzentrum zu ergreifen sind, um das Programmsystem abzuschließen; Protokollnachrichten, Schlußnachrichten.

– *Beschreibung der Testdaten (→ Test)*
Sämtliche Testdatenbestände, Load-Modules (→) und Standard-Modules sind zu beschreiben, da diese insbesondere für den Übernahmelauf und für spätere Änderungen benötigt werden.

– *Beschreibung der Sicherheitsmaßnahmen*

– *Blockdiagramm- und Umwandlungsliste (→)*
Das Blockdiagramm gibt Auskunft über den logischen Ablauf des Programmsystems, während die Umwandlungsliste Hinweise auf die Programmcharakteristik enthält (z. B. Speicherbedarf, Nachweis für korrigierte „Warnungen" des Systems).

– *Kurzbeschreibung des Verfahrens*
Die Kurzbeschreibung hat den Zweck, das Rechenzentrum über die wesentlichen Aufgaben, Verantwortlichkeiten und Termine eines Verfahrens zu informieren.

Programmfehler

Fehler, die durch die Programmierung (→) enstehen. Man unterscheidet zwischen *formalen* (syntaktischen) und *logischen* Fehlern. Formale Fehler sind Verstöße gegen die Regeln und Konventionen der Programmiersprache (→) und werden durch die Umwandlung (→) des Programms angezeigt. Logische Fehler entstehen durch eine falsche Interpretation der sachlichen Verarbeitungslogik des zugrunde liegenden Problems und führen zu falschen Ergebnissen des Programms. Sie sind nur durch den Test (→) erkennbar.

Programmieranweisung

Die P. ist die Umsetzung des Detailvorschlags (→) in eine Menge von Vorschriften zur Codierung (→) einer oder mehrerer Aufgaben. Sie dient dem Programmierer als Arbeitsunterlage für die Erstellung der

Programme und der Testdaten. Formal wird sie in der Regel als Flußdiagramm (→) aufgebaut, das durch Beschreibungen ergänzt wird. Sie zeigt die Gliederung der einzelnen Module des Verfahrens auf, enthält die Verarbeitungsschritte in ihrer logischen Reihenfolge und in detaillierter Form die Eingabe- und Ausgabedaten, die Speicherbelegungspläne und die logischen Entscheidungen.

Programmierbare Entscheidung

Entscheidungsprozesse (→), bei denen die Daten und die Methoden ihrer Verarbeitung genau bekannt sind; in der Regel handelt es sich um Routine-Entscheidungen, die durch ein Programm (→) nachvollzogen werden können. Im Gegensatz hierzu ist die nicht-programmierbare Entscheidung zu sehen, die prinzipiell novativer Natur ist und bei der die erforderlichen Daten und/oder Methoden ihrer Verarbeitung nur mangelhaft und ungenau spezifziert sind.

Programmiersprache

Eine künstlich geschaffene Sprache, die aus einer Menge von Instruktionen (→) besteht, die von einer elektronischen Datenverarbeitungsanlage interpretiert werden können und bestimmte Maschinenoperationen auslösen. Die Arbeitsweise einer EDV-Anlage (→) ist grundsätzlich dadurch gekennzeichnet, daß sie „Befehle" (Instruktionen, Operationen) in binäre elektrische Impulsfolgen transformiert, die bestimmte Zustände kennzeichnen. Das Wesen einer P. besteht darin, daß sie für die Instruktionen an die Maschine nicht die „echten" Zustandsvariablen, nämlich die Symbole „1" für „Strom fließt" bzw. „0" für „Strom fließt nicht" benutzt, sondern mnemonische Abkürzungen von Wörtern und Phrasen der natürlichen Sprache.Zwischen diesen Abkürzungen und den diskreten Zuständen der Maschine wird eine ein-eindeutige Beziehung hergestellt. Für die Realisierung dieser Beziehung ist ein „Übersetzungsvorgang" (→ Assembler, Compiler, Umwandlung) erforderlich, der durch ein spezielles Programm (→) bewältigt wird und das eine Rückführung der mnemonischen Wortkürzel in den echten

Maschinencode bedingt. Das mit Hilfe der mnemonischen Abkürzungen geschriebene Programm nennt man „symbolisches“, das in den Maschinencode übersetzte „echtes“ Programm.

Man gliedert die P. üblicherweise in:

a) Maschinenorientierte Sprachen, die sich noch weitgehend an den internen Maschinencode anlehnen, wie z. B. die Assembler-Sprache (→).

b) Problemorientierte Sprachen

b_1) Für kommerzielle Aufgabenstellungen, z. B. COBOL (→), PL/1 (→).

b_2) Für technisch-wissenschaftliche Aufgaben, z. B. FORTRAN (→) und ALGOL (→).

c) Benutzerorientierte Sprachen
Diese zeichnen sich durch einen in Form von Makroinstruktionen (→) aufgebauten Instruktionsvorrat aus, der eine einfache Verständigung zwischen Benutzer (→) und EDV-Anlage ermöglicht. Einen Sonderfall dieser Kategorie stellen die Generatorsprachen (→) dar.

Programmiertechnik

Sammelbegriff für Methoden, Techniken und Verfahren für die Erstellung, den Test (→), die Installation (→), die Wartung (→) und Dokumentation (→) von Programmen (→). Die P. ist ein Bestandteil des Software-Engineering (→) und umfaßt im wesentlichen folgende Aufgabengebiete:

- Strukturierte Programmierung (→)
- Normierte Programmierung (→)
- Arbeitsteilige Erstellung von Programmen (→ HIPO)
- Benutzung spezieller Testverfahren (→)
- Design-Verfahren (→ Top-Down - und Bottom-Up-Design)
- On-Line-Programmierung (→)
- Benutzung spezieller, standardisierter Verfahren, wie z. B. Entscheidungstabellen (→).

Programmierter Unterricht

Eine Methode der Schulung und des Lernens. Der Lernstoff wird in logisch abgrenzbare Lernschritte untergliedert. Der Lernende lernt jeweils einige Schritte, die am Schluß eines Lernabschnitts durch einfache Fragen zu beantworten sind. Sind die Antworten falsch, erfolgt ein Rückverweis (Wiederholung) auf die vorangegangenen Übungen. Der p. U. eignet sich gut für das Selbststudium, seine Anwendung ist jedoch auf eindeutig strukturierbare Lernprozesse beschränkt. Als Nachteil gilt u. U. der Verlust bzw. das Nicht-Einüben kreativer Problemlösung, da der Lernprozeß vorgegeben und eindeutig strukturiert ist. Als Hilfsmittel für den Selbstunterricht führt der p. U. zu einer Arbeitserleichterung des Lernenden. Der p. U. kann auch als Dialogverarbeitung (→) mit einer EDV-Anlage realisiert werden.

Programmierung

Allgemein die „Übersetzung" eines Problems in eine Programmiersprache (→) und die Erstellung eines arbeitsfähigen Programms (→). Die Grundlage für die P. bildet die Programmieranweisung (→). Die P. gliedert sich in eine Reihe systematisch aufeinander abgestimmter Arbeitsfolgen:

1. Entwurf eines Datenflußplanes (→) auf der Grundlage der Programmieranweisung.
2. Festlegung der Formate für die Eingabe und Ausgabe der Daten.
3. Aufstellen des Speicherbelegungsplanes.
4. Entwurf des Blockdiagramms (→).
5. Schreibtischtest (→).
6. Codierung (→).
7. Ablochen des Quellenprogramms (→) und Umwandlung (→).
8. Überprüfen der Umwandlungsliste (→ Umwandlung) und Fehlerbereinigung.
9. Testen des bereinigten Programms (→ Test).
10. Überprüfen der Testergebnisse und evtl. Modifikation des Programms (bedingt Rücksprung nach Punkt 6).

11. Dokumentation (→) des Programms und Übergabe an das Rechenzentrum (→).

(→ Programmiertechnik)

Program Unit

Programmteil, Programmbaustein, Unterprogramm (→ Makro-Instruktion).

Projekt

Ein Aufgabe mit folgenden Eigenschaften (= Kriterien eines P.):

1. Es handelt sich um eine einmalige Aufgabe mit besonderen Eigenschaften, die sich deutlich von allen übrigen Tätigkeiten des Unternehmens abheben.
2. Die Aufgabe ist zeitlich begrenzt, d. h. es handelt sich *nicht* um eine Daueraufgabe.
3. Die Aufgabe ist in der Regel nicht durch eine einzige Unternehmensfunktion lösbar; es sind verschiedene Funktionen, Stellen, Instanzen und hierarchische Stufen des Managements beteiligt.
4. Das Projekt steht im Zusammenhang mit der unternehmerischen Zielsetzung insofern, als der erfolgreiche Abschluß Auswirkungen auf die Effektivität einzelner, mehrerer oder aller operativer und/oder dispositiver Prozesse haben kann.

Die Realisierung eines Informationssystems (→) stellt in der Regel ein P. dar, für dessen Planung, Steuerung und Kontrolle besondere Formen der Organisation und Führung erforderlich sind (→ Projektmanagement).

Projektantrag

Der von einer Fachabteilung gestellte Wunsch für die Erstellung eines EDV-Verfahrens zur Unterstützung ihrer Aufgaben bzw. zur Entlastung ihrer Mitarbeiter. Der P. muß begründet sein und Aussagen über die Wirtschaftlichkeit des geforderten Verfahrens enthalten. Als wichtigste Bestandteile eines P. gelten:

1. Projektbezeichnung.
2. Kurzbeschreibung des geforderten Verfahrens.
3. Begründung des Projekts (z. B. Kostenersparnisse, Arbeitsengpässe, Informationsgewinn, gesetzliche Auflagen usw.).
4. Durch das Projekt entfallende Arbeiten (im Fachbereich oder im Bereich EDV und Organisation).
5. Projektertrag (→).
6. Investitionsbereitschaft der Fachabteilung, z. B. vorhandenes Budget.
7. Laufhäufigkeit im Rechenzentrum (monatlich, wöchentlich usw.).
8. Mengengerüst (→) der Basisvorgänge.
9. Alternativen.
10. Terminvorstellungen.
11. Mitarbeit der Fachabteilung bei der Realisierung.

Die Projektanträge dienen der Abteilung „EDV und Organisation" als Basismaterial für die Erstellung der Projektpläne (→), insbesondere für die Planung des finanziellen und personellen Aufwands für die Realisierung der gewünschten Verfahren.

Projektbewertung

Der Einsatz von Verfahren und Methoden mit dem Ziel, aus einer Menge von Vorschlägen die optimale Lösungsmöglichkeit zu bestimmen. Die Bewertung (→) kann sich auf verschiedene Objekte bzw. Bestandteile eines EDV-Projekts beziehen, die jeweils mit unterschiedlichen Bewertungskriterien beurteilt werden.

Bewertungsobjekte	Bewertungskriterien
1. Informationssystem	– Integrationsmöglichkeit – Informationsfluß – Dokumentation – Änderungsaufwand – Lernaufwand
2. Datenverarbeitungs-system	– Kompatibilität – Einhaltung der Vorgaben und Normen des Rechenzentrums – Kennziffern über die Leistungsfähigkeit (→ MIX)
3. Benutzung und Benutzer	– Benutzerfreundlichkeit (→) – Leichte Handhabung – Datenschutz – Eingriffsmöglichkeiten
4. Datenorganisation	– Verträglichkeit mit den praktizierten Formen der Datenspeicherung, des Datenzugriffs und der Verarbeitungsformen – Datensicherung – Speichervolumen
5. Software	– Speicheraufwand – Modifikationsmöglichkeiten – Ausbaustufen – Preis-/Leistungsverhältnis

(→ Multifaktorenmethode, Projektkosten)

Projektertrag

Die Summe der durch ein EDV-Projekt erzielbaren Erträgnisse. Man unterscheidet:

a) *Quantifizierbare* Aufwand- und Ertragsarten, die eine *direkte* Beeinflussung auf die Gewinn- und Verlustrechnung ausüben, und zwar in Form zusätzlichen Ertrags oder als direkte Ersparnisse von Kosten bzw. Aufwand; z. B.: Einsparung von Personal, Reduzierung von Lagerkosten durch genaue Disposition.

b) *Qualitative Faktoren,* die in einem *indirekten,* meist nur langfristig wirksamen Zusammenhang mit den übrigen Ertragsarten des Unternehmens stehen (sogenannte Informations- und Organisationsverbesserungen).

c) *Institutionelle Faktoren,* die eine Beeinflussung des Leistungsverhaltens des Personals bedingen (sog. human factors).

Projektfile

Die systematisch geordnete Ablage aller mit der Realisierung eines Projekts (→) zusammenhängenden Dokumente. Eine Gliederungsmöglichkeit für den formalen Aufbau eines P. bildet das Phasenschema (→); die Inhalte, Form und Periodizität werden durch die Berichtsorganisation (→ Berichtssystematik) geregelt. Die P. beinhaltet insbesondere die Dokumentation folgender Sachgebiete:

- Die für das Projekt ausgewählten Alternativen und ihre Bewertung.
- Konferenzabsprachen und Entscheidungen.
- Aufwands- und Ertragsrechnungen.
- Organisations- und Detailvorschläge (→).
- Programme.
- Testbeispiele.
- Ergebnisse der Testläufe.
- Übernahmeprotokolle der Fachabteilungen und des Rechenzentrums.

Eine systematisch aufgebaute und gepflegte P. ist wichtig für:

- Bereitstellung von Unterlagen für eine Kostenrechnug im Sinne einer Nachkalkulation.

- Tätigkeitsnachweis.
- Aufzeigen der Schwierigkeiten und die Art ihrer Lösung.
- Nachweis der Ursachen für mögliche Projektverzögerungen.
- Bereitstellung von Unterlagen für die abschließende Dokumentation (→).
- Bereitstellung von Unterlagen für die spätere Wartung (→).
- Nachweis der Richtigkeit der Planungshypothesen.
- Gewinnung von Schätzzahlen bezüglich des Zeit- und Kostenbedarfs für ähnliche, in der Zukunft zu realisierende Projekte.
- Bereitstellung von Material für die interne Revision.

Projektkosten

Die in Geld bewerteten Einsatzgüter für die Erstellung eines Projekts (→). Für die Zwecke der Kostenrechnung teilt man ein Projekt in drei Hauptphasen ein: Analyse und Entwurf, Codierung und Einzeltest, Systemtest und Installation (→). Als Kostenverteilungsschlüssel gilt (als Daumenregel) das Verhältnis 30 : 40 : 30, d. h. die Phase Analyse und Entwurf benötigt durchschnittlich 30% der Gesamtkosten usw.
Hauptkostenarten sind:
- Personalkosten
- Maschinenkosten
- Geldausgaben, soweit sie im direkten Zusammenhang mit dem Projekt stehen
- Kosten für Stillstandzeiten, d. h. für Wartezeiten (Zeiten relativer Untätigkeit, d. h. geringer Produktivität).

Als Methoden für die *Kostenermittlung* kommen infrage:
1. *Experimentelle Methode:* Diese Methode kann dann angewandt werden, wenn Erfahrungswerte für gleiche oder ähnliche Projekte vorliegen. Als Basis für die Bewertung dienen dann Zeiten für den Personaleinsatz und die Personalbindung und die durchschnittlichen Maschinenbelegungszeiten.
2. *Quantitative Methode:* Die Gesamttätigkeiten werden dabei in eine Vielzahl von Einzeltätigkeiten (z. b. Instruktionen) gegliedert, und eine Schätzung für deren Erledigung bezüglich der erforderlichen

Zeit wird durchgeführt. Man nimmt dabei an, daß sich die Schätzfehler gegenseitig aufheben und keine systematischen Fehler vorliegen.

3. *Analytische Methode:* Hierbei wird ebenfalls eine Aufteilung der Gesamttätigkeiten vorgenommen, und zwar in der Weise, daß Arbeitseinheiten (units of work) gebildet werden, die jeweils einen Zeitaufwand von ca. 4–8 Wochen für einen Programmierer bzw. Analytiker erfordern. Jede Einheit umfaßt Codierung, Programmentwurf und Test. Der tatsächliche Zeitaufwand je Arbeitseinheit multipliziert mit der Gesamtzahl der Einheiten ergibt die Gesamtzeit. Bei komplexen Systemen ist diese Methode allerdings nicht empfehlenswert, da sich bei der Systemintegration Mängel und Abstimmungsfehler ergeben können, deren Behebung sehr kostenintensiv (Neuprogrammierung) sein kann.
4. *Die „Constraint"-Methode:* Hierbei wird aufgrund eines fixierten Kosten- und Zeitlimits eine Spezifikation des in diesem Rahmen erstellbaren Programmsystems vorgenommen. Die Kontrolle bezieht sich dann auf das erstellte Produkt. Daher ist eine wichtige Voraussetzung für dieses Verfahren eine genaue Beschreibung der zu erbringenden Leistung.

(→ Projektertrag, Projektbewertung)

Projektleiter

Der Leiter oder Vorgesetzte eines Teams, das mit der Realisierung eines EDV-Projekts (→) beauftragt ist. Je nach dem Umfang seiner Kompetenz unterscheidet man:
Beobachter, Koordinator und Manager:
Als Projekt-Manager übernimmt der P. die *Verantwortung* für das Erreichen der Projektziele entsprechend den Terminen und dem finanziellen und personellen Aufwand. Daraus resultieren folgende Aufgaben:
a) *Überprüfung der Zielsetzung auf*
– Integrationsmöglichkeiten mit den bestehenden Verfahren.
– Technische und ökonomische Realisierung.
– Festlegung der Mittel und der Voraussetzungen der Realisierung.
b) *Planung* (→) (Grobplan, Teilpläne, Detailpläne) entsprechend den

Kompetenz / Form	Berichts-verantwortung	Fachliche Verantwortung	Personelle Verantwortung
Beobachter	x		
Koordinator	x	x	
Manager	x	x	x

Möglichkeiten der Kompetenzabgrenzung für Projektleiter

Projektphasen (→) und *Abstimmung* mit anderen Plänen (d. h. mit anderen Projektleitern, finanziellen Vorgaben, personellen Restriktionen usw.).

c) *Problemanalyse* bei Planabweichungen; ist eine Korrektur innerhalb des eigenen Steuerungs- und Beeinflussungsbereichs nicht möglich, berichtet der P. – mit Lösungsvorschlägen – seine Problemanalyse dem zuständigen Vorgesetzten bzw. dem I.S.-Komitee (→).

d) *Kontrolle* des Projektablaufs; der P. beeinflußt die Arbeitsverteilung innerhalb seines Teams, reguliert den Einsatz der Mitarbeiter und legt – gemeinsam mit den Team-Mitgliedern – Termine und Tätigkeiten fest. Er analysiert die *Änderungen*, die im Projektverlauf von Seiten der Anwender vorgetragen werden (Change Control), ermittelt die Einflußfaktoren und erarbeitet die Konsequenzen und Lösungsalternativen für die Berücksichtigung (oder Ablehnung) dieser Änderungen.

e) *Budgetverwaltung*. Der P. verfügt über ein projektbezogenes Budget; er stellt die Budget-Anforderungen auf (z. B. Personal, Überstunden, Sachmittel, Laufzeiten für Tests usw.), kontrolliert das Budget und begründet Abweichungen.

e) *Wirtschaftlichkeitskontrolle* des Projekts, soweit es sich um die von P. beeinflußbaren Aufwandsarten handelt.

g) *Führung* als fachlicher Vorgesetzter eines qualifizierten Teams. Der P. ist daher auch zuständig für die Motivation der Mitarbeiter, für Konfliktlösung und ausgewogene Arbeitsverteilung.

h) *Kommunikation* mit
- RZ-Leitung (→ Rechenzentrum)
- I.S.-Komitee (→)
- Geschäftsleitung
- Nachbarabteilungen (z. B. → Wartungsgruppe)
- Datenbank-Koordinator (→).

(→Team-Organisation)

Projektmanagement

Unter P. werden zwei verschiedene Sachverhalte verstanden:

a) *Projektleitung*, d. h. eine bestimmte Organisationsform von EDV-Projekten (→ Projektleiter, Projekt).

b) Sammelbegriff für *spezielle Methoden* und *Verfahrenstechniken*, wie sie für die Realisierung von Informationssystemen (→) eingesetzt werden, z. B.:
- Planungsverfahren (→ Projektplanung)
- Entwurfstechniken
- Analysetechniken (→ Informationsbedarfsanalyse)
- Auswahl- und Bewertungsmethoden (→ Bewertung)
- Kontrollverfahren(→ Projektkontrolle)
- Programmiertechniken (→)
- Dokumentationsmethoden (→ Dokumentation)
- Installationsmethoden (→)
- Steuerungsverfahren (→ Phasenschema).

Projektplan

Die konsolidierte Zusammenfassung mehrerer Teilpläne, die insgesamt einen Überblick über Aufwand und Aufwandsarten, Erträge und Ertragsarten, Wirtschaftlichkeit und Zeitdauer sowie Termine eines Projekts (→) ergeben.

Der P. gliedert sich in:

1. Personaleinsatz-, Personalbeschaffungs- und Personalschulungsplan.

2. Software- und Hardware-Plan.
3. Organisationsmittelplan.
4. Wirtschaftlichkeits- und Finanzplan.

Der P. ist als Mengengerüst (→) und als Wertgerüst (→) darstellbar. Mit seiner Aufstellung werden folgende Ziele verfolgt:

a) Ermittlung des Gesamtaufwands und des Gesamtertrags eines Projekts.
b) Darstellung der speziellen Aufwandsarten:
   - Personalaufwand
   - Organisationsmittelaufwand
   - Aufwand für die Inanspruchnahme von Hardware und Software
   - Aufwand für Dienstleistunden (z. B. Sekretariatsdienste)
   - Anteiliger projektbedingter Investitionsaufwand.
c) Darstellung der zeitlichen Entwicklung eines Projekts, z. B. die Termine für einzelne Phasen (→), für Personaleinsatz und Installation.
d) Ertagsrechnung und Ertragsarten (→ Projektertrag).
e) Ermittlung der Projektwirtschaftlichkeit.

Der P. dient als Grundlage für die Steuerung und Kontrolle (→ Planungssystematik) und für die Ableitung von Kennziffern und Erfahrungswerten. Er wird in der Regel vom Projektleiter (→) in Zusammenarbeit mit anderen Funktionen des Unternehmens (z. B. Rechnungswesen, Rechenzentrum) aufgestellt und periodisch bzw. bei kritischen Situationen überarbeitet.

Die Zusammenfassung aller Projektpläne eines Unternehmens bildet einen wichtigen Input für den Gesamtplan der Abteilung Datenverarbeitung.

Prozessor

Ein programmgesteuerter Rechner, allgemein die Zentraleinheit (→) einer EDV-Anlage (→).

Prüfziffer

Die Generierung von Prüfziffern stellt ein Verfahren dar, mit dessen Hilfe Daten (→) gegen Fehler während der Eingabe und der Übertra-

gung geschützt werden sollen. Die P. ist in der Regel eine einstellige Ziffer, die der zu sichernden Zahl angefügt wird und damit einen Bestandteil derselben bildet. Sie wird durch bestimmte Rechenverfahren ermittelt und steht immer in einer festen Beziehung zur ursprünglichen Zahl. Deshalb wirkt diese Nummernprüfung nur in sich, d. h. das Verwechseln ganzer, gültiger Nummern wird nicht ausgeschlossen.
Als bekannteste Verfahren gelten das:

a) *Quersummenverfahren:*
Als Prüfziffer gilt hierbei die Quersumme der einzelnen Ziffern einer Zahl oder die Quersumme der Quersumme.

b) *99er-Verfahren:*
Die zu sichernde Zahl wird durch 99 geteilt, wobei der Divisionsrest die P. ergibt.

c) *10er-Verfahren:*
Die einzelnen Ziffern der Zahl werden mit unterschiedlichen Faktoren multipliziert, die Produkte summiert und die Differenz zur nächsten durch 10 teilbaren Zahl ermittelt. Diese Differenz ist die P..

d) *11er-Verfahren:*
Die einzelnen Ziffern der zu sichernden Zahl werden ab der Einerstelle mit den Zahlen 2 bis 7 oder 2 bis 9 multipliziert, die einzelnen Produkte summiert. Anschließend wird die Summe durch 11 dividiert und der Divisionsrest von 11 abgezogen; dieser Wert ergibt die Prüfziffer.

Im Rahmen des geplanten bundeseinheitlichen Personenkennzeichens soll die Datensicherung durch das 11er-Verfahren erfolgen.
(→ Datensicherung)

Puffer

Eine bestimmte Anzahl von Speicherstellen des internen Speichers einer Zentraleinheit (→), in denen Daten (→) vor der Übertragung an bzw. nach erfolgter Übertragung von einer Eingabe/Ausgabe-Einheit zwischengespeichert werden. Über das Kanalprogramm (→ Kanal) wird die Abarbeitung der Puffer gesteuert, und die Daten werden an die betreffenden Ausgabeeinheiten übertragen.

Quellenprogramm

Das mit dem Instruktionsvorrat der benutzten Programmiersprache (→) geschriebene Programm (→). Das Q. muß durch die Umwandlung (→) in einen echten Maschinencode übersetzt werden, bevor es von der Zentraleinheit (→) interpretiert und verarbeitet werden kann. Das Ergebnis ist das Objekt-Programm.

Querschnittsinformation

Verdichtete und/oder verknüpfte Information, deren Basisinformationen (→) aus mehreren Funktionsbereichen des Unternehmens stammen. Die Information „Gesamtkosten" stellt beispielsweise eine Q. dar, da hier Basisinformationen aus verschiedenen Funktionen summiert werden: Zum Beispiel *Personal*kosten, *Vertriebs*kosten, *Produktions*kosten usw.
(→ Verknüpfung, Verdichtung)

Query-Sprache

Eine benutzerorientierte Programmiersprache (→), die für den Aufbau, die Pflege, die Änderung und für die Abfrage einer Datenbank (→) eingesetzt werden kann. Q.-Sprachen dienen vorwiegend der Deckung spontanen Informationsbedarfs (→) und der Erstellung kleinerer Auswertungsprogramme innerhalb kürzester Frist.

Rahmenvorschlag

Die auf der Basis der Ist- und Organisationsanalyse (→) dargestellte Beschreibung der mit Hilfe eines EDV-Verfahrens zu rationalisierenden Aufgaben eines Organisationsbereichs und das Aufzeigen der Lösungsmöglichkeiten, wie sie durch eine bestehende bzw. geplante Konfiguration (→) realisiert werden können. Der R. ist primär eine *Entscheidungsgrundlage* für die Akzeptanz bzw. für die Ablehnung eines EDV-Verfahrens durch das Management. Er enthält:

1. Eine Beschreibung der zu lösenden Aufgaben und ihrer Interdependenzen zu Nachbaraufgaben.
2. Eine Darstellung der in Frage kommenden Lösungsmethoden, d. h. eine Kurzbeschreibung des geplanten EDV-Verfahrens. Dabei sollten Alternativen angegeben sein, um eine rationale Entscheidung durch das Fachmanagement zu ermöglichen.
3. Bewertung der Verfahren durch die Gegenüberstellung der Vorteile und Nachteile zwischen bestehenden Verfahren und der geplanten Umstellung (→ Multifaktorenmethode).
4. Abschätzung der Wirtschaftlichkeit bzw. des Nutzens.
5. Grobplanung der Termine und des Personaleinsatzes sowie des Gesamtaufwands.
6. Definition der Entscheidungsparameter und der Planungshypothesen.

Als Grundlage für den R. dienen der Projektantrag (→) und die Ist- und Organisationsanalyse.
Die weitere Bearbeitung des R. führt zum Detailvorschlag (→) und zur Programmieranweisung (→).

Random Access Storage

Randomspeicher: Ein Speicher, der einen wahlfreien Zugriff (→) ermöglicht (→ Plattenspeicher).

Random Organization

Gestreute Speicherungsform (→).

Rangordnungsverfahren

Beim R. geht es darum, verschiedene Alternativen durch eine Gruppenbewertung, bei der die einzelnen Bewerter autonom sind, zu ordnen, d. h. eine Präferenzordnung aufzustellen. Dabei geht man von der Hypothese aus, daß derartige Bewertungen nicht zufällig sind, sofern es sich um kompetente Bewerter handelt.
Beispiel: Für die Realisierung eines Teilinformationssystems stehen folgende Alternativen zur Entscheidung: Eigenerstellung (A), Fremderstellung (B), Änderung eines bestehenden Verfahrens (C) und Fremdbezug von einem Software-Haus (D). Vier Bewerter B_1–B_4 stellen jeweils ihre Präferenzordnung auf; die Summe der Ränge entscheidet über die Rangfolge:

Bewerter / Alternative	B_1	B_2	B_3	B_4	Rangsumme	Rangfolge
A	1	1	4	2	8	2
B	2	3	3	4	12	3
C	4	4	2	3	13	4
D	3	2	1	1	7	1

Als Präferenzordnung gilt in diesem Beispiel:
D > A > B > C.

Real Time Processing (→ Echtzeitverarbeitung)

Rechenzentrum

Die Stelle (Funktion) des Unternehmens, der die Gesamtverantwortung für den Betrieb der EDV-Anlagen (→) übertragen ist. Als Hauptaufgaben des R. gelten:

1. *Betrieb* der EDV-Anlagen, das heißt die termingerechte und fehlerfreie Durchführung der Programmläufe und die Bereitstellung des für die Anwender (→) erforderlichen Outputs (Produktionsfunktion).

2. *Entwicklung,* das heißt Realisierung neuer Programme und Verfahren entsprechend den Erfordernissen der Benutzer (Entwicklungsfunktion, die allerdings manchmal aus dem R. ausgegliedert und verselbständigt ist).
3. *Wartung* und *Anpassung*, das heißt Modifikation der bestehenden Programme, Betriebsweisen und der Konfiguration (→) entsprechend den sich ändernden betrieblichen und unternehmerischen Real- und Informationsprozessen (Wartungsfunktion).

Daraus leiten sich folgende Führungsaufgaben des R. ab:

a) *Planung und Steuerung* konzentriert auf die Bereiche Arbeitsvorbereitung, Arbeitsplanung, Auslastungsplanung, Optimierung der vorhandenen Ressourcen, Personaleinsatzplanung, Investitionsplanung für den Ausbau der bestehenden Konfiguration, Kosten-, Material- und Zeitplanung.
b) *Koordination* insbesondere bei der Entwicklungsfunktion, da hier Teams mit Mitgliedern verschiedener Aufgabenbereiche und Funktionen bezüglich ihres organisatorischen und aufgabengebundenen Zusammenwirkens geführt werden müssen (→ Projekt-Management).
c) *Kontrolle,* bezogen auf die Leistungskontrolle des Produktionsbetriebes und auf die Kosten-, Zeit- und Personaleinsatzkontrolle.
d) *Motivation/Personalführung,* umfassend die Ausbildung und Schulung des Personals, Karriereplanung, Stellen- und Aufgabenbeschreibungen, Anreiz- und Lohnsysteme in Abstimmung mit den Personalrichtlinien des Unternehmens.

Die *organisatorische Gliederung* des R. ist nicht einheitlich definierbar, da sie weitgehend von der Aufbauorganisation (→) des Unternehmens bestimmt wird. Zu unterscheiden sind:

a) Die Gestaltung der Innenorganisation mit den denkbaren Varianten:

a_1) Das R. als reiner Produktionsbetrieb, bei dem die Entwicklungsfunktion ausgegliedert und verselbständigt ist.

a_2) Das R. als integrierende Funktionseinheit, die alle Funktionen wahrnimmt.

b) Die Gestaltung im Rahmen der Aufbauorganisation:
b_1) Das R. als selbständige Funktionseinheit des Unternehmens.
b_2) Das R. als Teilfunktion einer anderen Funktionseinheit des Unternehmens, etwa als Abteilung der Funktion „Organisation/Verwaltung".

Grundsätzlich fungiert das R. als Dienstleistungsbetrieb, der keine Gewinn-, sondern eine Kostenverantwortung hat: Die anfallenden Kosten werden entweder in der Kostenträgerrechnung weiterbelastet (Kostenträger sind die Programme und Verfahren) und/oder als Kostenstellenrechnung, bei der nach internen Verrechnungssätzen die das R. in Anspruch nehmenden Abteilungen und Anwenderbereiche belastet werden.

Redundante Konfiguration

Datenverarbeitungssysteme, bei denen neben programm- und softwareabhängigen Sicherheitsmaßnahmen durch zusätzlichen Aufwand an Hardware (→) die Sicherheitsleistungen verbessert werden. Es handelt sich demnach um EDV-Anlagen (→), bei denen einzelne Komponenten (z. B. Plattenspeichereinheiten, Steuereinheiten) oder die gesamte Konfiguration (→) mehrfach vorhanden sind, wobei sichergestellt ist, daß jede Komponente (Konfiguration) unmittelbar die Funktionen der anderen Komponente übernehmen kann. R. K. setzt man zur Erhöhung der Verfügbarkeit (→) und zur Sicherung des Betriebsablaufs (→) und der Datenbestände ein. Als r. K. gelten Duplex- und Multiprocessorsysteme (→).

Redundante Speicherung

Die Mehrfachspeicherung von Daten (→) auf verschiedenen Datenträgern, die von verschiedenen Programmen (→) benutzt werden. So kann beispielsweise das Datenelement „Kundenummer" sowohl auf einem Datenträger für das Programm „Auftragsbearbeitung" als auch auf solchen für die Programme „Rechnungsschreibung" oder „Versandsteuerung" gespeichert sein. Redundante Sp. ist oftmals die Folge zunehmender Integration (→) und erschwert die Wartung (→) des Programmbestandes: Ändert sich z. B. die Kundennummer, dann sind von dieser Änderung mehrere Programme betroffen. Durch Datenelement-Verzeichnisse (→) gelingt die Bestimmung der jeweils zu ändernden Programme. Datenbank-Systeme (→) zeichnen sich u. a. dadurch aus, daß eine redundante Sp. vermieden wird.

Redundanz

In der Nachrichtentechnik der Teil einer Nachricht, der über den übermittelten Informationsvorrat hinausgeht; d. h. der Signalvorrat ist um die R. größer als der Informationsvorrat. Oder: Ist bei der Verwendung eines geeigneten Codes eine Kürzung der Information (Zeichenfolge) möglich, ohne daß ein Informationsverlust eintritt, dann liegt R. vor. Bei der pragmatischen Betrachtungsweise spricht man von R. dann, wenn von einem Sender an einen Empfänger eine Information übermittelt wird, die der Empfänger teilweise oder ganz schon besitzt. R. kann beabsichtigt sein: Zur Sicherung gegen Daten- oder Zeichenverlust bzw. Zeichenveränderung durch die Übertragung kann es sinnvoll sein, R. als stabilisierende Zeichen zu übermitteln. Die dadurch entstehenden zusätzlichen Übermittlungskosten sind dann gegenüber der damit erzielten Sicherheit abzuwägen.
(→Information, Kommunikation)

Regelkreis

Ein Analogmodell zur Verdeutlichung der Regelungsvorgänge dynamischer Systeme (→). R. sind insbesondere in der Kybernetik (→) Gegenstand der Untersuchung. Ein R. hat folgenden Aufbau:

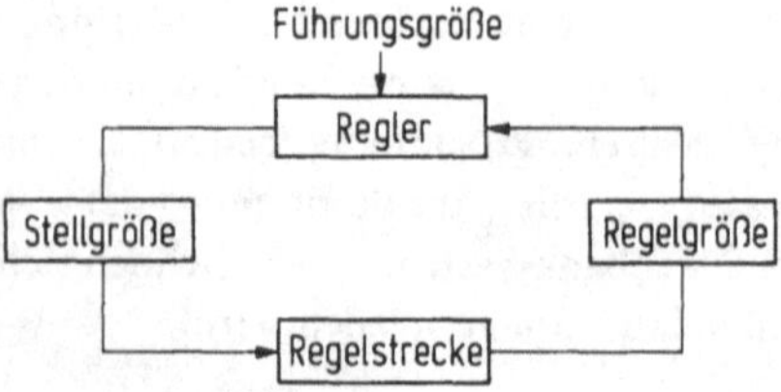

Abb. 1. Regelkreis

Der R. stellt ein System vollständiger Rückkopplung dar (→Feed Back). Der Regler hat die Aufgabe, die Stellgröße entsprechend der Führungsgröße (Zielgröße) und den rückgekoppelten Nachrichten über den aktuellen Zustand der Regelstrecke so zu variieren, daß die Regelstrecke einen stabilen Zustand einhält. Das System wirkt selbstregulierend, da Abweichungen vom Sollzustand stets Maßnahmen des Reglers zur Einhaltung vorgegebener Zielwerte auslösen. Eine einfache technische Realisierung des R. sind der Thermostat als Regler und die Temperaturregelung (Heizung, Leitung, Ablesegerät) als selbstregulierendes System. R. sind in vielen Erscheinungen der natürlichen Umwelt und der geschaffenen Systeme realisiert. Doch kommen sehr oft nicht nur ein einziger, für sich betrachtet abgrenzbarer R. vor, sondern mehrere miteinander gekoppelte (vermaschte) R. Die Führung und Steuerung eines Unternehmens kann z. B. als ein System interdependenter R. betrachtet werden. In Abb. 2 sind drei hierarchische Ebenen eines Unternehmens dargestellt, wobei jede Ebene ein gewisses Maß an Selbstregulierung besitzt, bei Überschreiten vorgegebener Toleranzen jedoch die Regelung an die nächst höhere Führungsebene abgibt. Als Größen dieses Modells fungieren: Planung (Regler), Steuerung (Stellgröße), Realisierung (Regelstrecke) und Kontrolle (Regelgröße).

Abb. 3 verdeutlicht, wie die einzelnen Prozesse eines Unternehmens prinzipiell auf diese regelungstechnischen Aktivitäten projiziert werden können. Damit wird ein Analogmodell der Führungs- und Realisationsprozesse eines Unternehmens abgeleitet, das im Rahmen der Systemanalyse (→) weiter untersucht werden kann und grundsätzliche

Einblicke in die Struktur der Prozesse und ihre gegenseitigen Abhängigkeiten zuläßt.

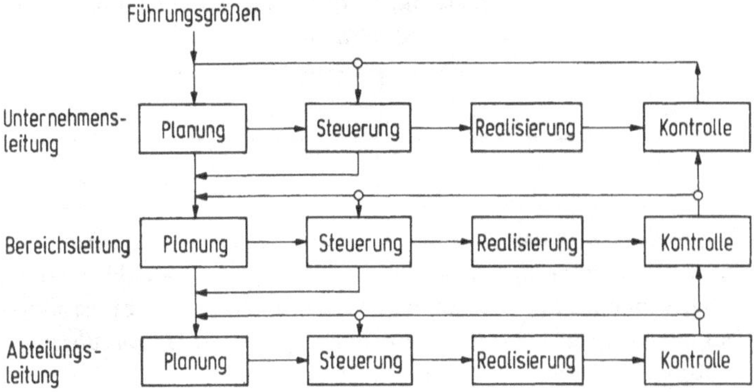

Abb. 2. Modell interdependenter Regelkreise bei drei hierarchischen Ebenen

Register

Separate, kleine Internspeicher einer EDV-Anlage (→), speziell innerhalb der Zentraleinheit, in denen bestimmte Daten für die Ausführung des Programms (→) bereitgestellt werden; je nach Funktion unterscheidet man: Adreß-, Index- und Instruktionsregister.

Relevanzgrad (→ Gütegrad)

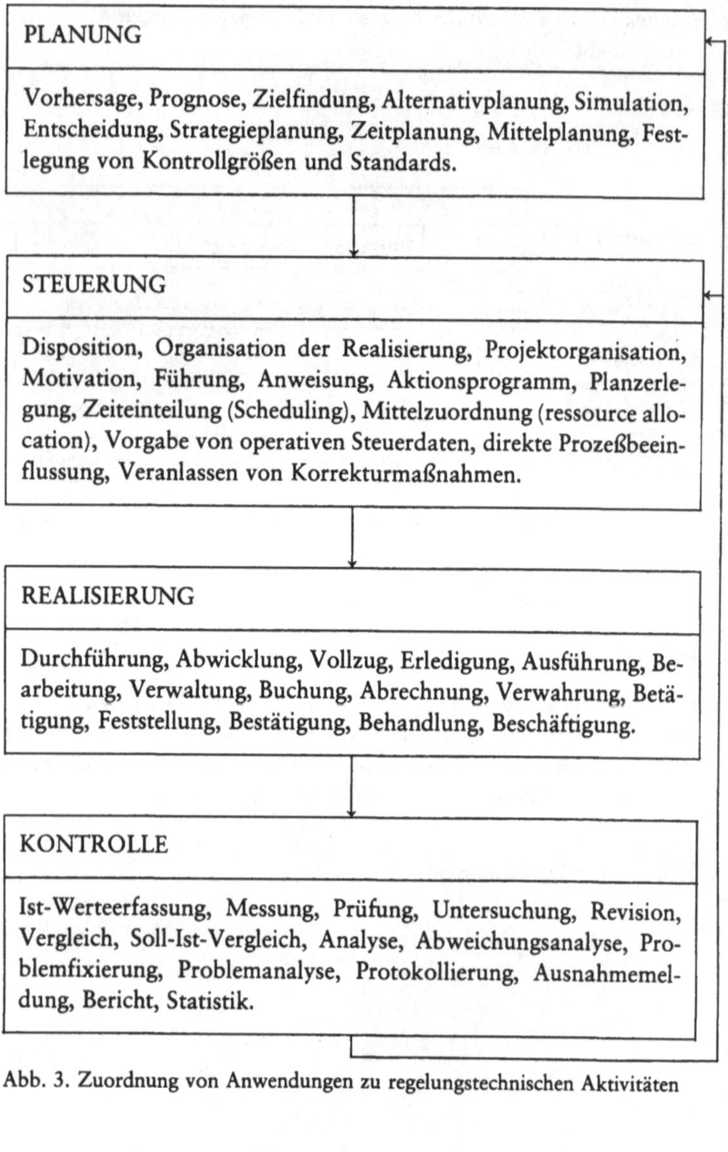

Abb. 3. Zuordnung von Anwendungen zu regelungstechnischen Aktivitäten

Reorganisation

Die Wiederherstellung einer ursprünglichen definierten, durch die Verarbeitung veränderten Dateistruktur. Bei der index-sequentiellen Speicherung (→) wird durch die Verarbeitung der Zu- und Abgänge der Datei (→) der Überlaufbereich vergrößert. Dadurch treten erhöhte Suchzeiten auf, da ständig vom Hauptbereich in den Überlaufbereich und zurück gesprungen werden muß. Man wird sich daher zu einer R. der Datei entschließen, wenn die Suchzeiten ein vertretbares Maß überschreiten. Die R. besteht dann darin, daß alle Sätze des Überlaufbereiches in sortierter Folge in den Hauptbereich geladen werden. Der Überlaufbereich steht dann wieder für die nachfolgenden Zugänge von Sätzen/Daten zur Verfügung.

Reserve-System (→ Duplex-System)

Restart

Der Wiederanlauf (→) eines EDV-Systems nach erfolgtem Ausfall des Gesamtsystems oder einzelner Komponenten.

Risiko

Allgemein die Gefahr einer negativen Abweichung zwischen geplantem Zielerreichungsgrad und dem tatsächlich erreichten Istzustand am Ende einer Realisationsphase [238]. Der Risikobegriff hängt unmittelbar mit dem der Wahrscheinlichkeit zusammen: Die Risikowahrscheinlichkeit stellt die komplementäre Größe zur Wahrscheinlichkeit der Zielerreichung dar, d. h. Risikowahrscheinlichkeit = 1 - Zielerreichungswahrscheinlichkeit. Von Bedeutung für die Realisierung von Informationssystemen (→) ist folgende Hypothese: Ein besserer Informationsstand (→) führt zu einer Reduzierung der Risiken bzw. der Unsicherheiten der Zielerreichung. Diese Hypothese ist zugleich ein Gestaltungskriterium für Management-Informationssysteme (→), deren Ziel u. a. eine Verbesserung des Informationsstandes in qualitativer, quantitativer und zeitlicher Hinsicht ist, um dadurch die Risiken durch falsche Entscheidungen zu reduzieren (z. B. durch die Erhöhung der Prognosewahrscheinlichkeit, durch aktuellere Informationen, durch verkürzte Anpassungen an betriebliche Änderungen, durch Plan-Plan-Vergleiche usw.).

EDV-Projekte sind mit unterschiedlichen Risiken behaftet. Als mögliche Risikoquellen kommen in Betracht:

a) Finanzieller Aufwand

EDV-Projekte sind in der Regel aufwandsintensive Aufgaben. Zu Beginn eines Projektes stehen der Gesamtaufwand und der Gesamtnutzen nur in Form von Schätzzahlen und Erfahrungswerten zur Verfügung. Erst bei zunehmendem Projektfortschritt, d. h. durch die systematische Erarbeitung aller der für die Projektbewertung erforderlichen Informationen, kann die Unsicherheitsspanne reduziert werden. Bis dahin ist allerdings bereits erheblicher betrieblicher Aufwand entstanden. Geplanter Aufwand und ex post festgestellter tatsächlicher Aufwand weichen in der Regel sehr stark voneinander ab. Das ist u. a. eine Begründung für ein schrittweises Vorgehen bei der Realisierung eines EDV-Projektes.

b) Spezialisierung und Arbeitsteilung

Durch die zunehmende Integration betrieblicher Teilinformationssysteme wird die Realisierung und Einführung neuer Teilsysteme immer schwieriger: Es sind mehrere Systemzusammenhänge und Nebenbedingungen zu beachten. Außerdem ist das Spektrum der Anwendungen, die Arten der eingesetzten Betriebssysteme und Betriebsweisen und die Geräte sehr vielfältig und in einer ständigen technischen Veränderung begriffen, so daß sich Projektteams aus einzelnen Spezialisten zusammensetzen müssen, die jeweils nur einen bestimmten Teilaspekt bearbeiten. In dieser Spezialisierung liegt ein Risiko insofern, als es immer komplexer und schwieriger wird, eine sinnvolle und dem Projektziel entsprechende Koordination aufrechtzuerhalten.

c) Zeitaufwand und Fertigstellungskriterien

Hier gilt analog die gleiche Problematik wie unter a) ausgeführt. Hinzu tritt noch die Problematik der Fertigstellungs- bzw. Abnahmekriterien, die erfüllt sein müssen, bevor ein Projekt in die Produktion übernommen werden kann. Die Erfahrung zeigt, daß derartige Entscheidungskriterien bezüglich der Abnahme im Projektverlauf wandelbar sind. Dies erfordert Anpassungen und Modifikationen der jeweils in Arbeit befindlichen Teilaufgaben.

d) Personaleinsatz und Personalplanung
Die Vorbereitung der Personalqualifikation (Schulung), der aktuelle Einsatz des Personals (Personalbeschaffung und Personaleinsatz) stellen eine weitere Risikoquelle dar. Dabei sind insbesondere Leistungszahlen, die über einen geplanten Personalbestand abgegeben werden, mit hohen Risikozuschlägen bzw. Risikoabschlägen zu bewerten; z. B. bei der Planung einer bestimmten Programmier- bzw. Codierleistung pro Zeiteinheit, ohne daß zuvor ein Leistungstest mit den betreffenden Personen durchgeführt wurde (u. U. eines Programmierers, der in der Projektplanungsphase individuell noch nicht bekannt ist).

e) Vertragliche Leistungen
Die Vertragsleistung – sofern solche in einem gegebenen Projekt spezifiziert wird – ist ebenfalls risikoträchtig. Dies gilt sowohl für Liefertermine von Hardware und Software als auch für die Inanspruchnahme von Serviceleistungen (z. B. Rechenzentrumsbetrieb, externe Programmierung und Beratung).
Die dargestellten Risikoquellen können die Ursache für Fehlleistungen der EDV-Projekte sein.

Root Segment

Wurzelsegment; (→Hauptordnungskriterium).

Routine

Auch Unterprogramm oder Programmschritt genannt; eine Teilmenge von logisch zusammenfaßbaren Instruktionen (→) eines Programms (→); z. B.: Ein- und Ausgaberoutinen, Endroutinen, Dateieröffnungsroutinen usw. Derartige Routinen stellen Teilprogramme dar, die zu einem Hauptprogramm gehören und von diesem durch einen einzigen Befehl zur Ausführung aufgerufen werden.

RPG

*R*eport *P*rogram *G*enerator, eine problemorientierte Programmiersprache (→) für kommerzielle Aufgabengebiete. Besonderen Einsatz findet RPG für Druckausgabeprogramme (Listen), die relativ wenig Verarbeitungsteile, dafür aber um so mehr Eingabe- und Ausgabeverarbeitung erfordern. Die Programmierung erfolgt mit Hilfe von Formularen, die untergliedert sind in Eingabebestimmungen, Rechenbestimmungen und Ausgabebestimmungen. Logische Entscheidungen können durch die Angabe von Bedingungsschlüsseln innerhalb des Programms herbeigeführt werden.

Satz

Eine Folge von Datenelementen (→) und/oder Segmenten (→). Man unterscheidet:

a) *Sätze mit Schlüssel:* In einem besonderen Feld (→) wird das Hauptordnungskriterium (→) geführt.

b) *Sätze ohne Schlüssel:* Ein Hauptordnungskriterium ist nicht explizit angegeben.

Außerdem:

c) *Logischer S.:* Enthält diejenigen Datenelemente, die für die Bearbeitung durch das Programm (→) für die Lösung des Anwendungsproblems erforderlich sind.

d) *Physischer S.:* Der um systembedingte Felder erweiterte logische S. Bei Plattenspeichereinheiten (→) ist der physische S. erweitert um Felder für z. B.: Satzadresse (= Zylinder- und Lese-/Schreibkopfnummer), Prüfbytes und ein Feld für den „Anzeiger", der den Zustand der Spur angibt. Darüber hinaus bestehen zwischen den einzelnen S. Leeräume, sog. Klüfte, die bei der Kapazitätsberechnung mit berücksichtigt werden müssen.

Für die Berechnung der Länge eines physischen S. werden bestimmte Formeln benutzt, die vom Typ und Modell des jeweiligen Gerätes abhängig sind. Bei einzelnen Modellen kann der physische S. um bis zu 50% länger sein als der logische S. Für die Kapazitätsberechnung einer Platteneinheit sind diese Formeln außerordentlich wichtig.

Satzformen

Die Anordnung von Sätzen auf den Speichermedien. Man unterscheidet

a) *Feste Satzlänge, ungeblockt:* Alle Sätze der Datei (→) haben die gleiche Länge. Jeder Satz (→) ist für sich adressierbar.

b) *Feste Satzlänge, geblockt:* Jeder Block (→) hat dieselbe Länge, das Schlüsselfeld der Spur (→ Spuraufbau) enthält das höchste Hauptordnungskriterium (→) der Sätze des Blocks.

c) *Variable Satzlänge, ungeblockt:* Die Sätze der Datei sind unterschiedlich lang. Jeder Datenteil enthält einen logischen Satz und zusätzliche

Felder für Blocklänge (BL) und Satzlänge (SL). In SL wird die Länge des jeweiligen Satzes angegeben.

d) *Variable Satzlänge, geblockt:* Zusätzlich zu c) wird im Feld BL die Länge des Blocks angegeben.

e) *Undefiniert:* Sätze, die nicht den Vorschriften a) bis d) entsprechen, z. B. variable Länge ohne Angabe von SL und BL.

(→Blockung, Satz, Spuraufbau)

Schnittstellen

Allgemein der Bereich, bei dem unterschiedliche Funktionen bzw. Anwendungsgebiete eines gegebenen Systems (→) gegenüber solchen anderer Systeme (Umsysteme) abgegrenzt werden. Bei Datenfernverarbeitung (→) z. B. die Stelle, bei der der Datentransport beginnt, d. h. beim Modem (→). Bei Betriebssystemen (→) z. B. die Stelle, bei der Funktionen des Anwendungsprogramms (z. B. der Aufruf von Daten) vom Betriebssystem übernommen werden, d. h. die Grenze zwischen Programmfunktionen und der Datenverwaltung durch das Betriebssystem (Datenmanagement). Bei diesen Beispielen handelt es sich um Hardware- bzw. um Software-Schnittstellen. Besondere Bedeutung erlangt das Sch.-problem bei dem Versuch, Anwendungen (→) eines Organisationsbereiches so abzugrenzen, daß sie bezüglich ihrer Datenstrukturen eine sinnvolle Basis für die Entwicklung einer Datenbank (→) abgeben. Sind beispielsweise als potentielle EDV-Aufgaben die Anwendungen A bis H ausgewählt worden, dann stellt sich die Frage, welche dieser Aufgaben für eine Datenbank-Organisation geeignet ist. Als Maßstab dient dabei die Intensität der informationellen Beziehungen (→), die durch die Anzahl der zwischen den Anwendungen ausgetauschten Daten/Informationen gemessen werden kann. Ein Hilfsmittel ist dabei die Matrix der informationellen Beziehungen:

	A	B	C	D	E	F	G	H	Σ
A	–	4	2	1	7	0	1	1	16
B	4	–	3	2	1	1	2	0	13
C	2	3	–	5	2	1	4	0	17
D	1	2	5	–	1	0	2	1	12
E	7	1	2	1	–	1	3	0	15
F	0	1	1	0	1	–	1	0	4
G	1	2	4	2	3	1	–	0	13
H	1	0	0	1	0	0	0	–	2

Matrix der informationellen Beziehungen

Die Zahlen dieser Matrix geben an, wieviele Segmente bzw. Datenelemente zwischen den Anwendungen ausgetauscht bzw. gemeinsam benutzt werden. Es ist deutlich sichtbar, daß die Anwendungen „F" und „H" eine geringe Intensität der informationellen Beziehungen aufweisen. Daraus läßt sich der Schluß ziehen, daß diese beiden Anwendungen im Rahmen dieser Anwendungsfamilie (→) auszuschalten sind und daß sich die Datenorganisation ausschließlich auf die restlichen Anwendungen konzentriert. Da die Anwendungen „A" und „C" dagegen die intensivsten informationellen Beziehungen aufweisen, würde man gemäß diesem Beispiel mit der Informationsbedarfsanalyse (→) zuerst bei diesen Anwendungen beginnen, da damit die Mehrzahl der zu speichernden Daten bestimmt werden könnten (rd. 64%).

Die Analyse derartiger anwendungsspezifischer Schnittstellen ist wichtig für

- die Abgrenzung derjenigen Organisationsbereiche und Anwendungen, die aufgrund der zwischen ihnen bestehenden informationellen Beziehungen für eine Datenbank-Organisation geeignet sind, und für
- eine zielorientierte Informationsbedarfsanalyse (→), um aus der Fülle potentieller Anwendungen jene zu selektieren, die ein repräsentatives Bild des gesamten Datenvorrats abgeben.

Schreibtischtest

Ein Verfahren zur Überprüfung der formalen Richtigkeit eines Programms (→) an Hand der Programmbeschreibung und des Datenflußplanes (→). Dabei werden ein neutraler Beobachter (z. B. ein Programmierer aus einem anderen Arbeitsgebiet) und ein Benutzer aus dem betreffenden Anwendungsgebiet hinzugezogen. Mit einem Sch. soll bewirkt werden, daß logische Fehler *vor* den Umwandlungsläufen bereinigt werden und damit die Maschinenzeit reduziert wird.
(→ Test)

Schriftarten

Maschinenlesbare Schriften, die unter internationaler Beteiligung von der International Organization for Standardization (ISO) entwickelt wurden. Es sind dies die Sch.:
- OCR-A und OCR-B (Optical Charakter Recognition). Sie werden als „Schrift A" und „Schrift B" bezeichnet. Die „Schrift A für die maschinelle optische Zeichenerkennung" ist mit DIN 66008 genormt.
- Die magnetisch lesbaren Schriften CMC 7 und E 13 B.

(→ Belegleser)

Schwachstellenanalyse

Die gezielte Untersuchung des Berichtswesens (→) auf potentielle Mängel und Fehler. Als Grundlage dient ein Schwachstellenkatalog; mit der Sch. wird beabsichtigt, definitive Hinweise für die Gestaltung eines optimalen Berichtswesens zu erarbeiten. Sie hat den Vorteil, daß nicht alle Tatbestände und Auswertungsgesichtspunkte des Berichtswesens erfaßt werden müssen (selektive Analyse); dadurch wird der Aufwand für die Analyse reduziert. Allerdings ist darauf hinzuweisen, daß damit noch keine Garantie für das Erreichen eines optimalen Berichtswesens gegeben ist, da selbst durch die Behebung bestehender Fehler und Mängel das Berichtswesen insgesamt noch ineffektiv sein kann. Die

Sch. ist daher als eine ergänzende Methode im Rahmen der Informationsbedarfsanalyse (→) zu betrachten.
(→ Methoden-Mix)

Segment

Die Zusammenfassung von zwei oder mehr Datenelementen (→) unter einem einheitlichen logischen Namen. Sie bilden einen Bestandteil des Satzes (→).

Sekundär-Index

Die Zuordnung einer physischen Adresse (→ Adressierung) zu einem Nebenordnungskriterium eines Satzes (→). S. dienen dem direkten Zugriff (→) zu Datenelementen eines Satzes, ohne den betreffenden Datenbestand entsprechend dem Nebenordnungskriterium sortieren zu müssen.

Selektive Informationsverteilung

Eine Anfrage an einen Dokumentenbestand; die Fragestellung bleibt in ihrer ursprünglichen Formulierung konstant und wird periodisch dem Dokumentationssystem (→) eingegeben. Dadurch erhält der Anfragende periodisch Informationen über die Neuzugänge des Bestandes. Man spricht auch von SDI-Anfragen (Selective Dissemination of Information).
(→ Information Retrieval System)

Selektorkanal

Ein Kanal (→), der in sequentieller Folge einzelne Datenstationen (→) bzw. Eingabe- bzw. Ausgabeeinheiten abarbeitet.

Semiotik

Die Lehre von den sprachlichen Zeichen. Dabei werden vier Aspekte unterschieden:

a) Syntax, die das Verhältnis von Zeichen untereinander und deren Ordnungsbeziehungen untersucht.

b) Semantik, die Bedeutungen von Zeichen zum Forschungsgegenstand hat.

c) Pragmatik, deren Untersuchungsgegenstand die Beziehungen zwischen den Sendern und Empfängern von Zeichen sind.

d) Sigmatik, die die Beziehungen zwischen den Zeichen und den bezeichneten Objekten (Abbildungen) analysiert.

Die S. untersucht unter diesen vier Aspekten allgemein Sprachen, und zwar sowohl natürliche als auch künstlich geschaffene, formalisierte Sprachen. Insoweit steht sie in einem unmittelbaren Zusammenhang mit der Entwicklung von Programmiersprachen (→), insbesondere mit den benutzerfreundlichen Sprachen.

Sensitivität

Die exklusive Zuordnung einer Teilmenge der Segmente einer Datenbank (→) zu bestimmten Anwendungsprogrammen und/oder Datenstationen (→). Um zu verhindern, daß jedes Programm (→) Zugriff (→) zu allen Segmenten der Datenbank hat, werden jedem Programm und jeder anderen Nutzungsform der Datenbank (z. B. Benutzer, die im Dialog mit der Datenbank arbeiten) die zulässigen Segmente zugeordnet. S. dient dem Datenschutz (→), um den Zugriff durch Unbefugte auszuschließen.

Sequentielle Speicherungsform

Bei dieser S. werden die Sätze einer Datei (→) in der Reihenfolge gespeichert, wie sie nach der Sortierung vorliegen. Üblicherweise dient das Hauptordnungskriterium (→) als Such- und Sortierbegriff. Die Sätze können alle Satzformen (→) haben.

Service-Zentrum

Ein auf die Datenverarbeitung (→) spezialisiertes Dienstleistungsunternehmen. Ein S. nimmt Aufträge für die Datenverarbeitung entgegen und bearbeitet diese gegen Entgelt. Die Leistung eines S. kann sein:
- Einmalige, einführende Beratung
- Laufende Beratung
- Systemanalyse und Organisation
- Programmierung
- Datenerfassung
- Datenauswertung (Verarbeitung im eigenen Rechenzentrum)
- Schulung
- Einführung einer EDV-Anlage (→).

(Nach: [92])
(→ Datenverarbeitung außer Haus)

Signalsystem

Ein Informationssystem (→) bzw. spezielle Funktionen eines Informationssystems, die primär Ist- und Planwerte vergleichen und Abweichungs- und Kontrollinformationen (→) automatisch generieren und ausgeben.

Silence

Dokumente (→) aus einem Dokumentenbestand, die zwar relevant für den Anfragenden sind, jedoch durch die Art der Fragestellung nicht qualifiziert (gefunden) werden.
(→ Gütegrad)

Software

Die Gesamtheit der für den Betrieb einer EDV-Anlage (→) erforderlichen Programme und die zur Ausführung gelangenden Anwendungsprogramme, also das Betriebssystem (→), die vom Hersteller geliefer-

ten Standard-Anwendungsprogramme und die vom Benutzer der Anlage in eigener Regie erstellten Programme.
(→ Software-Engineering)

Software-Engineering

Sammelbegriff für verschiedene Methoden, Techniken und Verfahren, die für die Erstellung von Programmen (→) und Betriebssystemen (→) eingesetzt werden. Man unterscheidet:
- Zeitschätzungsverfahren für die Programmierleistung
- Methoden optimaler Programmierung, z. B. normierte Programmierung (→) und strukturierte Programmierung (→)
- Dokumentationsverfahren (→ HIPO)
- Projekt-Team-Organisation (→ Chief Programmer Organization)
- Testmethoden (→ Test)
- Verwendung von Standardmodulen bei der Programmierung, z. B. Entscheidungstabellen (→).

Das Ziel besteht in der ingenieurmäßigen Normierung und Standardisierung derartiger Aufgaben und Organisationsstrukturen.
(→ Programmiertechnik)

Soziogramm

Eine Technik zur Darstellung der Kommunikationsbeziehungen zwischen Individuen und Gruppen. Soziogramme werden in der Soziometrie benutzt, deren Aufgabe und Ziel in der Analyse der zwischenmenschlichen Beziehungen und der Beziehungsgefüge von informalen Gruppen im Unternehmen bestehen. Mit Hilfe eines S. werden beobachtete und erfragte Tatbestände (Daten) graphisch dargestellt. Gegenstand der Beobachtungen bzw. der Erhebungen (→ Interview) sind individuelle, persönlichkeitsbestimmte Ausprägungen wie beispielsweise Zu- und Abneigung, Beliebtheit, Akzeptanz von Autoritäten, Subordinationsfähigkeit, Stabilität der Gruppen usw. Das Wissen um derartige zwischenmenschliche Beziehungen ist für die Realisierung und Einführung von Organisationsprojekten wünschenswert, doch scheitert in der

Praxis das Bemühen um derartige Erkenntnisse oftmals entweder an den Schwierigkeiten der statistischen Erhebung oder an einer generellen Unterschätzung derartiger Tatbestände durch die verantwortlichen Führungskräfte.

Space

Speicherplatz; die Anzahl der Speicherstellen, die für die Speicherung von Daten (→) auf dem Speichermedium oder für die Speicherung der Programme (→) im Hauptspeicher benötigt werden.

Space Allocation

Eine Funktion des Betriebssystems (→), die den Programmen (→) den jeweils benötigten Speicherplatz im Hauptspeicher zuordnet.

Speichereinheit

Ein Gerät, das die Datenträger enthält und für deren mechanische Operation zuständig ist; man unterscheidet die Magnetband-Sp. (Laufwerk) und die Plattenspeichereinheit. Letztere überwachen und steuern gleichzeitig mehrere Plattenspeicher (→).

Speicherungsformen

Die Art, in der Sätze auf Speicherungsmedien gespeichert werden. Man unterscheidet:
a) Sequentielle S. (→)
b) Index-sequentielle S. (→)
c) Untergliederte S. (→)
d) Wahlfreie („Random“) S. (→)
e) Hierarchische S. (→)
Die zu wählende Speicherungsform hängt von den Datei-Charakteristika ab, wie: Bewegungshäufigkeit (→), Veränderungsfrequenz und Umfang (→).

Speicherungskriterien

Die für die Auswahl der Speichermedien auf der Grundlage eines gegebenen Datenvolumens zu bestimmenden Faktoren. Als solche gelten:

a) *Menge der Daten pro Zeiteinheit.* Es ist zu klären, wie sich die quantitative Datenverteilung pro Zeiteinheit verteilt. So kann es beispielsweise durchaus der Fall sein, daß in bestimmten Zeitintervallen (z. B. am Ende der jeweiligen Berichtsperioden) eine außergewöhnlich hohe Datenmenge zu bewältigen ist, die besondere Anforderungen an die Datenerfassung und an die Datenverwaltung stellen. Daraus können sich Konsequenzen für die physische Dimension einer Datenbasis und/oder des zulässigen Benutzerverhaltens ergeben.

b) *Aggregationsgrad und Aggregationsstufen.* Besteht beispielsweise für die konkrete Aufgabe ein tendenzielles Übergewicht an aggregierten Daten, dann ist zu überlegen, ob durch eine Trennung der Datenbasis in jeweils Einzeldaten und verdichtete Daten eine Erhöhung der Leistungsfähigkeit des Systems erzielt werden kann. Die notwendig werdenden Verbindungsprogramme zwischen beiden Datenbasen müssen in die Bewertung mit einbezogen werden.

c) *Dokumentationsfristen.* Es ist zu klären, wie lange Daten oder Komplexe von Daten (Unterdateien) operationsbereit zu halten sind. Hierzu zählt auch die Analyse der geltenden Revisionsvorschriften für die externe und interne Prüfung der Daten (revisionsgerechte Speicherung und Verwahrung).

d) *Logische Beziehungen.* Es handelt sich um die Entwicklung und Bewertung von sog. *Datenbankdiagrammen* (→), die die logischen Beziehungen, die zwischen Datenelementen bestehen, graphisch darstellen. Das Datum „Rentabilität" steht beispielsweise immer in Beziehung zu den Datenelementen „Kapital" und „Gewinn".

e) *Aktualitätsgrade.* Dieses Kriterium gibt Hinweise auf die einzusetzenden Datenverarbeitungsmethoden. Hohe Aktualitätsanforderungen verlangen den Direktzugriff, der durch Datenfernverarbeitung (→) und entsprechende Benutzersprachen erreicht werden kann.

f) *Formatierungsgrad.* Er bestimmt weitgehend die Art der einzusetzenden Datenbanksoftware. Nicht-formatierte Daten verlangen Dokumentationssysteme, die eine zusätzliche Hardware/Software erfordern können (→ Datenbank).

g) *Betriebscharakteristik der Daten.* Trennung der Stammdaten (→) von den operationellen Ereignisdaten.

h) *Benutzerhorizont.* Es ist zu klären, wie das Verhältnis zwischen benutzerfernen Daten (z. B. Systemdaten) und benutzernahen Daten (operierende Daten, die aus der Benutzeraufgabe resultieren) gelagert ist. Der Menge/Zeit-Relation ist dabei erhöhte Bedeutung zuzumessen, da dies Rückschlüsse auf die Systemauslastung zuläßt (z. B. Klärung folgender Frage: wieviele residente Datenbestände sind für ein spezielles Benutzerproblem zu führen?). Zum Benutzerhorizont gehört auch die Zusammensetzung des Datenbestandes nach historischen, aktuellen und prognostischen Daten.

i) *Sicherheit und Vertraulichkeit.* Die Sicherheitsanforderungen haben einen Einfluß auf die Art der Programme, auf die Anzahl der benötigten Speichereinheiten und auf die organisatorische Behandlung der Datenbestände (→ Datensicherheit).

Die Analyse dieser Kriterien bildet die Grundlage für die formale Struktur einer Datenbasis; diese wiederum die Grundlage für die Selektion der datentechnischen Lösung: Datenbanksoftware, Sprachen, Datenfernverarbeitungseinrichtungen und Sicherheitsanforderungen an das System.

Spuraufbau

Der physikalische Aufbau der Spur (→) eines Plattenspeichers. Jede Spur enthält neben den Feldern für die Aufnahme der logischen Daten und Sätze noch zusätzliche Felder, in der Angaben für das Betriebssystem (→) enthalten sind, z. B.: Adresse der Spur, Adresse des Satzes, Lage des Satzes, Hinweisfeld über den Zustand der Spur und Klüfte zwischen den Bereichen.

Daraus folgt, daß der physikalische Satz stets länger als der logische Satz ist.

(→ Satz, Plattenspeicher)

Stammdaten

Der Grunddatenbestand eines Arbeitsgebietes, z. B. die Lieferantendatei, die Kundendatei, die Datei der Stücklisten und Teilenummern, die Personaldatei, die Kostenträger- und Kostenstellendatei usw. Bevor ein Informationssystem (→) „in Produktion gehen" kann, d. h. seine vorbestimmten Operationen aufnimmt, müssen derartige Dateien (→) geladen (generiert) werden. Sie werden dann durch Bewegungsdaten (→)und deren Verarbeitung (→ Update) auf den jeweils neuesten Stand gebracht, wie er den Realprozessen entspricht.

Stapelabfrage

Übernahme eines formulierten Benutzerprofils (→) auf einen Datenträger (z. B. Lochkarte) und Übergabe an das EDV-System zur Verarbeitung (i. e. Suche). Der Benutzer hat keinen weiteren Einfluß auf die Informationssuche. Den Gegensatz bildet die Dialogabfrage (→).
(→ Dokumentationssystem)

Stapel-Verarbeitung

St. (batch processing) ist eine Betriebsweise (→), bei der eine Aufgabe (Programm →) vollständig definiert sein muß, bevor mit ihrer Abwicklung begonnen werden kann; eine nachfolgende Aufgabe wird erst dann übernommen, wenn die vorangegangene durchgeführt ist. Es handelt sich demnach um ein sequentielles Abarbeiten (Hintereinander- oder Reihenverarbeitung) eines Programmbestandes entsprechend der Disposition des Operators (→). Den Gegensatz zur St. bildet der Mehrprogrammbetrieb (→).

Statement

Anweisung, Befehl, Instruktion (→).

Steering Committee

Eine dem Projektmanagement (→) übergeordnete Organisationsform, bei der Mitglieder der Geschäftsleitung und die Leiter einzelner Funktionsbereiche in die Planung, Steuerung und Kontrolle großer Projekte (→) eingeschaltet sind. Dieses Gremium ist weisungsbefugt gegenüber dem Leiter der Datenverarbeitung, dem Projektleiter (→) und dem Benutzerkoordinator (→).

Stellenbeschreibung

Die systematische Beschreibung von Aufgaben, Verantwortung, Zielen und Kommunikationswegen für einen Arbeitsplatz. St. dienen der Abgrenzung und Definition von Aufgaben und sind ein Hilfsmittel für die Arbeitsplatz- und Mitarbeiterbewertung sowie für die Kontrolle des Stelleninhabers. In der Aufbauorganisation (→) dienen sie als Funktions- und Aufgabenabgrenzung, bei der Istanalyse (→) sind sie eine Informationsquelle für die Analyse der Aufgaben und Verrichtungsfolgen einer Stelle.

Steuereinheit

Ein Gerät zur Steuerung der Datenübertragung zwischen Zentraleinheit (→) und externen Speichern. Die St. interpretiert die durch den Kanal (→) von der Zentraleinheit übermittelten Befehle (→ Instruktion) und veranlaßt deren Ausführung. Die St. übernimmt folgende Aufgaben:

- Generierung von Statusinformationen für die Zentraleinheit: Ende der Datenübertragung, Ende des Datenbestandes, Fehlernachrichten bei defektem Zustand des Speichermediums.
- Prüfung, ob die Datenübertragung richtig ist; hierfür werden Prüfbytes den zu schreibenden Sätzen/Daten angefügt, die beim späteren Lesen wieder interpretiert und geprüft werden.
- Übertragung der Lese-, Such- und Schreibbefehle.

Storage Medium

Speichereinheit (→ Plattenspeicher)

Stufenplan

Die Vereinbarung zwischen EDV-Organisation und Anwendungsbereich, ein Informationssystem (→) schrittweise zu konzipieren, zu realisieren und zu installieren. Voraussetzung ist die modulare Strukturierung (→ Modularität) des Gesamtsystems, die Klärung der Interface-Probleme durch temporäre Bridge-Programme (→) und die zeitliche Anpassung der realen Umwelt an die schrittwese Einführung. Dadurch sollen folgende Ziele erreicht werden:

- Leichtere Anpassung der realen Umwelt an das neue System und damit die Reduzierung von Anlaufkosten und Anpassungsschwierigkeiten.
- Systematische Adaption (→) und Schulung der Benutzer.
- Reduzierung des Risikos (→) einer Fehlentwicklung.
- Ermöglichung korrigierender Eingriffe und Veränderungen während der Entwicklungsphase des Gesamtsystems.

Als Nachteil einer stufenweisen Realisierung gilt die längere Zeispanne, die bis zur endgültigen Übernahme des Gesamtsystems benötigt wird und die zu einer längeren Bindung von Personal an das spezifische Projekt (→) führt.

Struktur

Das Beziehungsnetz zwischen den Elementen eines Systems (→). In der Datenbanktechnik (→ Datenbank) die Beziehungen, die zwischen Segmenten (→) und Datenelementen (→) bestehen.
Das Beziehungsnetz ist quantitativ meßbar: Aus n Elementen lassen sich $\frac{n\,(n-1)}{2}$ Beziehungen (Verbindungen, Wege) bilden.
(→ Systemforschung)

Strukturierte Programmierung

Eine Methode für den Entwurf von Programmen (→), die auf logischen Sätzen und Strukturbedingungen aufbaut. Das Ziel der s. P. besteht in der Ermöglichung des Austausches von Programmblöcken (Mehrfachverwendbarkeit), in einer Reduzierung und Erleichterung des Testens (→) und damit in einer Erhöhung der Programmierleistung. Durch die Transparenz und die damit verbundene leichte Lesbarkeit der Programme können die Wartung (→) und die Dokumentation (→) vereinfacht werden.

Die s. P baut auf folgenden mathematischen Sätzen auf, die im wesentlichen H. D. Mills definiert und bewiesen hat:

1. *Struktur-Satz:* Er besagt, daß jedes Programm, das in Form eines Flußdiagramms geschrieben werden kann, mit drei Strukturelementen dargestellt werden kann: (a): f THEN g, (b): IF p THEN f ELSE g, (c): WHILE p DO g; f und g bedeuten hierbei Flußdiagramme mit genau einem Ein- bzw. Ausgang, p ist ein Test, und THEN, IF, ELSE, WHILE, DO sind logische Verknüpfungen.
2. *Top-Down-Satz:* Nach diesem Satz muß es möglich sein, daß jedes Programm, das nach dem Struktur-Satz aufgebaut ist, Top-Down geschrieben, gelesen und getestet werden kann.
3. *Satz von der Richtigkeit eines Programms:* Er besagt, daß die Richtigkeit (Vollständigkeit, Fehlerfreiheit) auf funktionstheoretische Sätze und Aussagen zurückgeführt werden kann; dadurch besteht die Möglichkeit, mit Hilfe mathematischer Methoden die Richtigkeit von Programmen zu überprüfen.
4. *Zerlegungssatz:* Dieser Satz definiert die Regeln, wonach höhere (globale) Programmstrukturen in niedere (modulare) Strukturen ausfgelöst werden können; es handelt sich um die Bestimmung der Freiheitsgrade für die Zerlegung eines Programms in einzelne Funktionsblöcke: Bei der Zerlegung einer Funktion h in die Struktur „IF p THEN f ELSE g" ist man beispielsweise in der Wahl von p frei, jedoch nicht in der Wahl von f und g; p und die Funktionsspezifikationen für h bestimmen f und g eindeutig.

Programme werden in Form eines Flußdiagramms geschrieben, das prinzipiell nur die drei folgenden Funktionseinheiten enthält:

a) Sequenz zweier (oder mehrerer) Operationen:

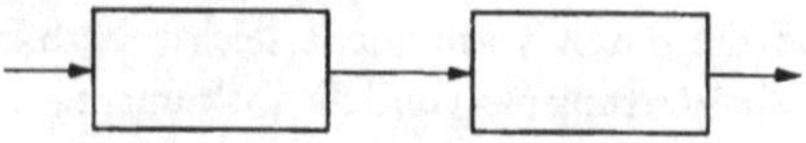

SEQUENCE

b) Bedingte Verzweigung zu einer von zwei Operationen:

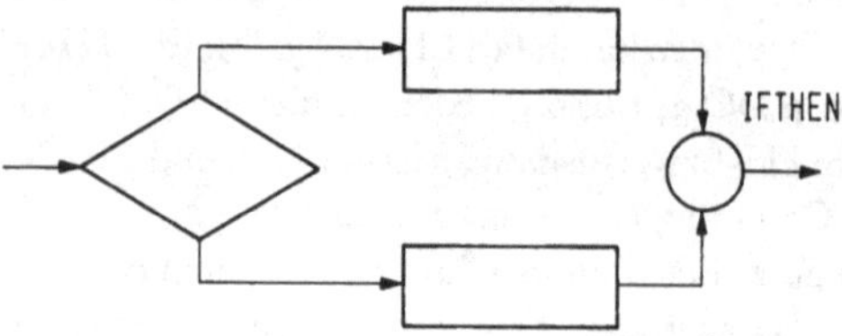

IFTHENELSE

c) Wiederholung einer Operation in Abhängigkeit von der Erfüllung einer Bedingung:

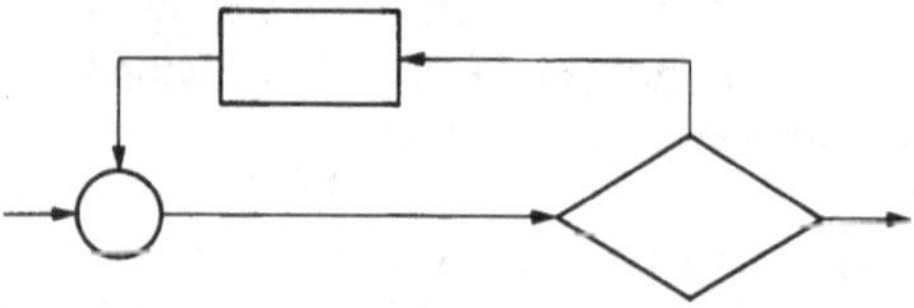

DOWHILE

Eine Erweiterung des Flußdiagramms ist durch die beiden folgenden Funktionsblöcke möglich:

d) Wiederholung einer Operation solange, bis eine Bedingung wahr ist:

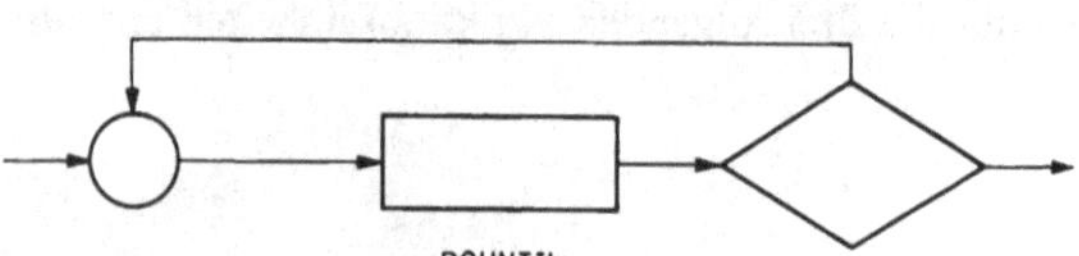

DOUNTIL

e) Auswahl einer Operation unter mehreren in Abhängigkeit eines Tests:

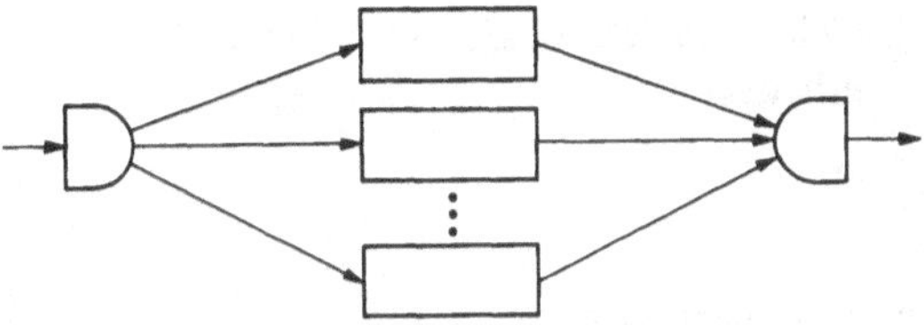

Strukturierte Programme sind *eigentliche* (proper) Programme, wenn sie folgenden Bedingungen genügen:

a) Es gibt genau einen Ausgang und einen Eingang.
b) Für jeden Knoten des Flußdiagramms existiert ein Weg von der Eingangslinie über diesen Knoten zur Ausgangslinie.

Die Definition eines eigentlichen Programms hat zum Ziel, die Austauschbarkeit von Funktionsblöcken in größeren Programmen zu ermöglichen.
(→ Programmiertechnik)

Suchbefehl

Diejenige Instruktion (→), die einen Vergleich von Daten (→) im Hauptspeicher (→) mit den Daten in einem angegebenen Bereich der Spur einer Plattenspeichereinheit (z. B. Satzadresse, Spuradresse, Ordnungskriterium) bewirkt. Bei Bandeinheiten bewirkt der S. das sequentielle Lesen des Bandes solange, bis Gleichheit zwischen den Daten des Hauptspeichers und jenen des entsprechenden Satzes auf dem Band hergestellt ist.

Syntax-Prüfung

Die Prüfung auf syntaktische Richtigkeit von Nummern. Für die S. sind verschiedene Verfahren anwendbar, z. B. die Verwendung von Prüfziffern (→). Der Ausdruck wird auch bei der Umwandlung (→) von Programmen (→) benutzt: Das Umwandlungsprogramm prüft, ob die Sprachkonventionen und die Instruktionen richtig angewandt wurden. Syntaxfehler führen zu Fehlernachrichten und u. U. zum Abbruch des Umwandlungslaufes.

System

Eine Menge geordneter Elemente mit Eigenschaften, die durch Relationen miteinander verknüpft sind. Die Menge der Relationen zwischen den Elementen eines Systems bilden dessen Struktur. Ein Element ist ein Baustein des Systems, der nicht weiter zerlegt werden kann.
Nach der Entstehung unterscheidet man folgende S.:

1. Natürliche S.
   a) Anorganische S.: z. B. Atomsystem, Weltsystem.
   b) Organische S.: z. B. biologische S.
2. Geschaffene (künstliche) S.:
   a) Logische S.: z. B. Alphabet, Zahlensysteme.
   b) Mechanische S.: z. B. Fertigungsstraßen.
   c) Soziale S.: z. B. Familie, Gemeinde.
   d) Kombinierte S.: z. B. Mensch-Maschine-S. (→).

Außerdem unterscheidet man:

3. Offene S.: Bei einem offenen S. hat mindestens ein Element Beziehungen mit einem anderen S. (Randelement).
4. Geschlossene S.: Es bestehen keine Beziehungen mit anderen S.
5. Stabile S.: Eine Gruppe von S., die auch dann wieder einen Gleichgewichtszustand anstreben, wenn endogene Störungen auf das S. einwirken (kybernetische S.). (→ Kybernetik)

Die Anwendung der S.-Forschung auf das Unternehmen beabsichtigt, Erkenntnisse bezüglich des S.-Verhaltens, der Elementsbeziehungen und der Leistungsbeziehungen der Elemente unter verschiedenen wissenschaftlichen Disziplinen zu erarbeiten. Das Unternehmen wird dabei als ein dynamisches (zweckstrebiges, finales), sozio-technisches S. interpretiert, in dem technische und soziale Elemente miteinander gekoppelt sind.

Die angewandte Informatik unterscheidet:
Informationssystem (→) und
Datenverarbeitungssystem (→ EDV-Anlage).

Systemanalyse

Die analytische Beschreibung und Erklärung der Elemente eines Systems (→) und des Systemzusammenhangs. Diese umfaßt: Beschreibungen des Verhaltens und der Eigenschaften der Elemente, ihre Leistungen und Zielsetzungen, die Art der wechselseitigen Kommunikation (→), die Struktur (→) des Systems und ihren Beitrag zum gesamten Systemverhalten.
Die S. stellt eine Vorstufe der Systemgestaltung (→) dar, so daß auch Prognosen und Konzepte über geplante (ideale) Systeme Bestandteil der S. sind. Die S. bedeutet eine schrittweise Determinierung zu erklärender oder zu gestaltender Systeme, bei der die Interdependenzen zwischen den Elementen und zwischen Subsystemen schon bei der Untersuchung berücksichtigt werden.
In der angewandten Informatik sind vier Hauptaufgaben der S. unterscheidbar:

a) Entwicklung neuer Verfahren und Methoden, um betriebliche und unternehmerische Prozesse eines Unternehmens mit einer EDV-Anlage zu vollziehen.
b) Wirksamere Gestaltung bestehender Informationssysteme bei sich ändernden Charakteristika der Funktionseinheiten bzw. bei sich ändernden Methoden der Datenverarbeitung.
c) Untersuchung und Bewertung von Standard-Anwendungen im Hinblick auf das technische und anwendungsbezogene Leistungspotential.
d) Analyse und Bewertung neuer Methoden der Datenverarbeitung und neuer Hardware/Software-Möglichkeiten bezüglich der Reorganisation und des Ausbaus bestehender Organisationsmethoden und Informationssysteme (→).

Unter Berücksichtigung dieser vier Hauptaufgaben läßt sich der Begriff wie folgt päzisieren:

1. *Innovative S.:* Dieser Bereich umfaßt alle systemanalytischen Probleme und Aufgabenstellungen, bei denen neue Verfahren und Methoden der Anwendung und der Datenverarbeitung eingesetzt werden sollen, wobei der zur Verfügung stehende Erfahrungsschatz bezüglich der konkreten Aufgabenstellung relativ gering ist.
2. *Adaptive S.:* Die Aufgabenstellung bezieht sich hierbei auf die Übernahme und Implementierung existenter Verfahren (z. B. von sog. Software-Paketen).
3. *Reaktive S.:* Die Aufgabenstellung resultiert in diesem Bereich systemanalytischer Betätigung in der Regel aus einer veränderten Struktur der Methoden und/oder Prozesse, was zu einer *Systemanpassung* (d. h. einer Modifikation bestehender Informationssysteme) führt (→ Systemanpassung).

Die S. ist mithin eine Methode der *Erkenntnisgewinnung*, die für die wissenschaftliche und methodisch exakte Durchdringung eines Systems eingesetzt wird. Sie dient prinzipiell der Systemgestaltung, so daß sich folgende Abgrenzung ergibt:

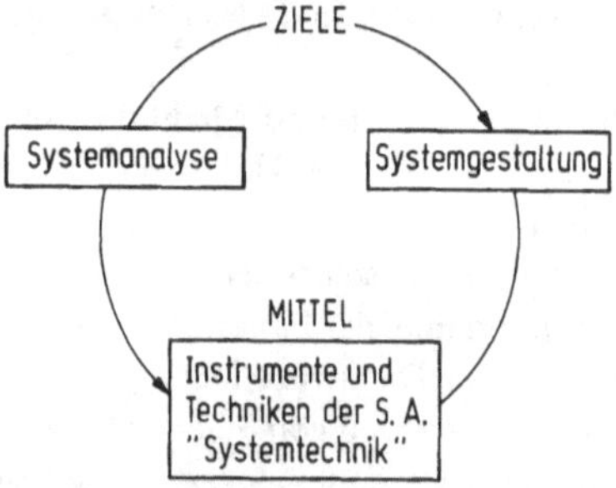

Die S. beschreibt die Gesetzmäßigkeiten, Zustände (Strukturen) und Normen realer Systeme oder erarbeitet im Sinne von Hypothesen und Modellen Systeme, die zu gestalten sind.

Häufig finden sich beide Bereiche nebeneinander:
Aus der Erklärung eines realen Systems im Sinne der Darstellung dessen Zustandes werden Schlußfolgerungen und Normen für den Soll-Zu-

stand abgeleitet. Der Übergang vom Ist-System zum Soll-System erfolgt dabei anhand typischer Systemziele.
Die Systemtechnik umfaßt dagegen das Instrumentarium, mit dessen Hilfe die Verwirklichung eines Soll-Systems bewerkstelligt wird.
(→ Systemtechnik)

Systemanalytiker

Eine Berufsbezeichnung für eine Person, die primär mit den Aufgaben der Systemanalyse (→) betraut ist.
Der S. ist im Sinne eines Projektmanagers für die Konzipierung, Planung, Entwicklung und Realisierung von dispositiven und operativen Teilinformationssystemen verantwortlich, die unter der Zielsetzung „Entwicklung eines langfristig gültigen Informationssystems Unternehmung" aufgebaut und betrieben werden. Er übernimmt die Verantwortung für die Abwicklung der ihm übertragenen schwierigen Organisationsaufgaben, die in der Regel die Integration umfangreicher, wechselseitig abhängiger Prozesse und Arbeitsabläufe beinhalten und das Entwickeln von Organisationsverfahren, Modellen und Lösungstechniken im Rahmen der System- und Datentechnik umfassen. Er ist insbesondere für die Systemeinführung und für die Systemadaption zuständig, was Schulungsaktivitäten, detaillierte Organisations- und Verfahrensbeschreibungen sowie standardisierte Formen der Projektdokumentation impliziert.
Normalerweise wird es sich um Mitarbeiter handeln, die eine abgeschlossene Universitätsausbildung (vornehmlich Betriebswirt mit Informatik) und eine mindestens 2–3jährige praktische Erfahrung auf dem Gebiet des Informationssystems und der Datenverarbeitung nachweisen können. Die Kenntnis und zumindest die teilweise Beherrschung des systemanalytischen Instrumentariums ist eine Voraussetzung für die Erfüllung seiner Aufgaben. Das bedeutet, daß neben der praktischen Arbeit auch ein umfangreiches und laufend durchgeführtes Studium der Fachliteratur zu verlangen ist und daß ihm die Möglichkeit externer und interner Weiterbildung durch Seminare und Spezialkurse geboten werden muß.

Systemanpassung

Allgemein: die Steuerungsfunktion im kybernetischen Regelkreis (→), d. h. die Tätigkeiten der Verarbeitung von Stör- und Regelgrößen in dem Sinn, daß das System (→) trotz Schwankungen um einen Ziel(Soll)wert seine innere Stabilität beibehält.

In der EDV-Technik die Summe der Maßnahmen, die für die Anpassung eines Programmsystems oder einer Konfiguration (→) an sich ändernde Bedingungen der Real- und Informationsprozesse bzw. zur Ausschaltung und Behebung von Störungen im Betriebsablauf (→) ergriffen werden. Im einzelnen handelt es sich um:

a) Änderungen von Programmen (→), die durch die Veränderungen der Realprozesse bedingt sind (beispielsweise die Berücksichtigung neuer gesetzlicher Auflagen bei einem Personal- und Gehaltsprogramm).
b) Änderung und Anpassung von Programmen durch eine fortschreitende Integration (→), die z. B. die zusätzliche Installation (→) von Bridge-Programmen (→) erfordert.
c) Änderungen des Benutzerverhaltens (z. B. Übergang zur Aufgabenerledigung mit Hilfe von Datenstationen →), die neue Organisationsformen der Datenbestände erforderlich machen.
d) Anpassung der bestehenden Verfahren und Programme an neue Methoden der Datenverarbeitung (→), z. B. durch neue Nutzungsformen (→ Betriebsweisen).

Entsprechend breit ist der Katalog der S.-Maßnahmen; grundsätzlich kann unterschieden werden in:

1. Dateiänderungen
2. Programmänderungen
3. Erstellen zusätzlicher Hilfsprogramme
4. Modifikation der Ablaufsteuerung
5. Ausbau und Anpassung der Konfiguration
6. Übergang zu neuen Betriebsweisen.

Die organisatorische Eingliederung dieser Aufgaben erfolgt i. d. R. durch die Funktion „Wartung und Systemanpassung“ (→ Wartung), die generell als Teilaufgabe des Rechenzentrums (→) definiert ist.

Systemauswahl

Die für die Bestimmung der jeweils für die Projekte/Anwendungen am besten geeigneten Hardware (→) und Software (→) durchgeführten Aktionen und Entscheidungen. Die S. umfaßt folgende Tätigkeiten:

- Beschreibung der geplanten Anwendungen
- Erstellen eines Mengen- und Wertgerüstes (→)
- Charakterisierung der Eingabe- und Ausgabefunktionen
- Beschreibung der wichtigsten Transaktionen und Programme (→)
- Definition der Sicherheitsanforderungen
- Ableitung von Kennziffern zur Messung des Lesitungsverhaltens
- Definition der erforderlichen Antwortzeiten
- Erstellen von Prüfprogrammen für einen Benchmark-Test (→)
- Angebotseinholung und Überprüfung auf:
  - Leistungskriterien der Hardware und Software
  - Realisierungskonzept
  - Preis für Miete oder Kauf
  - Implementierungskosten
  - Wartungsleistungen bzw. Wartungsvertragsleistungen
  - Benötigte Schulung
  - Gebotene Schulung
  - Indirekte Leistungen wie Installationshilfen, Umstellungsprogramme, Handbücher und Spezialliteratur.
  - Ausbaufähigkeit und Kompatibilität (→)

Den Abschluß der S. bildet eine Entscheidung über eine bestimmte Konfiguration (→) eines bestimmten Herstellers.

Systemforschung

Wissenschaftliche Disziplin, deren Erkenntnisobjekt Systeme (→) sind. Die Anwendung der S. im Unternehmen konzentriert sich auf eine interdisziplinäre und mehrdimensionale Betrachtung und Analyse der Elemente, der Elementbeziehungen, des Systemzusammenhangs, der Systemleistung und der Kommunikation. Dabei werden die Elemente mehrdimensional betrachtet, d. h. unter soziologischen, sozialen, physiologischen, energetischen, juristischen, materiellen und informationstechnologischen Gesichtspunkten. Dadurch ist eine „universelle" Gesamtschau möglich, sofern diese Art der interdisziplinären Arbeit wissenschaftlich und praktisch tatsächlich realisiert werden kann. Die S. hat als Gegenstand ihrer Betätigung ideale und reale Systeme. Sie hat darüber hinaus die Aufgabe, Systembeschreibungen und Systemtheorien zu entwickeln, die als Basis für praktisches Verhalten im Sinne einer

- Systempolitik,
- Systemplanung,
- Systemgestaltung und
- Systemlenkung

dienen können.

Wissenschaftspragmatisch sind vier Ebenen spezieller Aufgabenstellung der S. ableitbar:

1. Vermittlung faktischen Wissens über die Systemlehre und ihrer Anwendbarkeit auf das Unternehmen.
2. Entwicklung von Hypothesen, Sätzen und Aussagen, die als Basis für systemgestaltende Aktivitäten dienen können (nomologische Aussagen).
3. Entwicklung eines Methodenwissens, das als Instrumentarium für die Systemgestaltung dienen kann.
4. Aufbau eines Modellwissens, mit dem Analog- und Simulationsmodelle des Unternehmens entworfen werden können, um so die grundsätzlichen Prozesse leichter zu analysieren und zu gestalten.

Systemgestaltung

Die Summe der Tätigkeiten, die in der Phase (→) „Entwicklung" durchgeführt werden. Im einzelnen handelt es sich um:
Datenerfassung und Strukturierung der Eingabe- und Ausgabeformate, Festlegung der Testfälle und der Teststrategien, Aufbau des Daten- und Schlüsselverzeichnisses, Bestimmung der Datensicherheitsrichtlinien, Erstellen der Detailvorschläge (→) und der Programmieranweisungen (→), der Standards und Leistungskriterien. Die S.-Aktivitäten gelten als abgeschlossen, wenn anschließend die vollständige Programmierung

(→) aller Programme (→) des geplanten Informationssystems (→) erfolgen kann. Normalerweise überlappen sich einige Tätigkeiten der S. mit jenen der Realisierung (z. B. das Erstellen der Testdaten).
(→ Entwurfsplanung)

Systemprogrammierer

Eine Person, die für die programm- und datentechnische Realisierung komplexer Informationssysteme (→) verantwortlich ist. Der S. nimmt folgende Aufgaben wahr: Definition des programmtechnischen Gesamtaufbaus eines Informationssystems, Bestimmung der Schnittstellen (→) und Abgrenzung der einzelnen Funktionen der verschiedenen Module, Ausarbeitung und Vorgabe von Richtlinien für die Programmierung (→), Bewertung und Auswahl der Programmiersprache (→), Festlegen des hierarchischen Aufbaus der verschiedenen Programmfunktionen (→ HIPO), Durchführung des Systemtestes (→) und Auswertung der Protokolle, aktive Unterstützung bei der Fehlerdiagnose und der Fehlerbereinigung, Anleitung und Ausbildung der ihm unterstellten Programmierer. Darüber hinaus legt der S. die Datenformate fest und bestimmt den Aufbau und die physische Struktur der Dateien (→). Schwierige Programmschritte werden von ihm selbst codiert. Der S. arbeitet in enger Abstimmung mit dem Systemanalytiker (→) zusammen und trägt die Verantwortung für die Realisierung des geplanten Systems entsprechend den Sollvorstellungen.

Systemprogrammierung

Die programm- und datentechnische Realisierung eines Informationssystems (→), das aus mehreren Modulen (→ Modularität) besteht. Die S. beinhaltet die Definition und Abgrenzung der Module, die funktionale Beschreibung der Teilsysteme und die Ausarbeitung von Richtlinien für den Test (→) und die Installation (→). Außerdem werden im Rahmen der S. die Datenformate, die Struktur und der physische Aufbau der Dateien bestimmt.
(→ Systemprogrammierer)

Systemsicherheit

Oberbegriff für die Betriebsablauf-, Programm- und Datensicherheit (→). Der Grad der S. ist vom Zusammenspiel vieler Komponenten abjängig: Hardware (→), Betriebssystem (→), Programm- und Datenorganisation (→).

Systemtechnik

Teilgebiet der Systemanalyse (→), das sich vorwiegend mit den Methoden der Systemgestaltung (→) befaßt, d. h. mit den Techniken der Planung, Steuerung, Bewertung und Kontrolle von Projekten.
Generelles Ziel systemtechnischer Methoden ist die Reduzierung des projektspezifischen Risikos mit folgenden Teilzielen:

a) Einbeziehung der EDV-Projekte in die unternehmerischen Entscheidungsprozesse. Dies ist bedingt durch die wachsenden Entwicklungs- und Realisierungskosten der Projekte und durch deren zunehmende Bedeutung bei wachsender Integration für die Gesamtleistungsfähigkeit des Unternehmens.
b) Verbesserung der Kommunikation und Organisation der an einem Projekt beteiligten Mitarbeiter, Stellen und Instanzen des Unternehmens.
c) Aufbau und Einführung von Steuerungs- und Kontrollinstrumenten für die bewußte, zielorientierte Leitung und Führung der Projekte.
d) Erhöhung der Wirtschaftlichkeit durch verbesserte Methoden der Planung, Realisierung und Einführung der EDV-Projekte.

Dabei handelt es sich in der Regel um die Nutzbarmachung von Methoden, die auf anderen Tätigkeitsgebieten außerhalb der Informatik bereits benutzt werden bzw. aus Nachbardisziplinen stammen.
Das Problem besteht in der Umformung und Anpassung der Methoden für die speziellen Aufgaben und Zielsetzungen im Rahmen der Gestaltung eines Teilinformationssystems.
Man unterscheidet generell:

- Planungsmethoden
- Bewertungs- und Auswahlmethoden

- Arbeits- und Rationalisierungsmethoden
- Installations- und Benutzungsmethoden.

Alle Methoden stehen in einem logischen Projektzusammenhang, der durch die systematischen Arbeitsfolgen eines Projektes eine gewisse Gesetzmäßigkeit und Zwangsläufigkeit aufweist.
Dieser Zusammenhang drückt sich besonders deutlich im Verhältnis zwischen Aufwand und zeitlichem Verlauf (Phasen) eines Projektes aus:

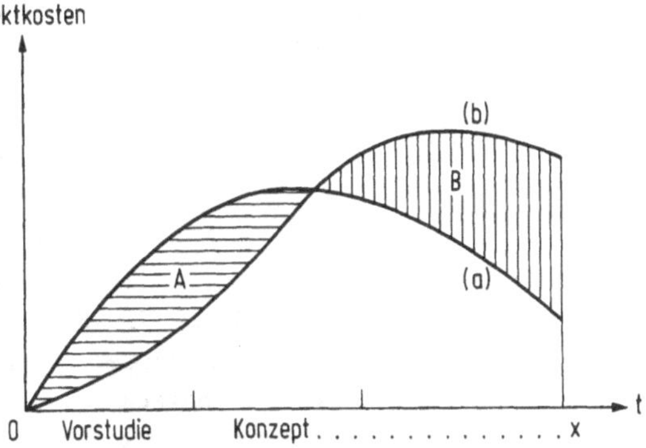

Aufwandsverlauf und Zeit

Diese Abbildung ist wie folgt zu interpretieren:
Die Kurve b repräsentiert den Aufwands-Verlauf während der Projektentwicklungszeit $t_0 - t_x$ (t_x = Fertigstellungstermin), die in mehrere Phasen resp. Zeitabschnitte eingeteilt ist. Es wird deutlich, daß bei diesem Verlauf zunächst relativ geringe Vorleistungen (z. B. Planungsaufwand) erbracht werden, was zu einem hohen Entwicklungsaufwand durch nachträgliche Korrekturen und Modifikationen führen kann. Die Kurve a repräsentiert den gleichen Tatbestand, jedoch unter der Annahme, daß ein höherer Aufwand für eine detaillierte Projektvorbereitung (Planung, Alternativenbewertung, Ziel- und Problemanalysen) getrieben wird. Dieses dadurch entstehende „Mehr" an Investitionen gegenüber der Kurve b (Bereich A) erhofft man in der Phase der Realisie-

rung und Durchführung zu überkompensieren (Bereich B), so daß sich insgesamt eine Ersparnis für das Gesamtprojekt in Höhe der Differenz B–A ergibt.

A = Erhöhter Aufwand durch gründliche Analyse und Projektvorbereitung.

B = Verminderter Realisierungsaufwand als Folge von A.

B – A = Aufwandersparnis durch den Einsatz von Methoden und gründliche Projektvorbereitung.

Damit soll veranschaulicht werden, daß Planungs- und Vorbereitungsaufwand für Projekte insgesamt von Nutzen bezüglich der Gesamtprojektierung sind.

(→ Kostenanalyse)

Systemtest

Der Test (→) eines gesamten EDV-Verfahrens, das aus mehreren Programmen (→) und Modulen (→) besteht. Der S. kann erst nach erfolgtem Einzel- und Funktionstest (→) der einzelnen Programme durchgeführt werden. Neben der sachlichen Richtigkeit der Ergebnisse wird auch die Einhaltung der Leistungskriterien – z. B. Kernspeicherbedarf und Durchlaufzeit – überprüft. Zwei Möglichkeiten für den S. stehen zur Verfügung:

a) *Totaler S.:* Hierbei erfolgt ein Gesamttest erst *nach* erfolgtem Test und vorliegender Freigabe *aller* das Verfahren bestimmenden Teilprogramme.

b) *Schrittweiser S.:* Es erfolgt eine schrittweise Koppelung der jeweils fertiggestellten und getesteten Teilprogramme.

Der Vorteil eines schrittweisen S. besteht darin, daß simultan mit der Fertigstellung eines Programms alle bisher vorliegenden Programme insgesamt getestet werden; mit dem Abschluß des letzten Moduls und dessen Test ist zugleich auch das gesamte Verfahren getestet. Allerdings muß dabei mit einem höheren Testaufwand gerechnet werden, da die zuerst getesteten Programme mehrmals der Testprozedur unterworfen werden, obwohl sie bereits als fehlerfrei erkannt sind. Als Nachteil des totalen S. gilt die zeitliche Verzögerung, die dann auftritt, wenn einzelne

Programme aufgrund von Fehlern neu geschrieben werden müssen; darüber hinaus ist die Diagnose von Fehlern und die Feststellung ihrer Verursachung beim totalen S. wesentlich schwieriger als beim schrittweisen S.

Systemtypen

Die Unterscheidung von verschiedenen Informationssystemen (→) nach ihrer Funktionsweise und den benutzten Datenbasen. Für ein Management-Informationssystem (→) sind beispielsweise grundsätzlich dezentralisierte (informative) und zentralisierte (dispositive) S. unterscheidbar, die jeweils verschiedene Dateien (→) benutzen und unterschiedliche Aufgaben wahrnehmen:

Integrationsstufe	Geltungsbereich	Operationeller Systemtyp	Datenbasis Datenbank	Methoden	Beispiele für den Einsatz
Dezentralisierte Systeme	Informative Systeme	Direkt-Abfrage-System	Operative Datenbasis Führungsgrößen-Datenbank	Query Languages Dialogsystem	Interaktive Problemlösung Abfrage repräsentativer Einzelinformationen Abweichungsanalyse
		Signalsystem		Aktives System	
		Berichtssystem		Generatorsystem	Umsatzstatistik Liquiditätsübersicht
		Information-Retrieval-System	Dokumentenbank	Dialogsystem	Selektion von Dokumenten Textsuche
Zentralisierte Systeme	Dispositive Systeme	Prognosesystem	Methodenbank Führungsgrößen-Datenbank	Modular strukturierte Verarbeitungsprogramme. Parametergesteuerte Verknüpfung von Lösungsalgorithmen	Absatzprognose Trendanalyse Zeitreihenanalyse
		Entscheidungssystem			Investitionsmodell Strategisches Wachstumsmodell Distributionsmodelle Simulierte Prognosebilanzen

Systeme und Datenbasen eines MIS

Task

Eine Teilaufgabe eines Programms (→), die zur Ausführung vom Loader (→) in den Hauptspeicher geladen wird.

Task Management

Programmroutinen des Betriebssystems (→), die für die Steuerung und Überwachung der Arbeits- und Anwendungsprogramme verantwortlich sind. Sechs Funktionen werden im wesentlichen durch diese Routinen durchgeführt:
- Behandlung von Unterbrechungen
- Steuerung und Überwachung des Hauptspeichers
- Steuerung und Überwachung des Hauptspeicher-Inhalts
- Überwachung von Überlagerungs-Strukturen
- Steuerung des Zeitgebers
- Steuerung der Ausführung von Instruktionen (→)

(→ Job Management)

Team-Organisation

Die arbeitsteilige Organisation von Aufgaben im Rahmen eines Teams. Für die Realisierung eines EDV-Projekts wird grundsätzlich folgende Arbeitsteilung – die zugleich die Anforderungsprofile der Mitarbeiter bestimmt – anzutreffen sein:
1. Systemanalytiker (→) für die Entwicklung der Sollvorstellungen und die Ausarbeitung der Organisationsvorschläge (→).
2. Systemprogrammierer (→) für die Konzeption, modulare Strukturierung und den Test (→) des Gesamtsystems.
3. Programmierer für die Detaillierung der einzelnen Module.
4. Codierer für die Übertragung der Programmieranweisung in die Instruktionen (→) der benutzten Programmiersprache (→).
5. Benutzer (→) für die Definition der anwendungsspezifischen Probleme und Lösungsmöglichkeiten.

Derartige Teams werden üblicherweise einem Projektleiter (→) unterstellt und bestehen solange, bis eine erfolgreiche Installation (→) des betreffenden Systems erfolgt ist. Im Rahmen des Software-Engineering (→) stellt die Chief-Programmer-Organisation (→) einen Sonderfall der T. dar.

Teilhaberbetrieb

Eine Betriebsweise (→) von EDV-Anlagen (→), bei der mehrere Benutzer (→) mit Hilfe von Datenstationen (→) einen Rechner in Anspruch nehmen. Gegenüber dem Teilnehmerbetrieb (→) haben die Benutzer eines T. weniger „Freiheiten“: Sie müssen sich bezüglich der Formulierung ihrer Aufgaben an vereinbarte Konventionen halten, die Bibliotheken und Programme (→) gelten für *alle* Benutzer gleichermaßen, die verfügbaren Programme sind allgemein gültig, d. h. es sind keine individuelle Programme erlaubt. Die Benutzer arbeiten nicht unabhängig voneinander, sondern nehmen lediglich die vereinbarten und zentral organisierten Dienstleistungen des Rechners entsprechend dem zeitlichen Arbeitsanfall in Anspruch.

Teilnehmerbetrieb

Eine Betriebsweise (→) von EDV-Anlagen (→), bei der mehrerc Benutzer (→) mit Hilfe von Datenstationen (→) unabhängig und simultan ihre Aufgabe lösen; das bedeutet, daß zu jedem beliebigen Zeitpunkt von jedem Benutzer Anweisungen und Anfragen an den Rechner gestellt werden können bzw. von den Datenspeichern Daten (→) abgerufen werden können. Beim T. steht dem Benutzer eine flexible Programmiersprache (→) zur Verfügung, mit deren Hilfe er seine Aufgaben formuliert. Ein Vorteil des T. besteht in der Möglichkeit, daß sich der Benutzer private Bibliotheken aufbauen kann, welche die für die Lösung seiner individuellen Aufgaben entsprechenden Programme enthalten.

Terminal (→Datenstation)

Terminal Control Unit (→Steuereinheit)

Test

Die Summe der Verfahren, Techniken und Methoden, die dazu dienen, ein Programm (→) bzw. ein EDV-Verfahren fehlerfrei zu gestalten, Fehler des Entwurfs und der Programmierung zu erkennen und die ordnungsgemäße Operation zu garantieren. Das Testen bezieht sich grundsätzlich auf die Syntax, die Funktion und auf das Gesamtsystem. Getestet werden insbesondere:

- Die formale Richtigkeit der Codierung, d. h. die Syntax der benutzten Programmiersprache (→).
- Das reibungslose Zusammenspiel der einzelnen Programm-Module.
- Die Funktionen des Verfahrens.
- Die Leistungsanforderungen, wie Durchlaufzeit und Kernspeichergröße.
- Die Sicherheitsvorkehrungen, wie z. B. die programmgesteuerten Nachrichten im Falle eines Fehlverhaltens des Systems bzw. bei falschen Eingabedaten.

Entsprechend unterscheidet man:
Einzel-, Funktions-, System- und Leistungstests (→Tuning).
Für die Auswahl eines optimalen Tests stehen verschiedene Testverfahren (→) zur Verfügung; „optimal“ bedeutet dabei, daß mit einem gegebenen (geplanten) Aufwand an Zeit und Maschinenkosten die geringstmögliche Fehlerwahrscheinlichkeit erzielt werden soll.
(→Testdaten, Testmatrix, Testdatengenerator, Testphasen, Testfile, Schreibtischtest)

Testdaten

Die von den Benutzern (Anwendern) erstellten Daten (→) für die Probeläufe eines EDV-Verfahrens. Dabei sind zwei Möglichkeiten gegeben:

a) Übernahme der operationellen Daten vergangener Perioden: Diese Methode kann nur dann angewendet werden, wenn aufgrund der veränderten Methoden der Datenverarbeitung ein bereits existierendes Verfahren ohne wesentliche Änderung der Prozeß-Charakteristika lediglich umgestellt wird. Es ist demnach zu überprüfen, ob durch die Neugestaltung einer EDV-Aufgabe Änderungen der Prozeßeigenschaften aufgetreten sind, bevor eine Übernahme der operationellen Daten bereits existierender Verfahren akzeptiert werden kann.

b) Erstellen spezieller Testdaten: Dabei werden insbesondere solche Daten selektiert, die einen Test der Extrembedingungen des Verfahrens erlauben.

In der Regel wird man eine Kombination beider Methoden wählen. Die Gesamtheit der Testdaten wird sinnvollerweise auf einem zentralen Medium gespeichert (→Testdaten-Generator). Die Erstellung der T. erfolgt in gemeinsamer Arbeit zwischen Programmierer, Systemanalytiker und Benutzern. Die Grundlage bilden die Programmieranweisung, das Flußdiagramm und die Programmbeschreibung.

Testdaten-Generator

Ein Datenbestand, der aus den operationellen Daten (→) eines Anwendungsgebietes *vor* einer geplanten Umstellung und aus speziellen Testdaten (→) für speziell zu testende Programme bzw. Module besteht. Hinzu tritt ein Auswertungsprogramm, das die Aufgabe hat, diejenigen Testdaten auszuwählen (zu generieren), die für das jeweils zu testende Modul (→) eines Programmes repräsentativ sind. Darüber hinaus nimmt dieses Programm folgende Aufgaben wahr:

- Ergänzung des bestehenden Datenbestandes durch neue, strukturell unterschiedliche Daten des neuen Verfahrens.
- Konvertierung (Formatänderungen) bestehender Daten entsprechend den Anforderungen der neuen Programme.
- Update (→) von Daten aufgrund neuer Erkenntnisse eines Testlaufs.

T. sind insbesondere dann anzuwenden, wenn es sich um einen zeitlich aufwendigen Test eines komplexen Verfahrens handelt, das aus mehreren, selbständig bearbeitbaren Programmen besteht, die alle auf einen gemeinsamen Ausgangsdatenbestand zugreifen.

Testmatrix

Ein Hilfsmittel zur Erstellung von Testdaten (→), insbesondere zur Überprüfung der Vollständigkeit aller zu testenden Datenkonstellationen, die von den einzelnen Programmen verarbeitet werden. T. sind besonders beim Aufbau von Testdaten-Generatoren (→) von Bedeutung. Eine T. hat prinzipiell folgenden Aufbau:

Programm/Modul	A			B			C		
Daten	E	G	A	E	G	A	E	G	A
Teilnummer	x			x			x		
Auftragsnummer	x			x					
Preis	x			x			x		
Umsatz		x	x						
Absatzmenge	x								
Kundennummer					x				
Lagerort									
Umsatz/Kunde									
Vertreternummer				x					
Preis/Teilnummer	x				x			x	x

Schematische Darstellung einer Testmatrix (E = Eingabe, G = Generierung, A = Ausgabe)

Testphasen

Die verschiedenen Möglichkeiten und Verfahren des Testens sind mit den Phasen der Programmierung (→) gekoppelt. Grundsätzlich ergibt sich folgende Reihenfolge für das Testen eines Verfahrens:

1. Schreibtischtest (→) nach erstelltem Blockdiagramm.
2. Umwandlung und Test auf syntaktische Richtigkeit.
3. Funktions- und Einzeltest (→) mit entsprechenden Testdaten (→).
4. System- oder Gesamttest (→).

(→Test)

Teststrategie

Die für das Testen eines Verfahrens ausgewählte Methode; die T. ist abhängig vom formalen Aufbau des Programms (→), d. h. von der Anzahl der selbständig zu bearbeitenden Module, Unterroutinen bzw. Unterprogramme, von der verfügbaren Maschinenkapazität und vom Erfahrungs- bzw. Wissensstand der Programmierer.
Ein Programm möge folgenden Aufbau haben:

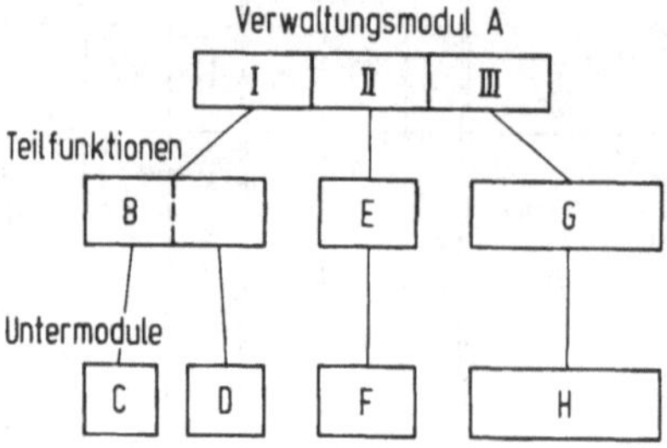

Der Teil I des Verwaltungsmoduls korrespondiert mit dem Verarbeitungsmodul B (und den zugehörigen Untermodulen), während das Verarbeitungsmodul E mit seinem untergeordneten Modul dem Teil II des Verwaltungsmoduls zugeordnet ist usw.
In diesem Fall sind zwei Strategien des Testens möglich:

a) *Top-Down-Methode:* Hierbei wird mit dem Testen auf dem obersten Level der Software-Struktur begonnen und stufenweise zu den unteren Ebenen fortgeschriten. Nach der Codierung (→) des Moduls A wird dieser sofort auf syntaktische und logische Richtigkeit getestet; sobald Modul B codiert ist, wird dieses nach erfolgtem Einzeltest (→) mit dem Verwaltungsmodul A gemeinsam getestet usw.
Der Vorteil dieser Strategie besteht darin, daß keine Interface-Probleme auftreten und daß keine zusätzlichen Bridge- und Hilfsprogramme geschrieben werden müssen. Darüber hinaus erfolgt quasi ein simultanes Testen während der Codierungsphase.
Diese Art des Testens ist allerdings nur für den Syntax-Test geeignet;

für den Funktionstest (→) muß das gesamte Programm, d. h. alle Teilmodule, verfügbar sein.

b) *Bottom-Up-Methode:* Hier wird in umgekehrter Richtung verfahren: Zunächst werden die untersten Ebenen der Programmstruktur getestet, bevor mit dem obersten Modul begonnen wird. Der Nachteil dieser Methode besteht darin, daß der Gesamttest erst nach der Codierung aller Programmodule erfolgen kann.

Thesaurus

Ein Verzeichnis genormter Wörter (→Deskriptoren), die für einen Dokumentenbestand typisch sind. Als Ordnungsmerkmal dient das Alphabet. Der T. dient dazu, bei der Informationssuche (→Information Retrieval) ein Dokument zu beschreiben bzw. Hinweise auf das Vorhandensein von Dokumenten (→) mit diesen Deskriptoren zu geben.
(→Dokumentationssystem)

Totalsystem

Die gedankliche Vorstellung, daß das Unternehmen insgesamt als *ein* integriertes Informationssystem zu gestalten sei. Die Realisierung eines T. scheitert allerdings an der Unmöglichkeit einer vollständigen Integration (→) aller Aufgaben des Unternehmens sowie an den durch die hierfür erforderliche Hardware (→) und Software (→) bedingten Kosten. Als Modellvorstellung ist es jedoch geeignet, grundsätzliche Einblicke in die informationellen Beziehungen (→) der Prozesse zu gewinnen, um Schnittstellen (→) bestimmen zu können und um Teilgebiete so zu gestalten, daß sie eine prinzipielle Integration mit Nachbargebieten zulassen.
(→Integrationsmodell)

TOTE-Einheit

TOTE = Test - Operate - Test - Exit. Eine Phase des menschlichen Problemlösungsprozesses, der sich nach Annahmen der Verhaltensforschung in Form eines Regelkreises (→) abspielt: Eine Situation wird solange getestet, bis das Ergebnis menschlicher Operationen mit dem inneren Modell des Aktors übereinstimmt.

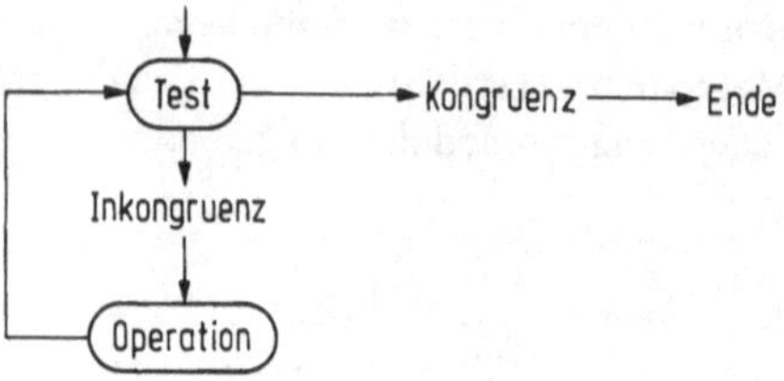

Schema einer TOTE-Einheit

Top-Down-Entwurf

Eine Methode der Systemprogrammierung (→). Man beginnt dabei mit dem Entwurf des Gesamtinformationssystems bei den Steuerungsfunktionen eines Verwaltungsprogramms, das einzelne Module (→) je nach Verarbeitungsfolgen initialisiert. Es erfolgt anschließend eine schrittweise – hierarchisch gegliederte – Einteilung der weiteren Funktionseinheiten des Programms. Für das Codieren (→) und Testen (→) bedeutet diese Vorgehensweise, das erst *nach* fertiggestellter Codierung des Hauptmoduls und *aller* Submodule ein Test stattfinden kann. Es handelt sich um eine sequentielle Erstellung der Programme gemäß einem geordneten Plan. Die gesamte Software-Struktur muß fertig sein, bevor mit einem Funktionstest begonnen werden kann. Der Vorteil des T. besteht in der schrittweisen Verfeinerung der Teilfunktionen, die parallel mit den Ergebnissen der Systemanalyse (→) erfolgt.
(→HIPO, strukturierte Programmierung)

Top-To-Down-Strategie

Eine Vorgehensweise für die Einführung komplexer Informationssysteme (→), insbesondere von Management-Informationssystemen

(→). Dabei wird zunächst jener Teil des Informationssystems konzipiert und eingeführt, der für die spezifischen Belange des Top Managements (→) geeignet ist; sukzessive erfolgt dann eine Erweiterung des Informationssystems bis hin zu den operativen Teilsystemen des Unternehmens. Da die zuerst entwickelten Teilsysteme in der Regel nicht mit den bestehenden Dateiorganisationen kompatibel sind, müssen temporäre Bridge-Programme erstellt werden. Der Vorteil dieser Strategie ist darin zu sehen, daß die strategischen Teile des Informationssystems relativ schnell eingeführt werden können, der Nachteil besteht im Aufwand für die Bridge-Programme (→).
(→Bottom-up-Strategie)

Tree Analysis

Eine Methode für die Analyse mehrstufiger Entscheidungs- und Problemlösungsprozesse.
Das Prinzip der Tree Analysis besteht darin, daß jede einzelne Stufe eines Entscheidungsprozesses, d. h. jede Folge von Einzel- oder Teilentscheidungen, Konsequenzen und Ereignissen graphisch dargestellt, beschrieben und bewertet wird. Dadurch kann erkannt werden, welche Entscheidungen von vornherein auszuscheiden sind, da sie nicht zur Zielerfüllung führen, und welche Alternativen überhaupt in den engeren Selektions- und Bewertungsprozeß mit einzubeziehen sind. Die Akzeptanz oder Verwerfung einer Alternative ist von einer zu definierenden Entscheidungsregel (→) abhängig.
Für die Anwendung dieser Methode sind drei Voraussetzungen zu treffen:

a) Beschreibung der Situation:
   Die Situationsbeschreibung muß den Freiheitsgrad einer Entscheidungssituation definieren, d. h. die Zahl der zulässigen Alternativen und deren gegenseitigen Abhängigkeiten (i. e. Baum-Struktur).
b) Beschreibung der Zielsetzung:
   Das Ziel muß quantitativ, d. h. als operable Größe definiert werden; dasselbe gilt für die Beschreibung der Entscheidungsregeln.

c) Bewertung:

Den Teilaktivitäten des Entscheidungsprozesses müssen Wahrscheinlichkeiten bezüglich ihres Eintrittes zugeordnet werden. Die Bewertung umfaßt auch die Angabe der Werte, Nutzen oder Verluste, die durch Teilentscheidungen potentiell entstehen können.

Folgende Definitionen gelten:

Ein Entscheidungsbaum kann als ein gerichteter Graph definiert werden; er enthält demnach Knoten und Kanten:

- Entscheidungsknoten
- Ereignisknoten
- Endknoten
- Entscheidungskanten
- Ereigniskanten

Ein Entscheidungsknoten stellt eine Entscheidungssituation dar, die mindestens eine Alternative zuläßt. Die Alternativen heißen Entscheidungskanten, wenn der Aktor einen subjektiven Freiheitsgrad bezüglich der Adaption oder der Verwerfung des durch die Alternative bedingten Ereignisses hat. Sie werden Ereigniskanten genannt, wenn das damit verbundene Ereignis nicht in der Gewalt des Entscheidenden liegt („Strategie des unbekannten Gegenspielers"). Ereigniskanten charakterisieren die durch eine Alternative bedingten Konsequenzen, die u. U. zu einem neuen Entscheidungsknoten – einer Sub-Entscheidung im mehrstufigen Entscheidungsprozeß – führen können. Endknoten bedeuten den Abbruch eines Zweiges im Entscheidungsbaum, wobei der Abbruch entweder logisch begründet ist (Zielerreichung) oder durch Mangel an zusätzlicher Information erzwungen wird.

Entsprechend der Abbildung auf S. 293 gilt:

Jede Ereigniskante stellt eine mögliche Ursache für das Problem P dar. Die Entscheidungskante (e) definiert eine Alternative, die für die Lösung (L) des Problems in Frage kommt.

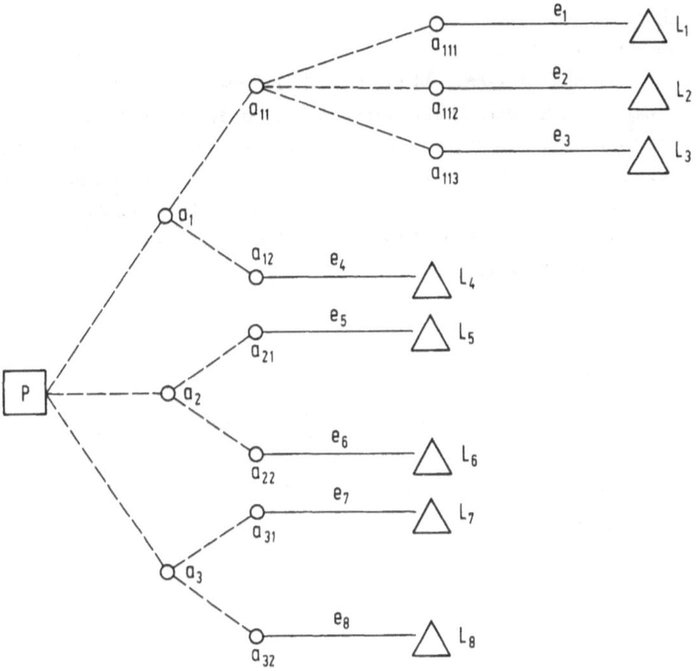

Schematische Darstellung eines Lösungsbaumes für einen strukturierten Problemlösungsprozeß

Tuning

Sammelbegriff für Meßverfahren eines EDV-Systems, die dazu dienen, Kennzahlen (→) über die Leistungsfähigkeit zu gewinnen. Durch die Auswertung der Kennzahlen wird die Voraussetzung für eine Optimierung des Gesamtsystems geschaffen.

Die Verbesserung der Leistungsfähigkeit kann sich beziehen auf:

- Die Konfiguration (→),
- das Betriebssystem (→),
- die Programme (→),

– die Datenfernübertragung (→),
– die Datenbanksysteme (→).

Als Meßwerkzeuge dienen Monitoren, die laufend oder zu bestimmten, statistisch ermittelten Zeitpunkten Meßdaten aufnehmen und dokumentieren; im letzteren Fall spricht man von statistical sampling. Man unterscheidet Hardware-Monitoren, die die Spannungsimpulsfolgen eines Systems messen, und Software-Monitoren, die Systemoperationen, Programmabläufe, Zeitbedarf für bestimmte Instruktionen und das Betriebssystem selbst messen.
(→Kiviat-Graph)

Typologisierung von Benutzern

Verfahren zur Bildung von Benutzergruppen, die sich durch Identitäten ihres Informationsbedarfs (→), ihrer Kommunikation (→) und ihrer Informationsverarbeitungsprozesse auszeichnen. Die T. dient der Reduzierung vieler Informationsbedarfe auf möglichst wenige Informationsbedarfsstrukturen, die ihrerseits geeignet sind, alle potentiellen Benutzer zu befriedigen.
(→Bedarfsgruppen, -analyse)

Umfang einer Datei

Der U. einer Datei (→) ist bemessen nach der tatsächlichen Anzahl Sätze (→) S_e plus (minus) dem erwarteten Zuwachs (Abgang) ΔS_t innerhalb eines bestimmten Zeitraumes:

$$U = S_e \pm \Delta S_t$$

Bei der Berechnung des Dateiumfangs sind die physischen Satzlängen zu benutzen (→Satz).

Umstellung

Der Prozeß der Einführung eines neuen Informationssystems (→) bzw. die Ablösung eines alten durch ein neues Verfahren im Anwenderbereich. Von U. spricht man auch dann, wenn einzelne Komponenten des EDV-Systems (Hardware oder Software) neu übernommen werden oder eine Erweiterung des bestehenden Systems erfolgt. Als Voraussetzung gelten:

- Abgeschlossene Schulung der Anwender (→).
- Erfolgreicher Test (→) des Verfahrens mit echten Daten (→).
- Vorliegen der Organisations- und Operationshandbücher.
- Ergebnisse eines Leistungstests.
- Erstellte Formulare und Formate für Datenein- und -ausgabe.
- Verfügbarkeit der Organisationsmittel.

(→Installation)

Umsystem

Dasjenige System (→), das mit den Randelementen eines abgegrenzten Systems kommuniziert. Als Umsysteme des Systems Unternehmung sind beispielsweise definierbar: Die Märkte, das Finanzamt, die Gewerkschaften, die Konkurrenz usw. Die Abgrenzung von Systemen ist eine Aufgabe der Systemforschung (→) und jeweils von den Zielen der Untersuchung und von den Betrachtungsebenen abhängig. Als Umsystem des organisatorisch abgrenzbaren Systems „EDV und Organisation" eines Unternehmens gelten die Anwenderbereiche.

Umwandler

Eine Klasse von Automaten (→), bei denen lediglich die Abhängigkeiten zwischen einer Menge von Eingabezeichen und den zugeordneten Ausgabezeichen analysiert werden. Aus dem Verhältnis zwischen Eingabe- und Ausgabezeichen kann dann die Funktionsweise der inneren Struktur des Automaten abgeleitet werden.
(→Black Box)

Umwandlung

Die Übersetzung eines symbolisch codierten Programms (→) in die echte Maschinensprache. Dazu benötigt man einen Sprachübersetzer, d. h. ein spezielles Programm, den sog. Compiler (→).
Nach erfolgtem Schreibtisch-Test (→) kann die U. des symbolisch codierten Programmes (→) bzw. Programmteiles erfolgen. Das symbolische Programm heißt Source-Deck, das über einen für jede Programmiersprache (→) verfügbaren Compiler (→) in echte Maschineninstruktionen umgesetzt wird; das „umgewandelte" Programm nennt man Object-Deck. Aufgrund der vom Compiler erstellten Fehlerliste ist es für den Programmierer möglich, die Syntax-Fehler seines Programmes zu bereinigen. Zusätzlich zur Fehlerliste liefert der PL/1-Compiler beispielsweise noch eine sog. „Cross Reference and Attribut List" als Hilfsmittel für die Programmbereinigung. In ihr sind enthalten:

a) Die Namen der verwendeten Variablen und Merkmale.
b) Eine Liste der Attribute, die jede Variable beschreiben.
c) Hinweise auf diejenigen Statements, bei denen eine Variable oder ein Merkmal definiert wurde.
d) Hinweise auf diejenigen Statements, bei denen Variable und Merkmale verwendet wurden.

Fehler treten entweder als echte Programmierfehler (Logik-Fehler) auf oder als Fehler der Steuerkarten (JCL – Job Control Language), die zu einer fehlerhaften Programmsteuerung bzw. zum Abbruch des Umwandlungslaufes führen. Die Umwandlung eines Programmes liefert dem Programmierer alle Unterlagen, um alle syntaktischen Fehler zu bereinigen, die aufgrund der Sprachkonventionen (Compiler-Regeln) nicht zulässig sind. Ein symbolisches Programm wird solange in Kartenform eingegeben, bis keine Syntax-Fehler mehr festgestellt werden. (→Test)

Untergliederte Speicherungsform

In einer untergliederten Datei (→) werden voneinander unabhängige Gruppen sequentiell organisierter Datensätze als sog. Members zusammengefaßt und auf einem Speicher mit direktem Zugriff gespeichert. Jedes dieser Members hat einen eindeutigen Namen, der in einem der Datei zugehörigen Verzeichnis (Directory) zusammen mit der Anfangsadresse des Members gespeichert ist.
Dadurch ist es möglich, auf eine sequentiell organisierte Menge von Sätzen (d. h. auf ein Member) direkt zuzugreifen, um dann diese Menge sequentiell abzuarbeiten.

Unvollkommene Information

Der Tatbestand, daß ein Aktor für die Lösung einer Aufgabe nicht ausreichend informiert ist bzw. daß der gegebene Informationsstand (→) das Entscheidungsproblem nicht vollständig abbildet. Unvollkommene I. liegt immer dann vor, wenn das Verhältnis zwischen tatsächlich vorhandenen Informationen und notwendigen Informationen kleiner 1 ist:

$$\text{Unvollkommene I.} = \frac{\text{Tatsächlich vorhandene Informationen}}{\text{notwendige Informationen}}$$

Unvollkommene I. löst entweder Informationssuche (→) aus oder führt – z. B. bei zeitlicher Restriktion – zu ineffizienten Entscheidungen. Eine Lösung des Problems der unvollkommenen I. besteht in der Effizienzsteigerung der Informationssysteme, indem entweder das Informationsangebot (→) auf die Bedürfnisse der Aktoren abgestimmt wird,

oder in der Vereinfachung der Informationssuche, etwa durch Information-Retrieval-Systeme (→).
(→ Informationslücke)

Update

Sammelbegriff für die Methoden der Verarbeitung von Zu- und Abgängen einer Datei und der Dateiveränderungen aufgrund vorliegender Bewegungsdaten (→). Das Ziel des U. besteht darin, vor dem eigentlichen Verarbeitungslauf eines Programms (→) die dazu benutzten Dateien auf den neuesten (gültigen) Stand zu bringen.
Man unterscheidet grundsätzlich:
a) *On-line-Update:* Die Bewegungsdaten werden sofort, d. h. zum Zeitpunkt ihres Entstehens, mit Hilfe einer Datenstation (→) an die zentrale Stammdatei (i. e. eine Datenbank →) eingegeben.
b) Methode des *Buchungsschnittes:* Die Bewegungsdaten werden über einen bestimmten Zeitraum hinweg gesammelt; erst am Stichtag (Buchungsschnitt) erfolgt das Update der Stammdatei.
Die Entscheidung für eine dieser Methoden hängt von dem erforderlichen Aktualitätsgrad der Informationen für die Benutzer (→) ab.
(→ Verarbeitungsform)

User (→ Benutzer, Anwender)

Utilities

Die Dienstprogramme eines Betriebssystems (→).

Verarbeitungsform

Die Methode der Verarbeitung von Zu- und Abgängen einer Datei (→). Man unterscheidet:

a) *Fortlaufende Verarbeitung:* Die Bewegungen (Zugangsdaten) werden zunächst in derselben Reihenfolge sortiert wie die Stammdatei. Bei der Verarbeitung wird bei jedem Satz der Stammdatei geprüft, ob dessen Hauptordnungskriterium (→) mit dem des Zugangssatzes übereinstimmt. Bei Identität erfolgt dann die entsprechende Veränderung des Stammsatzes.

b) *Wahlweise Verarbeitung:* Hier werden die Bewegungen mit der Stammdatei so verarbeitet, wie sie anfallen, d. h. ohne vorherige Sortierung. Ist die Stammdatei sequentiell aufgebaut, dann muß bei dieser V. pro Zugang im Durchschnitt die halbe Datei gelesen werden.

(→Datei, Speicherungsformen, Update)

Verarbeitungsgeschwindigkeit

Die Zeit, die eine EDV-Anlage (→) für die Ausführung von bestimmten Instruktionen (→) benötigt. Bei Mix-Kennziffern (→Mix) werden üblicherweise mehrere unterschiedliche Instruktionen für die Messung der V. benutzt. Die V. kann auch für ganze Programme (→) gemessen werden; dies ist bei vergleichenden Analysen verschiedener EDV-Anlagen der Fall (→Benchmark-Test).

Verbundsystem

Der Zusammenschluß mehrerer Rechner oder Rechnersysteme (EDV-Anlagen→) mit dem Ziel, eine erhöhte Auslastung der Komponenten und eine höhere Verfügbarkeit (→) zu sichern. In einem V. sind die Speicher und Dateien (→) grundsätzlich jedem Rechner zugänglich. Das V. wird von einem zentralen, übergeordneten Betriebssystem (→) gesteuert, das für die Verteilung (Zuordnung) der Aufgaben und damit für die zentrale Betriebsmittelverwaltung zuständig ist.

Verdichtung

V. ist die Zusammenfassung von mindestens zwei Informationen (→) *gleichen Typs*. In Abhängigkeit von den dabei verwendeten Methoden unterscheidet man:

a) *Quantitative V.:* Zusammenfassung *gleichartiger* Informationen mit dem Ziel, die Zahl der Einzelinformationen zu reduzieren, z. B. durch Summenbildung, Durchschnittswerte usw.
b) *Qualitative V.:* Ermittlung eines Ergebnisses aus einer Menge von Einzelinformationen durch einen Algorithmus, wobei das Ergebnis nicht mehr in jeder Einzelinformation enthalten ist. Beispiel: Bildung von Korrelationskoeffizienten, Indices usw.

Die V. spielt eine wichtige Rolle bei der Bildung von Management-Informationen (→).

Verfügbarkeit

Die durchschnittliche Zeitspanne, innerhalb derer ein DV-System ohne das Auftreten von Fehlern an der Hardware betriebsbereit ist (→Zuverlässigkeit, Zielhierarchie).

Verknüpfung

Eine spezielle Methode der Verarbeitung von Datenelementen (→). Es handelt sich im allgemeinen darum, ein Datenelement „A" in ein Verhältnis mit einem anderen Datenelement „B" zu setzen oder eine bestimmte Rangfolge (Anordnung) der Datenelemente zu erhalten. Der Begriff der V. hat seinen Ursprung in der Verwaltungstechnik der Zugriffs- und Speicherungsformen der Datenbank (→): Die zu speichernde Struktur der Daten ist in der Datenbank als ein Graph darstellbar, und die Erarbeitung einer „logischen" Struktur (d. h. einer benutzerspezifischen Struktur) erfolgt tatsächlich durch das „Verknüpfen", d. h. durch das Aneinanderreihen der Datenelemente, entsprechend den Befehlen eines Programmes (→).
(→Verknüpfungsfunktion)

Verknüpfungsfunktion

Ein Algorithmus, mit dessen Hilfe Basisinformationen (→) in Kennzahlen umgewandelt werden. Die V. kann mehrstufig (hierarchisch) aufgebaut sein.
Beispiel
Der Gesamtumsatz (GU) eines Unternehmens möge sich zusammensetzen aus: Inlandsumsatz (IU), Auslandsumsatz (AU) und Umsatz mit Schwestergesellschaften (SU). Dieser Umsatz wird auf verschiedenen Marktssegmenten (M) mit unterschiedlichen Kundengruppen K getätigt. Es ergibt sich folgende Übersicht:

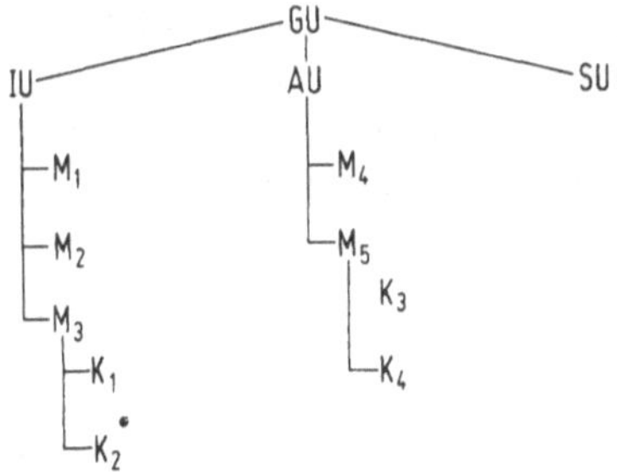

Die V. kann wie folgt geschrieben werden:

$$GU = \{IU, [M_1, M_2, M_3, (K_1, K_2,)], AU\ [M_4, M_5\ (K_3, K_4)], SU\}$$

Der Algorithmus dieser V. besteht aus der Addition; es sind jedoch alle Rechenarten denkbar und möglich.
V. spielen eine bedeutsame Rolle für den Aufbau von Managementinformationen (→).

Virtueller Speicher

Ein virtueller Sp. ist ein Adreßraum, der dynamisch und blockweise entsprechend den Anforderungen für die Programmverarbeitung auf den Hauptspeicher der Zentraleinheit (→) – den realen Speicher – abgebildet werden kann. Die Größe des virtuellen Sp. ist durch den verfügbaren realen Speicher nicht begrenzt; die einzige Grenze bildet lediglich die Adressierungsmöglichkeit des benutzten EDV-Systems. Mit dem virtuellen Sp. steht dem Benutzer damit ein weitaus größerer Hauptspeicher gegenüber dem realen Speicher zur Verfügung. So beträgt die Größe des Adreßraumes bei Datenverarbeitungsanlagen des Typs IBM/370 16.777.216 Bytes (→). Das Funktionsverhalten des Hauptspeichers wird auf einen Direktzugriffsspeicher übertragen. Instruktionen (→) und Daten (→) eines Programms (→) befinden sich jeweils nur dann im realen Hauptspeicher, wenn sie tatsächlich für die Ausführung eines Programmschritts benötigt werden. Das volle Programm ist dagegen im Direktzugriffsspeicher enthalten. Das Übertragen von Instruktion oder Programmteilen in den realen Speicher zur Ausführung erfolgt mit Hilfe einer besonderen Einrichtung, der sog. „dynamischen Adreßumrechnung“; diese bewirkt ein dynamisches Nachschieben bzw. Nachladen einzelner Instruktionen und Programmteile vom Direktzugriffsspeicher zum realen Hauptspeicher.

Das Konzept des virtuellen Sp. wird mit folgender Abbildung verdeutlicht [68, S. 129]:

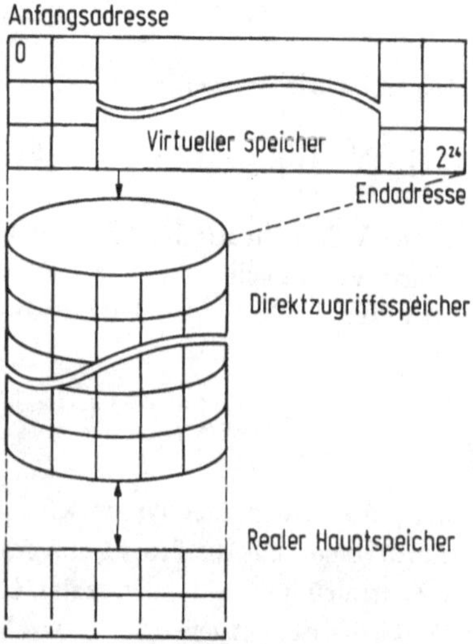

Die Adreßumrechnung und der „Nachschub“ von Programmteilen laufen nach folgendem Schema ab [68, S. 131]:

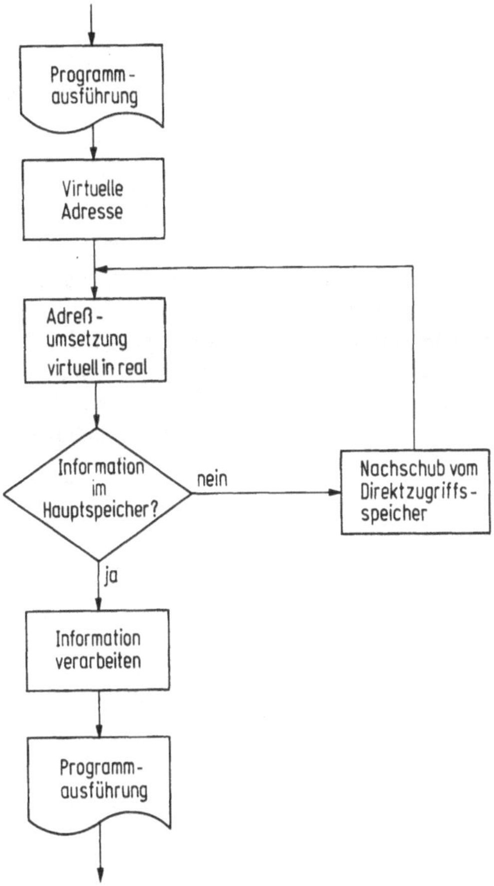

Mit dem virtuellen Speicherkonzept erübrigt sich die Beschränkung der jeweiligen Programmfunktionen, d. h. es können Programme mit nahezu beliebiger Größe (gemessen am Bedarf an Speicherstellen) verarbeitet werden. Darüber hinaus wird dadurch ein effektiver Mehrprogrammbetrieb (→) ermöglicht.

Volltextsystem

Ein maschinelles Dokumentationssystem (→), das sprachlich vollständige Texte verarbeitet.

Vorstudie

Die im Rahmen der Initialisierungsphase (→Phasenschema) erstellte Analyse (→) über ein Sachgebiet, für das mit Hilfe eines EDV-Projektes eine günstigere Lösung erarbeitet werden soll. Die V. enthält: Die Abgrenzung und Bewertung des zugrunde liegenden Problems, die Beschreibung möglicher Lösungsalternativen und eine Schätzung des Aufwandes bzw. Ertrages im Falle einer Realisierung. Die V. bildet die Grundlage für eine Entscheidung für weiterführende Analysen, d. h. für den Beginn der Entwurfsphase.

Wahlfreie Speicherungsform (Gestreute S.)

Bei dieser S. besteht eine eindeutige Beziehung zwischen dem Hauptordnungskriterium (→) und der physischen Adresse eines Satzes. Man unterscheidet:

a) *Direkt adressierte Datei:* Hierbei wird jeder mögliche Ordnungsbegriff der Sätze der Datei in eine eindeutige physische Adresse umgesetzt. Dadurch kann jeder beliebige Satz mit einer Suchbewegung und einer Leseoperation gefunden werden.

b) *Indirekt adressierte Datei:* Hier wird durch einen Algorithmus eine Umrechnung des Hauptordnungskriteriums der Sätze in eine physische Adresse vorgenommen. Treten durch die Umrechnung für mehrere Hauptordnungskriterien gleiche Adressen auf (Synonyme), dann werden diese in einem besonderen Bereich, dem Überlaufbereich, gespeichert. Eine Rückkehradresse garantiert die Verarbeitung entsprechend der Sortierfolge.

Wartung

Diejenigen Aktivitäten, die erforderlich sind, um Informationssysteme (→) bei unvorhergesehenen Schäden (die sich als Betriebsunterbrechung oder als Fehlleistung äußern) zu „reparieren", d. h. in den normalen Operationsmodus zurückzuführen.

Obwohl es sich demnach um überraschende, ungeplante Ereignisse handelt, sind Verfahren und Systematiken für die Ursachenanalyse von Problemen entwickelt worden. Entscheidend bei der Problemanalyse ist bei der Wartung die Kenntnis des potentiellen Verursachers und der betroffenen Elemente des zu wartenden Systems. Als Verursacher für Störungen können auftreten:

- Systemanalytiker: Unvollständiger Design
- Programmierer: Fehlerhaftes und/oder nicht ausreichend getestetes Programm
- Operator: Falscher Arbeitsablauf, nicht sachgemäße Bedienung
- Anwender: Falsche Eingabe von Inputdaten
- Das System: Hardware/Software-Fehler
- Die Umgebung: Fehlerhafte Temperaturregelung, Stromausfall.

Aufgrund dieser Verursacher können folgende Elemente des Informationssystems betroffen sein:

1. Daten (→) (Stammdaten, Bewegungsdaten, Systemdateien, Archivdateien, temporäre Arbeitsdateien).
2. Programme (→) (Systemprogramme, Anwendungsprogramme).
3. Konfiguration (→).

Daher unterscheidet man prinzipiell die Dateiwartung, die System- oder Programmwartung, die Betriebsablaufwartung und die Konfigurationswartung. Eine Gegenüberstellung von Verursacher, Problemfeldern und Folgen ergibt die auf S. 307 dargestellte Übersicht.

Wertgerüst

Ein *bewertetes* Mengengerüst (→) von Informationen. Für die Bewertung können folgende Maßstäbe herangezogen werden:

a) Bewertung in Geldeinheiten: Kosten, Aufwand, Gewinn.
b) Gewichtung einzelner Informationsarten (→) nach bestimmten Kriterien, die Auskunft über ein Sachgebiet geben, z. B. A-B-C-Verteilung.
c) Klassifizierung nach Stamm- und Bewegungsdaten (→).
d) Kennziffern-Bildung.

Das Ziel eines W. besteht in der Ableitung der *Bedeutung*, die einzelne Informationen für einen Realprozeß haben.

Wiederanlauf

Verfahren für die Betriebsablaufsicherung, deren Hauptaufgabe in der Aufrechterhaltung der *Betriebsbereitschaft* (→Verfügbarkeit) einer EDV-Anlage (→) besteht. Im Vordergrund steht die Sicherung der Verarbeitungsprogramme und der entsprechenden Datenbestände.

Dadurch ist es erforderlich, daß u. U. eine ganze Reihe „richtiger" Jobs (Programme) oder Jobsteps (Module eines Programmes) wiederholt werden muß, um einen bestimmten Programm- und Datenstatus wieder aufbauen und rekonstruieren zu können. Es ist daher notwendig, jeweils das Problemfeld (Daten/Programm) zu kennen, das durch die Un-

Verursacher	Problemfeld	Folgen
Systemanalytiker	Daten, Logik des Verfahrens	Falsche Ergebnisse, zu lange Laufzeiten, hohe Wartungsfrequenzen, partieller oder totaler Redesign
Anwendungsprogrammierer	Programme	Falsche Ergebnisse, hohe CPU-Kapazität, Wiederholungsläufe, Systemunterbrechungen
Systemprogrammierer	Konfiguration, Programm, Daten	Falsche Ergebnisse, Unwirtschaftlichkeit
Operator	Konfiguration, Programme, Daten	Systemunterbrechung, Wiederholung, falsche Ergebnisse
Anwender	Daten	Falsches Ergebnis, Datenbankfehler, Update- u. Recovery-Aktivitäten
EDV-System	Hardware/ Software	Partielle oder totale Systemunterbrechung
Umgebung	Maschinenraum	Systemunterbrechung bzw. Systemausfall

Wartungsprobleme in der Datenverarbeitung (→ Betriebsablaufsicherung, Datensicherung, Datenschutz)

terbrechung gestört wurde. Man unterscheidet:

- Installations-Wiederanlauf: Katastrophenfall, Sicherung durch Duplikat-Lagerung der Programmbibliothek und der Daten.
- System-Wiederanlauf: Wiederholung von gesamten Programmkomplexen.
- Job- oder Jobstep-Wiederanlauf: Wiederholung von Teilen eines Programms.
- Checkpoint-Wiederanlauf: Bei der Verarbeitung sequentiell organisierter Dateien werden durch entsprechende Makroinstruktionen des Benutzerprogramms die Zwischenstationen der Dateien fixiert und auf separaten Datenträgern festgehalten. Unter der Voraussetzung, daß selbst bei einem unkontrollierten Jobabbruch die Checkpoint-Datei erhalten bleibt, ist ein automatischer Restart („Warmstart") möglich.

Bei diesen Wiederanlaufverfahren beschränkt sich die Datensicherung (→) auf die Bestandskopien der Daten und Programme.

Zentrale Gruppierung

Eine Benutzungsform von Datenverarbeitungsanlagen (→), bei der mehrere Benutzer (→) und/oder Programme (→) Zugriff auf eine gemeinsame Datenbank haben.
(→Teilhaber- und Teilnehmerbetrieb)

Zentraleinheit

Der Prozessor einer EDV-Anlage (→). Die Z. besteht aus: Hauptspeicher, Steuerwerk und Rechenwerk. In den Hauptspeicher werden das Programm (→) oder Teile desselben (Module) geladen sowie die für die Ausführung der Instruktionen (→) benötigten Daten (→). Das Steuerwerk koordiniert den Zu- und Abgang der Daten und kontrolliert die Kanäle (→). Das Rechenwerk führt die Instruktionen aus.

Zielbild

Die Beschreibung der Ziele, die eine Führungskraft oder ein Mitarbeiter (Sachbearbeiter) innerhalb seines Entscheidungsspielraums und seiner Kompetenz (Verantwortung) innerhalb eines bestimmten Zeitraumes zu realisieren hat. Das Z. stellt eine Ergänzung zur Stellenbeschreibung (→) dar und enthält: die Zieldefinition, die Angabe der Mittel, die für die Zielerreichung eingesetzt werden können (Verfügungsgewalt), die Definition der Kompetenz (z. B. die Weisungs- und Zeichnungsbefugnis), die Angabe der mit diesen Zielen verbundenen Verantwortung und den Zusammenhang der angegebenen Ziele mit übergeordneten, u. U. gesamtbetrieblichen Zielsetzungen. Voraussetzung für ein wirksames Z. ist die Operationalität (→) der Ziele. Zielbilder sind ein wichtiges Hilfsmittel für die Aufbauorganisation (→) und bilden eine Informationsquelle für die Istanalyse (→).

Zielhierarchie

Die Darstellung mehrerer Teilziele, die in einem logischen Zusammenhang mit einem Hauptziel stehen. Wird z. B. als Hauptziel die max. Verfügbarkeit einer EDV-Anlage definiert, so ist dieses Ziel nur durch die vorgelagerten Teilziele Zuverlässigkeit (→) und Sicherheit zu erreichen, die ihrerseits wieder in verschiedene Teilziele aufgegliedert werden können:

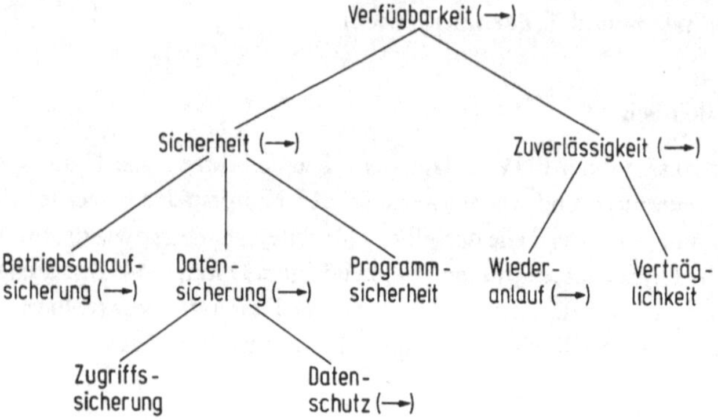

Beispiel einer Zielhierarchie

Zielkatalog

Eine nach bestimmten Kriterien geordnete Menge von Zielen, die durch die Realisierung eines Informationssystems (→) erreicht werden sollen. Grundsätzlich wird ein Z. in technische, organisatorisch-anwendungsbezogene und in benutzerspezifische Zielsetzungen bzw. Teilziele gegliedert.

Man unterscheidet gewichtige Zielkataloge (→ Nutwertanalyse), denen eine Bewertung der einzelnen Ziele zugrunde liegt, und ungewichtige Zielkataloge, bei denen alle Ziele gleiche Priorität aufweisen. Die gegenseitige Abhängigkeit mehrerer Teilziele ist in Form einer Zielhierarchie (→) definierbar.

Auf S. 311 ist als Beispiel ein Z. dargestellt.

	Zielkatalog
1.	Technische Ziele
1.1	Optimale Betriebsablaufsteuerung (→)
1.2	Minimale Zeiten für Generierung (→) und Updating (→)
1.3	Sicherheit (→ Checkpoint, Restart, Logging)
1.4	Verwaltung von Massendaten (→ Massendatenspeicher)
1.5	Trennung der Anwendungsprogrammierung (→ Programmierung) von der Datenverwaltung
2.	Organisatorisch-anwendungsbezogene Ziele
2.1	Organisatorische Abstimmung der Anwendungen (→) (→ Informationsfluß)
2.2	Modularer Aufbau (→ Modularität)
2.3	Leichte Änderungsmöglichkeiten
2.4	Datenschutz und Datensicherung (→)
2.5	Integration (→)
3.	Benutzerspezifische Ziele
3.1	Direktabfragen (→)
3.2	Große Variationsmöglichkeiten für Datei-Auswertungen (→ Benutzersprachen)
3.3	Zugriffssicherung (→)
3.4	Ausbaufähigkeit des Gesamtsystems (→ Informationssystem)

Beispiel eines Zielkatalogs

Zielkonzeption

Die von der Geschäftsleitung definierten Generalzielsetzungen, die meist langfristiger Natur sind und das Unternehmen insgesamt betreffen. Die Z. ist in der Regel sehr stark verdichtet und beschränkt sich auf einige wenige Globalziele, wie beispielsweise „Wachstum", „Marktsicherung", „Rentabilität" und „Substanzerhaltung". Durch eine schrittweise Zerlegung dieser Globalziele können daraus Bereichsziele abgeleitet werden, z. B.: Produkt-, Finanz-, Personal-,Vertriebsziele. Diese wiederum können als Fern- (strategische) oder als Nahziele (operative) definiert werden. Die Aufstellung einer Z. umfaßt folgende Teilaktivitäten:

1. Auswahl von typischen Unternehmungszielen.
2. Berücksichtigung von staatlichen Auflagen, die die Z. beeinflussen (z. B. Gesetze bezüglich Umweltschutz).
3. Gewichtung und Ordnung der Ziele.
3.1 Auflösung von Zielkonflikten.
3.2 Definition einer Rangordnung der Ziele.
4. Koordination der durch die verschiedenen Interessenlagen der Unternehmensträger gegebenen Konflikte.
5. Operationalisierung der Ziele.
6. Durchsetzung der Zielkonzeption.
7. Kontrolle der Zielerreichungsgrade.

Die Z. beeinflußt die Struktur der Entscheidungsprozesse (→); daher ist ihre Kenntnis für Organisationsanalysen (→) von Bedeutung.

Zugriff

Allgemein der Vorgang des Suchens einer bestimmten Speicherstelle (Adresse) auf einem Datenträger. Man unterscheidet:

a) Direkter (wahlfreier) Z.: Ausgehend vom gesuchten Ordnungsbegriff erfolgt bei der direkten Adressierung (→) ein unmittelbares Einstellen und Initialisieren des Schreib-Lesekopfes auf diejenige Speicherstelle, an der der Satz beginnt. Bei der indirekten Adressierung erfolgt vor diesem Vorgang die Errechnung der Speicheradresse, und bei der indizierten Adressierung wird die Anfangsadresse eines Bereiches (z. B. einer Spur) bestimmt und innerhalb dieses Bereiches sequentiell gesucht (b)). Man spricht in diesem Fall auch vom halbdirekten Z. Direkter und halbdirekter Z. sind nur bei Speichern mit direktem Zugriff möglich.
b) Sequentieller Z.: Hier wird ein Datenträger bzw. eine Folge von Sätzen solange gelesen, bis Identität zwischen gesuchtem und gespei-

chertem Ordnungsbegriff vorliegt. Dies ist die Zugriffsform bei Verwendung von Magnetbändern als Datenträger.

Zugriffszeit

Nach DIN 44300, Nr. 127: „Bei einer Funktionseinheit die Zeitspanne zwischen dem Zeitpunkt, zu dem von einem Leitwerk die Übertragung bestimmter Daten (→) nach oder von der Funktionseinheit gefordert wird, und dem Zeitpunkt, zu dem die Übertragung beendet ist." Es wird empfohlen, bei der Angabe einer Z. die Menge der übertragenen Daten mit anzugeben.

Zuverlässigkeit

Die Wahrscheinlichkeit, daß innerhalb einer bestimmten Zeitspanne die EDV-Anlage oder einzelne Komponenten nicht durch Fehler der Hardware ausfallen (auch als Verfügbarkeit bezeichnet).

$$\text{Zuverlässigkeit} = \frac{T_F \cdot 100}{T_F + T_R} \ (\%)$$

T_F = Mittlere Zeitspanne zwischen zwei aufeinanderfolgenden Fehlern (meantime between failure, abgek. MTBF)

R_R = Mittelwert der für eine Reparatur benötigten Zeit (meantime to repair, abgek. MTTR).

Zyklomatische Zahl

Ein System (→) kann formal als ein Netz miteinander gekoppelter Elemente dargestellt werden.

Bezeichnet man mit n die Knoten (Elemente) des Systems und mit m die Beziehungen (Kanäle, Kanten) dann ist die Größe dieses Netzes durch die Anzahl der Kanten durch

$$n - 1 \leqq \frac{n\,(n-1)}{2} \quad \text{bestimmt.}$$

Das Minimum n-1 der Beziehungen gilt für gerichtete Graphen, z. B. für Bäume und listen. Das Maximum der Beziehungen $(n^2-n)/2$ ist für „probabilistische Kommunikation" gegeben, d. h. für den Fall, daß jedes Element mit jedem anderen verbunden ist. Als Maß für die Redundanz eines Graphen dient die zyklomatische Zahl γ, die angibt, wieviele Kanten des jeweiligen Graphen entfernt werden können, ohne daß die Möglichkeit der Kommunikation eines Elementes mit einem beliebigen anderen Element aufgehoben ist:

$\gamma = m - n + 1$ (m = Gesamtkontakte)

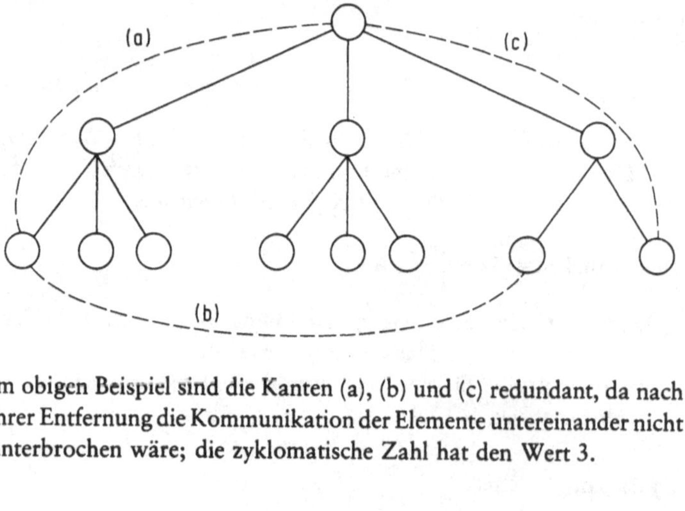

Im obigen Beispiel sind die Kanten (a), (b) und (c) redundant, da nach ihrer Entfernung die Kommunikation der Elemente untereinander nicht unterbrochen wäre; die zyklomatische Zahl hat den Wert 3.

Zykluszeit

Nach DIN 44300 „die Zeitspanne zwischen dem Beginn zweier aufeinanderfolgender gleichartiger zyklisch wiederkehrender Vorgänge". Die in bestimmten Zeiteinheiten (z. B. Nanosekunden) gemessene Dauer für die Ausführung bestimmter Verarbeitungsschritte (Operationen) im Kernspeicher der Zentraleinheit (→).
(→ Mikroprogrammierung)

Literatur

[1] Acker, B.: Organisationsanalyse. 2. Aufl. Baden-Baden, Bad Homburg v.d.H. 1966.

[2] Ackoff, Russel, L.: Towards a Behavioral Theory of Communication. In: Management Sciences (1958), S. 209–234.

[3] –: Towards a System of Systems Concepts. In: Management Sciences 17 (1971), S. 661–671.

[4] Adam, A.: Messen und Regeln in der Betriebswirtschaft. Würzburg 1959.

[5] Adams, K. u. K. Kiederich: Systemanalyse. Arbeitstechniken der EDV-Organisation. Opladen 1973.

[6] Ahrens, F. u. H. R. Walter: Datenbanksysteme. Berlin, New York 1971.

[7] Albach, H.: Entscheidungsprozeß und Informationsfluß in der Unternehmensorganisation. In: Organisation. TFB-Handbuchreihe, Bd. 1. Hrsg. von E. Schnaufer u. K. Agthe. Berlin, Baden-Baden 1961, S. 335–402.

[8] –: Informationswert. In: Handbuch der Organisation. Hrsg. von E. Grochla. Stuttgart 1969, Sp. 720–727.

[9] Allen, J. T.: Information Needs and Uses. In: Annual Review of Information Sciences and Technology. Hrsg. von C. A. Cuadra. Vol. 4, Chicago 1969, S. 3–29.

[10] Angermann, A.: Kybernetik und betriebliche Führungslehre. In: Betriebswirtschaftliche Forschung und Praxis (1959), S. 257–267.

[11] Ansoff, H. I.: Managerial Problem Solving. In: Management Science in Planning and Control. Hrsg. von J. F. Blood. New York 1969, S. 107–136.

[12] Arntz, H.: Überwindung der Informationskrise. In: Wirtschaftsdienst 47 (1967), S. 371–376.

[13] Awad, E. M.: The Dilemma of the Systems Analysts. In: Computers and Automation (1970), S. 34–38.

[14] Baetge, J.: Betriebswirtschaftliche Systemtheorie. Opladen 1974.

[15] Balke, S.: Benutzerprobleme der Dokumentation und Information. In: Nachrichten für Dokumentation (1973), Nr. 1, S. 2–9.
[16] Bartram, P.: Die innerbetriebliche Kommunikation. Berlin 1969.
[17] Bauer, F. L. u. G. Goos: Informatik. 2. Aufl. Bd. 1–2. Berlin, Heidelberg, New York 1973–74.
[18] Baumüller, K.: Kommunikation in der Führungsorganisation. München 1968.
[19] Baun, W.: Entscheidungstabellen. Eine Methode zur Analyse und Programmierung von systematischen Abläufen. IBM-Fachbibliothek, IBM Form-Nr. 81570.
[20] Bayer, G.: Einführung in das Programmieren in ALGOL. 2. Aufl. Berlin, New York 1971.
[21] Beer, S.: Kybernetik und Management (dt. Übers.). Hamburg 1962.
[22] Behrens, C.: Vorbereitung und Durchführung der Istuntersuchung. In: Datenträger (1964), Nr. 5, S. 27–29.
[23] Berthel, J.: Zur Operationalisierung von Unernehmungs-Zielkonzeptionen. In: ZfB (1973), Nr. 1, S. 1–58.
[24] –: Informationen und Vorgänge ihrer Bearbeitung in der Unternehmung. Berlin 1967
[25] Berthel, J. u. D. Moews: Information und Planung in industriellen Unternehmungen. Berlin 1970.
[26] Beutler, H.: Datenverwaltung bei formatierten Dateien am Beispiel von IMS (Information Management System). In: Probleme beim Aufbau betrieblicher Informationssysteme. Hrsg. von H. R. Hansen u. M. P. Wahl. München 1973, S. 168–177.
[27] Bierfelder, W. H.: Optimales Entscheidungsverhalten im Entscheidungsprozeß der Unternehmung. Berlin 1968.
[28] Bischoff, U.: Die Informationslawine. Wie ist die Nachrichtenfülle zu bewältigen? Düsseldorf, Wien 1967.
[29] Bläsius, W.: Auf dem Weg zu neuen Softwaresystemen für den MIS- und OIS-Aufbau. In: Bürotechnik, Automation und Organisation (1972), H. 1, S. 162–166.
[30] Blau, H.: Die Planung von Management-Informations-Systemen. In Bürotechnik und Organisation (1966), S. 304–305.

[31] Blohm, H.: Die Gestaltung des betrieblichen Berichtswesens als Problem der Leitungsorganisation. Herne, Berlin 1970.

[32] –: Organisation, Information und Überwachung. Wiesbaden o. J.

[33] –: Grundprobleme der Rationalisierung des innerbetrieblichen Berichtswesens. In: Rationalisierung (1961), Nr. 12, S. 275–279.

[34] Blohm, H. u. L. Heinrich: Schwachstellen der betrieblichen Berichterstattung. Baden-Baden, Bad Homburg v.d.H. 1965.

[35] Bock, G.: Soziologie und Bibliothek: Zur theoretischen Bestimmung des Begriffs „soziologische Benutzerforschung". In: Nachrichten für Dokumentation (1972), Nr. 6, S. 231–236.

[36] Bössmann, E.: Die ökonomische Analyse von Kommunikationsbeziehungen in Organisationen. Berlin, Heidelberg, New York 1967.

[37] Bohl, M.: Flußdiagramme (dt. Übers.). Stuttgart 1975.

[38] Boot, R.: Computer Assisted Methods in Systems Analysis. In: International Conference on Systems Analysis, 13.–15. Juni 1970, IFIP/ADP Group.

[39] Boulden, J. B. u. E. S. Bufka: Corporate models: on-line, real-time-systems. In: Harvard Business Review (1969), S. 65–83.

[40] Bracker, A. u. C. Pümpin: MIDAS Univac 250468/2000/CP/SB.

[41] Brockhaus Enzyklopädie. Bde. 1–20. Wiesbaden 1973.

[42] Bundesministerium für Bildung und Wissenschaft (Hrsg.): Forschungsbericht DV 71–01, Datenverarbeitung: Vorschlag für ein MIS-Forschungsprogramm von: BIFOA, Betriebswirtschaftliches Institut für Organisation und Automation an der Universität zu Köln.

[43] Caspers, P. G.: Aufbau von Betriebssystemen. Berlin, New York 1974.

[44] Chambers, R. J.: The Role of Information Systems in Decision Making. In: Management Technology 4, (1964), S. 15–25.

[45] Charkewitsch, A. A.: Über den Wert einer Information. In: Probleme der Kybernetik, Bd. 4. Berlin 1964, S. 59–65.

[46] Christodoulopoulos, A. F., W. Mielentz u. H. Werner: Die Auf-

zeichnung und Verwaltung der Unternehmensstruktur als Voraussetzung für den Aufbau eines Informationssystems. In: Angewandte Informatik (1972), Nr. 2, S. 69–80.
[47] Churchman, C. W.: Einführung in die Systemanalyse. München 1970.
[48] Claus, V.: Einführung in die Informatik. Stuttgart 1975.
[49[Clough, D. J.: Concepts in Management Sciences. Englewood Cliffs, N. Y. 1963.
[50] Coenenberg, A. G.: Die Kommunikation in der Unternehmung. Wiesbaden 1966.
[52] Dahms, H. J. u. K. H. Haberlandt: Begriff und Elemente automatisierter Management-Informationssysteme. In: Industrielle Organisation (1970), Nr. 11, S. 455–459.
[52] –: Erfahrungen und Grundsätze beim Aufbau eines automatisierten MIS. In: Industrielle Organisation (1970), Nr. 11, S. 449–454.
[53] Davis, T. C.: How the Du Pont Organization Appraises its Performance. In: Management: A Book of Readings. Hrsg. von H. Koontz u. C. O'Donnel. New York, San Francisco, Toronto, London 1964, S. 522–526.
[54] Dearden, J.: Can Management Information be Automated? In: Harvard Business Review (1964), S. 128–135.
[55] Deutscher Normenausschuß e.V. (Hrsg.): Normen über Informationsverarbeitung, 3. Aufl. Berlin, Köln, Frankfurt 1975.
[56] Dirlewanger, W., et al.: Einführung in Teilgebiete der Informatik I. Berlin, New York 1972.
[57] diesselben: Einführung in Teilgebiete der Informatik II. Berlin, New York 1974.
[58] Dörfler, W. u. J. Mühlbacher: Graphentheorie für Informatiker. Berlin, New York 1973.
[59] Döring, P.: Benutzeranalyse: Bedarf und Verhalten der Benutzer wissenschaftlicher Information. Heidelberg 1971.
[60] Dreger, W.: Grundlagen der Systemtechnik. In: IBM-Nachrichten, Heft Nr. 218 (1973), S. 823–829.

[61] Elben, W.: Entscheidungstabellentechnik. Logik, Methodik und Programmierung. Berlin, New York 1973.

[62] Enrick, N.: Neues über Unternehmensführung mittels Systemanalyse. In: Maschine und Manager 10. Jg., H. 1, S. 22–24.

[63] Elm, W. A.: Das Management-Informationssystem als Mittel der Unternehmensführung, Berlin, New York 1972.

[64[Fairthorne, R. A.: Morphology of „Information Flow". In: Journal of the Association for Computing Machinery 14 (1967), S. 710–719.

[65] Firmin, A. P. u. J. J. Linn: Information Systems and Managerial Accounting. In: The Accounting Review 43 (1968), S. 75–82.

[66] Fischer, H.: Information und Kommunikation. In: Industrielle Organisation (1959), S. 161–166.

[67] Fischer, R. A.u. H. R. Walter: Informationssysteme in Wirtschaft und Verwaltung. Berlin, New York 1971.

[68] Fischer, U. E.: Teilnehmerbetrieb. Köln-Braunsfeld 1973.

[69] Frese, H.: Heuristische Entscheidungsstrategien der Unternehmensführung. In: ZfbF (1971), H. 5/6, S. 283-307.

[70] Fuchs, H. H. Lehmann u. K.-E. Möhrstedt: Zur Bestimmung des Zeitverhaltens betrieblicher Systeme. In: ZfB (1972), Nr. 11, S. 779 ff.

[71] Fuchs, F.: Systemtheorie. In: Handwörterbuch der Organisation. Hrsg. von E. Grochla. Stuttgart 1969, Sp. 1620.

[72] Fuchs, H.: Basiskonzept zur Analyse und Gestaltung komplexer Informationssysteme. In: Management-Informationssysteme. Hrsg. von E. Grochla u. N. Szyperski. Wiesbaden 1971, S. 61–86.

[73] Gäfgen, G.: Theorie der wirtschaftlichen Entscheidung. 2. Aufl. Tübingen 1968.

[74] Ganzhorn, K. u. W. Walter: Die geschichtliche Entwicklung der Datenverarbeitung. Hrsg. von der IBM Deutschland GmbH. Stuttgart 1975.

[75] Garbe, H.: Der Verdichtungsgrad von Informationen. In: Management-Informationssysteme. Hrsg. von E. Grochla u. N. Szyperski. Wiesbaden 1971, S. 199–220.

[76] Gatto, O. T.: AUTOSATE. In: Communication of the ACM (1968), Nr. 7, S. 425–432.

[77] Geiger, H.: Zur Wirtschaftlichkeit der Informationsverarbeitung. In: Industrielle Organisation (1970), Nr. 10, S. 433–437.

[78] Grindley, C. B. B.: Systematics – a non-programming language for designing and specifying commercial systems for computers. In: The Computer Journal 9 (1966), Nr. 2.

[79] Grob, E.: Zum organisatorischen Vorgehen bei der Planung eines MIS: Industrielle Organisation (1970), Nr. 9, S. 360–365.

[80] Grochla, E.: Erkenntnisstand und Entwicklungstendenzen der Organisationstheorie. In: ZfB (1968), Nr. 1, S. 1–22.

[81] Güntsch, F. R. u. H. J. Schneider: Einführung in die Programmierung digitaler Rechenautomaten. 3. Aufl. Berlin, New York 1972.

[82] Haberlandt, K. H.: Zur Planung automatisierter Management-Informationssysteme. In: Probleme der Unternehmensführung. Hrsg. von H. Koller u. H. P. Kicherer, München 1970, S. 102–120.

[83] Hackl, C.: Schaltwerk- und Automatentheorie I. Berlin, New York 1972.

[84] Hahn, W.: Elektronik-Praktikum für Informatiker. Berlin, Heidelberg, New York 1971.

[85] Hambeck, K.: Einführung in das Programmieren in COBOL. Berlin, New York 1973.

[86] Hanold, T.: An Executive View of MIS. In: Datamation Nr. 18 (1972), Nr. 11, S. 65–71.

[87] Hansen, H. R. u. M. P. Wahl (Hrsg.): Probleme beim Aufbau betrieblicher Informationssysteme. München 1973.

[88] Hardach, F. W.: Aufgaben der Unternehmensführung. Versuch einer kritischen Analyse. In: BFuP (1967), Nr. 10, S. 557–567.

[89] Hartmann, W., H. Matthes u. A. Proeme: Management Information Systems Handbook. New York 1969.

[90] Heinen, E.: Einführung in die Betriebswirtschaftslehre. 4. Aufl. Wiesbaden 1972.

[91] –: Das Zielsystem der Unternehmung. Grundlagen betriebswirtschaftlicher Entscheidungen. Wiesbaden 1966.

[92] Heinrich, L. J.: Gemeinsame Computerbenutzung in der Industrie. Datenverarbeitung außer Haus. Wiesbaden 1969.

[93] Hellfors, S.: Zusammenarbeit mit Service-Rechenzentren. Freiburg i. Br. 1971.

[94] –: Management betrieblicher Datenverarbeitungszentren. München, Wien 1971.

[95] Hesselbach, J.: Verhaltensforschung bei unternehmerischen Entscheidungen. In: ZfB (1970), Nr. 10, S. 647–664.

[96] Hirsch, R. E.: Informationswert und -kosten und deren Beeinflussung. In: ZfbF NF 20 (1968), S. 670–676.

[97] Hodge, B. u. R. N. Hodgson: Management-Informations- und Kontroll Systeme. München 1971.

[98] Holliger, H.: Management als Entscheidungsprozeß. In: Industrielle Organisation (1969), Nr. 5, S. 185–191.

[99] IBM (Hrsg.): HIPO – A Design Aid and Documentation Technique. New York 1975, IBM Form-Nr. GC 20-1851-0.

[100] IBM (Hrsg.): Handbuch der EDV-Organisation. IBM Form-Nr. 71523-2.

[101] IBM (Hrsg.): Information Management System. Application Description Manual. IBM Form-Nr. H-20-0524-1.

[102] IBM (Hrsg.): IBM/360-Entscheidungstabellen-Umwandler. Anwendungsbeschreibung. IBM Form-Nr. 79974.

[103] IBM (Hrsg.): Ein Weg zu einem Führungsinformationssystem. IBM Form-Nr. 80598-1.

[104] Ihde, G. B.: Grundlagen der Rationalisierung. Theoretische Analyse und praktische Probleme. Berlin 1970.

[105] Irle, M.: Macht und Entscheidungen in Organisationen. Frankfurt/M. 1971.

[106] Johnson R. A., F. E. Kast u. J. E. Rosenzweig: The Theory and Management of Systems. New York, San Francisco, Toronto, London 1963.

[107] Jordt, A. u. K. Gscheidle: Erfassung betrieblicher Informationssysteme. Sonderdrucke aus BTO Nr. 4, 5, 9, 10, (1969), Baden-Baden o. J.

[108] Joschke, H. K.: Verwaltungskonzeption und Informations-

system in der Unternehmung. In: BTO (1969), Nr. 9, S. 614–625.

[109] Kalscheuer, H. D. u. P. J. Gsell: Integrierte Datenverarbeitungssysteme für die Unternehmensführung. 3. Aufl. Berlin, New York 1972.

[110] Kepner, H. u. B. Tregoe: The Rational Manager. München o. J.

[111] –: Management-Entscheidungen vorbereiten und richtig treffen. München 1970.

[112] Kirsch, W.: Entscheidungsprozesse. Bd. 1: Verhaltenswissenschaftliche Ansätze der Entscheidungstheorie. Wiesbaden 1970. Bd. 2: Informationsverarbeitungstheorie des Entscheidungsverhaltens. Wiesbaden 1971. Bd. 3: Entscheidungen in Organisationen. Wiesbaden 1971.

[113] –: Auf dem Weg zu einem neuen Taylorismus? In: Probleme beim Aufbau betrieblicher Informationssysteme. Hrsg. von H. R. Hansen u. M. P. Wahl. München 1973, S. 338–348.

[114] Kirsch, W. u. H. Meffert: Organisationstheorien und Betriebswirtschaftslehre. In: Schriftenreihe der Zeitschrift für Betriebswirtschaft Bd. 1. Wiesbaden o. J.

[115] Klar, R.: Digitale Rechenautomaten. 2. Aufl. Berlin 1976.

[116] Klaus, G.: Wörterbuch der Kybernetik. 2 Bde. Frankfurt/M. 1969.

[117] Klein, H. K.: Heuristische Entscheidungsmodelle. Neue Techniken des Programmierens und Entscheidends für das Management. Wiesbaden 1971.

[118] Köhler, R.: Informationssysteme für die Unternehmensführung. In: ZfB (1971), Nr. 1, S. 27–58.

[119] Kölner Integrationsmodell (KIM): Arbeitsbericht 70/3 des Betriebswirtschaftlichen Instituts für Organisation und Automation, Universität Köln, Hrsg. von E. Grochla et al. 1970.

[120] König, R. (Hrsg.): Das Interview. Praktische Sozialforschung Bd. 1. Köln 1957.

[121] Koreimann, D. S.: HIPO – Eine Entwurfs- und Dokumentationstechnik für komplexe Programme. In: Angewandte Informatik (1976), H. 4, S. 175–178.

[122] –: Planung und Steuerung komplexer EDV-Projekte. Hrsg. von der IBM-Deutschland GmbH, 1975. IBM Form-Nr. GM 12-1043-0.
[123] –: Methoden der Informationsbedarfsanalyse. Berlin, New York 1976.
[124] –: Methoden und Organisation von Management-Informationssystemen. Berlin, New York 1971.
[125] –: Systemanalyse. Berlin, New York 1972.
[126] –: Unternehmungssteuerung durch Management-Informationssysteme. In: Führungswandel in Unternehmung und Verwaltung. Hrsg. von K. Macharzina u. L. v. Rosenstiel. Wiesbaden 1974, S. 175–195.
[127] –: Anwendungsanalyse – ein pragmatischer Ansatz für den Entwurf komplexer Datenbankorganisationen. In: Angewandte Informatik (1974), S. 1–5.
[128] –: Informationssysteme auf die Bedürfnisse der Benutzer abstimmen! In: Industrielle Organisation (1974), Nr. 3, S. 148–152.
[129] –: Management-Informationssysteme. In: Handbuch für Manager. Hrsg. v. B. Folkertsma. Herne, Berlin 1971.
[130] –: Informationssysteme im Management und Marketing. In: Kommunikation und Gesellschaft. Karlsruhe, 1972, S. 47 bis 64.
[131] –: Informations- und Benutzerbedürfnisse in Systemen. In: Kommunikation und Wissenschaft. Karlsruhe 1973, S. 267–278.
[132] –: Architektur und Planung betrieblicher Informationssysteme. In: Probleme beim Aufbau betrieblicher Informationssysteme. Hrsg. von H. R. Hansen u. M. P. Wahl. München 1973, S. 49–82.
[133] –: Management-Informationssysteme – 9 Thesen. In: Industrielle Organisation (1972), Nr. 5, S. 236–238.
[134] –: Management-Informations-Systeme. In: Neue Betriebswirtschaft (1969), Nr. 1, S. 7–13.
[135] Kosiol, E., N. Szyperski u. K. Chmielewicz: Zum Standort der Sy-

stemforschung im Rahmen der Wissenschaften. In: ZfbF 17 (1965), S. 337–378.

[136] Kosiol, E.: Die Unternehmung als wirtschaftliches Aktionszentrum. Reinbek bei Hamburg 1966.

[137] –: Organisation in der Unternehmung. Wiesbaden 1962.

[138] Kramer, R.: Information und Kommunikation. Betriebswirtschaftliche Bedeutung und Einordnung in die Organisation der Unternehmung. Berlin 1965.

[139] Krayl, H., E. J. Neuhold u. C. Unger: Grundlagen der Betriebssysteme. Berlin, New York 1975.

[140] Kschenka, W.: Probleme und Möglichkeiten der Typologisierung von Benutzern. In: Nachr. f. Dok. (1973), Nr. 1, S. 15–20.

[141] Leiffer, J.: Tuning: Messung und Steigerung der Leistungsfähigkeit von Rechner-Systemen. In: Bürotechnik (1975), Nr. 11, S. 1208 f.

[142] Lindemann, P.: Unternehmensführung und Wirtschaftskybernetik. Neuwied 1970.

[143] Lindenau, H. (Hrsg.): Probleme der Ermittlung des Informationsbedarfs. In: Zum Begriff der Information und zur Ermittlung des Informationsbedarfs. Sitzungsberichte 1969, Bd. XVIII, Heft 2, Berlin 1970, S. 19–23.

[144] Likert, R.: The Human Organisation. Its Management and Value. New York 1967.

[145] Little, J. D.: Methods and Managers: The Concept of a Decision Calculus. In: Management Sciences 16 (1970), Nr. 8.

[146] Löbel, G., H. Schmid u. P. Müller: EDV-Taschenlexikon. 5. Aufl. München 1970.

[147] Loitlsberger, E.: Zum Informationsbegriff und zur Frage der Auswahlkriterien von Informationsprozessen. In: Empirische Betriebwirtschaftslehre. Festschrift für L. Illetschko. Hrsg. von E. Loitlsberger. Wiesbaden 1963, S. 113–135.

[148] Lutz, Th. u. H. Klimesch: Die Datenbank im Informationssystem. München, Wien 1971.

[149] Lutz, Th.: Das computerorientierte Informationssystem (CIS). Berlin, New York 1973.

[150] Macharzina, K. u. L. v. Rosenstiel: Führungswandel in Unternehmung und Verwaltung. Wiesbaden 1974.
[151] Mägerle, E.: Einführung in das Programmieren in BASIC. Berlin, New York 1974.
[152] Mag, W.: Die quantitative Erfassung der Kommunikationsstruktur und ihre Bedeutung für die Gestaltung der Unternehmensorganisation. In: ZfbF (1970), S. 22–49.
[153] Maiminas, J.: Einige Aspekte der Untersuchung von Informationsströmen. In: Informationsströme in der Wirtschaft. Hrsg. v. W. Nemtschinow et al. München-Pullach, Berlin 1971, S. 95–112.
[154] Mayer, H.: Die Anpassungsfähigkeit eines MIS. In: Industrielle Organisation (1970), Nr. 9, S. 379–382.
[155] McCarthy, J.: Measures of the Value of Information. In: Proceedings of the National Academy of Sciences Vol. 42 (1956), S. 654–655.
[156] McMillan, C. u. R. F. Gonzales: Systems Analysis: A Computer Approach to Decision Models. Homewood, Ill., 1965.
[157] Meffert, H.: Informationssysteme. Grundbegriffe der EDV und Systemanalyse. Tübingen 1975.
[158] Menzel, H.: Information Needs and Uses in Science and Technology. In: Annual Review of Information Science and Technology. Hrsg. von C. A. Cuadra. Vol. 1, New York, London, Sidney 1966, S. 41–69.
[159] Merten, H.: Datenbankorganisation. Köln-Braunsfeld 1972.
[160] Mertens, P. (Hrsg.): Angewandte Informatik. Berlin, New York 1972.
[161] –: Industrielle Datenverarbeitung. Administrations- und Dispositionssysteme Bd. 1, 2. Aufl. Wiesbaden 1972.
[162] Mertens, P. u. J. Griese: Industrielle Datenverarbeitung. Informations- und Planungssysteme Bd. 2. Wiesbaden 1972.
[163] Mertens, P. u. H. Kress: Mensch-Maschine-Kommunikation als Hilfe bei der Entscheidungsvorbereitung und Planung. In: ZfbF 22 (1970), S. 1–21.
[164] Mertens, P.: Zum Inhalt der computer-unterstützten Führungsin-

formation. In: Management-Informationssysteme. Hrsg. v. E. Grochla u. N. Szyperski. Wiesbaden 1971, S. 653–665.

[165] Moravec, A. F.: Basic Concepts for Designing a Fundamental Information System. In: Information for Decision Making. Hrsg. von A. Rappaport. Englewood Cliffs, N. Y., 1970.

[166] Morton, M. S. S.: Management-Entscheidungen im Bildschirmdialog. Essen 1972.

[167] Moser, A.: Grundaspekte der Bewertung und Gestaltung von Dokumentations- und Informationssystemen. In: Nachrichten für Dokumentation (1972), Nr. 5, S. 194–202.

[168] Müller, W.: Die Simulation betrieblicher Informationssysteme. Wiesbaden 1969.

[169] Mülling, R.: Die heiklen Punkte bei der kritischen Untersuchung des Ist-Zustandes. In: Das rationelle Büro (1971), S. 14–19.

[170] Müntz, G.: Erfahrungen bei der Einführung eines Führungsonformationssystems nach dem MICS-Konzept. In: Probleme beim Aufbau betrieblicher Informationssysteme. Hrsg. von H. R. Hansen u. M. P. Wahl. München 1973, S. 96–120.

[171] Nemtschinow, W. et al. (Hrsg.): Informationsströme in der Wirtschaft. München-Pullach, Berlin 1971.

[172] Niemeyer, G.: Ein integriertes Datenverarbeitungs- und Informationssystem. Berlin, New York 1972.

[173] –: Einführung in das Programmieren in ASSEMBLER. Berlin, New York 1973.

[174] Niessen, K.: Strategien zur Gestaltung computer-gestützter Informationssysteme. In: ZfB (1973), Nr. 10, S. 711–722.

[175] Nolle, F. K.: Datenfernverarbeitung. Köln-Braunsfeld 1970.

[176] Noltemeier, H.: Datenstrukturen und höhere Programmiertechniken. Berlin, New York 1972.

[177] Nußbaum, R.: Methoden der Planung eines Informationssystems. In: BTO (1971), Nr. 10, S. 878–880.

[178] OBrien, J. J.: Management Information Systems. New York 1970.

[179] Oettl, K.: Daten-Übertragung und -Fernverarbeitung. Berlin, New York 1974.

[180] Ortner, G.: Optimierungskriterien in der Organisation der betrieblichen Datenverarbeitung. Berlin, New York 1971.
[181] Paisley, W. J.: Information Needs and Uses. In: Annual Review of Information Science and Technology. Hrsg. von C. A. Cuadra. Vol. 3, Chicago 1968, S. 1–30.
[182] Parisini, E. u. O. Wächter: Organisations-Handbuch für die Einführung von ADV-Systemen. 2. Aufl. Berlin, New York 1974.
[183] Parsons, T.: The Social System. Glencoe 1964.
[184] Pecher, J.: Normierte Programmierung. In: Datascope (1970), Nr. 1.
[185] Perridon, L.: Management – Eine Einführung. Wiesbaden 1971.
[186] Pfau, W. u. H. Knopf: EDV-Informationssysteme. Planung, Entwicklung, Einführung. Stuttgart, Berlin, Köln, Mainz 1973.
[187] Poths, W.: Methodisches Vorgehen bei der Ableitung eines betriebsindividuellen Modells der integrierten Datenverarbeitung. In: Angewandte Informatik (1971), H. 12, S. 541–545.
[188] –: Überlegungen zum Aufbau eines Informationssystems im Maschinenbau. In: Datascope (1971), Nr. 4, S. 19–40.
[189] Reintges, H.: Entwicklung von Informationsmodellen. In: BTA/BTO (1972), S. 169–176.
[190] Rölle, H.: Neue Strategien zur Entwicklung von MIS. Protokoll der 4. Tagung des AKI, Messerschmitt,Bölkow-Blohm GmbH, 9. März 1971, Anlage 3.
[191] –: Man-Machine-Decision statt MIS. In: ADL-Nachrichten-Heft 66 (1971), S. 10–16.
[192] Ross, J. E.: Management by Information System. Engelwood Cliffs, N. Y., 1970.
[193] Schaefer, R.: AUTOSATE – AUTOmated Data Systems Analysis TEchnique. In: Systeme der computergestützten Systemgestaltung. BIFOA-Arbeitsbericht 72/7. Hrsg. von E. Grochla u. N. Szyperski. Köln 1972, S. 11–90.
[194] Schiro, H. R. Herzog: Wie sag ich's dem Computer? 2. Aufl. München 1971.
[195] Schmidt, G.: Organisationsanalyse. Ist-Kritik als Stufen des Organisationsprozesses. In: ZfO (1972), Nr. 1, S. 9–18.

[196] Schmidt, R.-B.: Wirtschaftslehre der Unternehmung. Bd. 1: Grundlagen. Stuttgart 1969.
[197] –: Wirtschaftslehre der Unternehmung, Bd. 2: Zielerreichung. Stuttgart 1973.
[198] Schmidt, G.: Organisation – Methode und Technik. 2. Aufl. Gießen 1975.
[199] Schneider, H.-J. u. D. Jurksch: Programmierung von Datenverarbeitungsanlagen. 2. Aufl. Berlin 1970.
[200] Schnupp, P.: Systemprogrammierung. Berlin, New York 1975.
[201] Scholz, H. u. A. Harmann: Die Aufnahme des organisatorischen Ist-Zustandes vor der Einführung der automatisierten Datenverarbeitung. In: Elektronische Datenverarbeitung (1968), H. 1, S. 1–13.
[202] Schrenk, L. P.: Aiding the Decision Maker: A Decision Process Model. In: I. E. E. E., Transactions on Man-Machine-Systems (1969), S. 204–218.
[203] Schulz, A.: Einführung in das Programmieren mit PL/1. Berlin, New York 1975.
[204] Schwartz, M. H.: Computer Project Selection in the Business Enterprise. In: The Journal of Accountancy (1969), S. 35–43.
[205] Schwuchow, W.: Benutzeranalysen als Grundlagen für die Organisation von Informations- und Dokumentationseinrichtungen. In: Nachrichten für Dokumentation (1971), Nr. 6, S. 237–240.
[206] Shaw, J. D. u. W. Atkins: Managing Computer System Projects. London 1970.
[206a] Sidon W.: Die Aufbereitung und Anwendung des Kölner Integrationsmodells in der Praxis. Arbeitsbericht 69/9 des BIFOA. Köln 1969.
[207] Simon, H. A.: The New Science of Management Decision. New York 1960.
[208] Spaetling, D.: Informationskosten und Zeit in der Theorie der Unternehmung. In ZfB (1972), Nr. 10, S. 693–711.
[209] Spies, W. E. u. G. Ehinger: Programmierübungen in FORTRAN. 4. Aufl. Berlin, New York 1974.
[210] Staehle, W. H.: Kennzahlen und Kennzahlensysteme als Mittel

der Organisation und Führung von Unternehmen. Wiesbaden 1969.
[211] Steinbuch, K.: Systemanalyse – Versuch einer Abgrenzung. Methoden und Beispiele. In: IBM-Nachrichten H. 17 (1967), S. 446–456.
[212] Stern-Straeter, O.: Stellung der EDV-Organisation in der Betriebsorganisation. In: Bürotechnik, Automation und Organisation (1972), H. 1, S. 145–150.
[213] Strunz, H.: Entscheidungstabellen und ihre Anwendung bei Systemplanung, -implementierung und -dokumentation. In: Elektronische Datenverarbeitung (1970), Nr. 12, S. 56–65.
[214] Szyperski, N.: Gegenwärtiger Stand und Tendenzen der Entwicklung betrieblicher Informationssysteme. In: Probleme beim Aufbau betrieblicher Informationssysteme. Hrsg. von H. R. Hansen u. M. P. Wahl. München 1973, S. 25–48.
[215] –: Unternehmungs-Informatik. Grundlegende Überlegungen zu einer Informationstechnologie für Unternehmungen. Arbeitsbericht 68/2 des BIFOA. Köln 1968.
[216] Tatham, L.: A „systematic" approach to systems analysis. In: Data Processing (1967), S. 18–21.
[217] Taub, H. u. D. L. Schilling: Principles of Communication Systems. New York 1971.
[218] Tittlbach, G.: Benutzergewohnheiten und Informationsbedarf. In: Nachrichten für Dokumentation, Nr. 1, 1973, S. 29–36.
[219] Trenz, W.: Struktur und Verhalten betrieblicher Kontroll-Systeme. Diss. Berlin 1972.
[220] Tricker, R. I.: Teaching MIS at a British University. In: Datamation Vol. 15, Nr. 9, 1969, S. 76–77.
[221] Ulrich, H.: Die Unternehmung als produktives soziales System. 2. Aufl. Bern, Stuttgart 1970.
[222] Van der Meulen, S. G. u. P. Kühling: Programmieren in ALGOL 68. Bd. 1: Einführung in die Sprache. Berlin, New York 1974.
[223] Vigier, G.J.: Management-Informationssysteme. In: Informationssysteme in Wirtschaft und Verwaltung. Hrsg. von R. A. Fischer u. H. R. Walter. Berlin, New York 1971.

[224] Wacker, W. H.: Betriebswirtschaftliche Informationstheorie. Grundlagen des Informationssystems. Opladen 1971.

[225] Wahl, M. P.: Grundlagen eines Management-Informationssystems. Neuwied, Berlin 1969.

[226] Wedekind, H.: Datenorganisation. 3. Aufl. Berlin, New York 1975.

[227] Wegner, G.: Systemanalyse und Sachmitteleinsatz in der Betriebsorganisation. Wiesbaden 1969.

[228] Wersig, G.: Zur Systematik der Benutzerforschung. In: Nachrichten für Dokumentation (1973), Nr. 1, S. 10–14.

[229] Wieser, W.: Organismen, Strukturen, Maschinen. Frankfurt/M. 1959.

[230] Wild, J.: Neuere Organisationsforschung in betriebswirtschaftlicher Sicht. Internationale Forschungsansätze und -ergebnisse zur formalen Problematik der Aufbauorganisation. Berlin 1967.

[231] –: Grundlagen und Probleme der betriebswirtschaftlichen Organisationslehre. Berlin 1966.

[232] –: Management-Konzeption und Unternehmungsverfassung. In: Probleme der Unternehmungsverfassung. Hrsg. von R.-B. Schmidt. Tübingen 1971, S. 543 ff.

[233] –: Informationstheorie. In: Management Enzyklopädie. München 1970, S. 543 ff.

[234] –: Management-Prozesse und Informationsverarbeitung. In: Datascope (1971), Nr. 4, S. 1–8.

[235] –: Product-Management. 2. Aufl. München 1973.

[236] –: Input-, Output- und Prozeßanalyse von Informationssystemen. In: ZfbF. 22 (1970), S K50–72.

[237] –: Zur Problematik der Nutzenbewertung von Informationen. In: ZfB (1971), Nr. 5, S. 315–334.

[238]–: MIS als Hilfsmittel bei der Unsicherheitsabsorption und Risikopolitik. In: Management-Informationssysteme. Hrsg. von E. Grochla u. N. Szyperski. Wiesbaden 1971, S. 679–694.

[239] –: Informationskostenrechnung auf der Grundlage informationeller Input-, Output- und Prozeßanalysen In: ZfbF 22 (1970), S. 218–240.

[240] –: Grundlagen der Unternehmungsplanung. Hamburg 1974.
[241] –: Unternehmerische Entscheidungen Prognosen und Wahrscheinlichkeit. In: ZfB (1969), Nr. 39, S. 60–89.
[242] Witte, E.: Das Informationsverhalten in Entscheidungsprozessen. Tübingen 1972.
[243] Zangemeister, Ch.: Systemtechnik – eine Methodik zur zweckmäßigen Gestaltung komplexer Systeme. In: ZfO (1970), Nr. 5, S. 209.
244] –: Nutzwertanalyse in der Systemtechnik. 2. Aufl. München 1971.
[245] Zemanek, H.: Formale und informale Beschreibung. In: IBM-Nachrichten, Nr. 211 (1972), S. 175–179.
[246] Zimmermann, D.: Produktionsfaktor Information. Neuwied, Berlin 1972.
[247] Zogg, A.: Systemorientiertes Projektmanagement. Zürich 1974.
[248] Zur Nieden, M.: Zur Anwendbarkeit von Informationswertrechnungen. In: ZfB (1972), Nr. 7, S. 493–512.

Stichwortverzeichnis

Die fett gedruckten Zahlen verweisen auf die Seitenzahl des Stichwortes. Die nachfolgenden Ziffern geben an, auf welcher Seite zum gleichen Stichwort ververwendete und zum Sachgebiet gehörende Stichwörter anzutreffen sind.

FSC
www.fsc.org
MIX
Papier | Fördert gute Waldnutzung
FSC® C083411

Kolibri 360 GmbH
Ferdinand-Jühlke-Straße 7
99095 Erfurt, Deutschland
produktsicherheit@kolibri360.de